里山食堂が教える
果樹の収穫・保存・料理

おいしいレシピ
368

西東社編集部編

西東社

CONTENTS

50音順果樹もくじ …… 5
果実別レシピもくじ …… 6
本書の使い方 …… 10

1章 果樹 保存の基本とお菓子作り

庭に果樹のある暮らし …… 12
果樹の種類 …… 14
基本の保存法 …… 16
より新鮮に長く保存できる 道具と方法 …… 22
果実を使った定番お菓子レシピ …… 24
果樹収穫カレンダー …… 32

2章 春・夏の果樹

梅 …… 34
夏みかん・甘夏 …… 48
日向夏 …… 52
さくらんぼ …… 54
びわ …… 56
パイナップル …… 58
ブルーベリー …… 62
ブラックベリー …… 66
ラズベリー …… 68
桃 …… 71

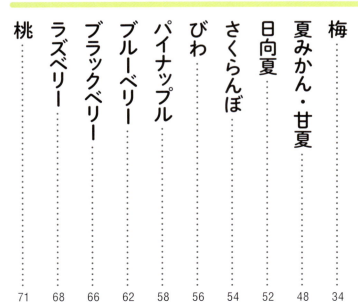

すもも ………… 78
あんず ………… 81
コラム1 果実の栄養のはなし ………… 85
ぶどう ………… 86
いちじく ………… 92
アボカド ………… 97
バナナ ………… 100
フルーツでおもてなし Part 1 ………… 104

特別編1 果実の仲間たち

いちご ………… 106
メロン ………… 112
すいか ………… 116

3章 秋・冬の果樹

梨 ………… 122
香酸柑橘類 ………… 127
すだち ………… 128
かぼす ………… 132
ゆず ………… 135
栗 ………… 142
プルーン ………… 150

コラム2 果実のみのりのはなし …… 153
柿 …… 154
りんご …… 162
キウイフルーツ …… 170
西洋梨 …… 176
レモン …… 178
柑橘類 …… 184
温州みかん …… 186
きんかん …… 190
ぽんかん …… 193
はっさく …… 196
いよかん …… 198
ネーブルオレンジ …… 200
● フルーツでおもてなし Part 2 …… 204

特別編2 実のなる庭木

ざくろ …… 206
かりん …… 208
ポポー …… 209
フェイジョア …… 212
ジューンベリー …… 212
オリーブ …… 213
あけび …… 213
果樹の育て方 基本のキ …… 214

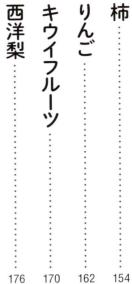

50音順

果樹もくじ

あ

あけび …… 213
アボカド …… 97
あんず …… 81
いちご …… 106
いちじく …… 92
いよかん …… 198
梅 …… 34
温州みかん …… 186
オリーブ …… 213

か

柿 …… 154
かぼす …… 132
かりん …… 208
キウイフルーツ …… 170
きんかん …… 190
栗 …… 142

さ

さくらんぼ …… 54
ざくろ …… 206
ジューンベリー …… 212
すいか …… 116
すだち …… 128
すもも …… 78
西洋梨 …… 176

な

梨 …… 122
夏みかん・甘夏 …… 48
ネーブルオレンジ …… 200

は

パイナップル …… 58
はっさく …… 196
バナナ …… 100
日向夏 …… 52
びわ …… 56
フェイジョア …… 212
ぶどう …… 86
ブラックベリー …… 66
ブルーベリー …… 62
プルーン …… 150
ポポー …… 209
ぽんかん …… 193

ま

メロン …… 112
桃 …… 71

や

ゆず …… 135

ら

ラズベリー …… 68
りんご …… 162
レモン …… 178

果実別
レシピもくじ

春・夏の果樹

梅

冷凍梅のはちみつ漬け……35
小梅のしょう油漬け……35
青梅のシロップ漬け……36
完熟梅のシロップ漬け……36
梅のホットドリンク……37
梅サワードリンク……37
梅干し……37
　白梅干し……38　赤梅干し……39
干し梅……40
梅しょう……40
かつお梅……40
簡単梅ご飯……40
梅酢ソース……40
ゆかり……41
しば漬け……41
ダイコン漬け……41
梅酒 20種……42
梅肉エキス……44
梅種のしょう油漬け……44
しょう油うどん……44
梅ジャム……45
梅ドレッシング……45
豆腐を使ったチーズ風スイーツ……46
梅ゼリー……46
炊き込みご飯……46

夏みかん・甘夏

夏みかんジュース……49
夏みかん酒（ブランデー入り）……49
ポン酢……49
夏みかん黒糖ジャム……50
夏みかんの甘酢たれ……50
酢豚……50
鶏肉の南蛮焼き……50
夏みかんの皮のピール……51
シュワシュワゼリー……51
ちらしずし……51

日向夏

丸ごとマーマレード……53
カルパッチョ……53

さくらんぼ

さくらんぼ酒……55
さくらんぼのシロップ漬け……55
さくらんぼのカナッペ……55
さくらんぼのゼリー……55

びわ

びわのシロップ漬け……57
びわの葉茶……57
びわのコンポート……57
びわゼリー……57

パイナップル

パイナップルの黒糖サワードリンク……59
パイナップルのカラメルシロップ煮……59
パイナップルドレッシング……60
パイナップルのサラダ……60
ココナッツパインプリン……61
パイナップルの肉巻き……61
パイナップルジュース……61

ブルーベリー

ブルーベリーサワードリンク……63
ブルーベリー酒……63
ブルーベリージャム……64
ブルーベリーの甘酒デザート……64
スムージー……64
スライスかき氷……64
ブルーベリーケーキ……65
ブルーベリーのチキングリル……65

ブラックベリー

ブラックベリー酒……67
ブラックベリージャム……67
ミルクドリンク……67

ラズベリー

ラズベリーシロップ……69
ラズベリーソース……69
ラズベリーのマフィン……70

桃

桃のコンポート……73
桃のジャム……73

バナナ

チョコレートバナナジャム … 102
バナナ健康ジュース … 102
バナナおもてなしジュース … 102
バナナパンケーキ … 103
バナナトースト … 103
バナナフリッター … 103
バナナとセロリのみそ肉巻き … 103

フルーツでおもてなし Part.1

冷凍果実の串刺し … 104
カラフル三色ゼリー … 104

果実の仲間たち

いちご

簡単いちごシロップ … 107
いちごのはちみつ漬け … 107
いちご酒 … 108
いちごジャム … 108
いちごとバルサミコのジャム … 109
いちごドレッシング … 109
いちごミルク … 109
いちご大福 … 110
ヨーグルトのクレーム・ダンジュ … 110
いちごのチョコレートコーティング … 111
いちごジャムのきんぴら … 111
いちごサンド … 111

メロン

メロンのコンポート … 113
摘果メロンとズッキーニのピクルス … 114
摘果メロンのビール漬け … 114
摘果メロンのつくだ煮風 … 114
メロンとヨーグルトのジュース … 114
メロンと抹茶のジュース … 114
メロンとわたのジュース … 114
メロンゼリー … 115
摘果メロンの炒めもの … 115
摘果メロンの塩もみ … 115

すいか

すいかのグラニテ … 117
すいかの皮の甘酢漬け … 117
すいかの皮の浅漬け … 117
すいかシロップ … 119

桃のカクテル … 73
桃のタルト … 74
桃大福 … 76
桃のアイスクリーム … 77
サンドイッチ … 77
冷製スープ … 77

すもも

すももジャム … 79
鶏肉とすももの白ワイン煮 … 80
すももソーダ … 80

あんず

あんずのシロップ漬け … 82
あんずのドライコンポート … 82
杏仁みそ … 83
あんずジャム … 83
あんずゼリー … 84
あんず飴 … 84
生あんずと夏野菜のおかか和え … 84

ぶどう

ぶどうのコンポート … 88
ぶどうジャム … 88
ぶどうジュース（濃縮） … 88
巨峰のグミ … 89
マスカット大福 … 89
巨峰のタルト … 90
巨峰のマリネサラダ … 90
巨峰のサンドイッチ … 91
巨峰と白玉のスープ … 91

いちじく

いちじくバター 93
いちじくのコンポート … 94
いちじくジャム … 94
いちじくソース … 94
いちじくとナッツのジャム … 94
いちじくドレッシング … 95
いちじくシャーベット … 95
いちじくジャムサンドクッキー … 96
いちじくと豚肉の炒めもの … 96

アボカド

アボカドのぬか漬け … 99
アボカドディップ … 99
アボカドグラタン … 99

いわしのゆう庵焼き …… 141

栗

栗のラム酒漬け …… 144
栗ようかん …… 144
渋皮煮 …… 145
マロンジャム …… 145
甘露煮 …… 146
栗きんとん …… 146
マロンクリーム …… 147
簡単モンブラン …… 148
マロンアイス …… 148
栗茶巾 …… 148
栗ご飯 …… 149
栗ポタージュ …… 149
栗と鶏肉の中華炒め …… 149

プルーン

プルーンの紅茶漬け …… 151
フレッシュプルーンのクラフティ …… 152
プルーンのピューレソース …… 152
プルーンのベーコン巻き …… 152

柿

干し柿 …… 156
柿の葉の塩漬け …… 157
柿の葉の天ぷら …… 157
柿酢 …… 158
柿酢みそだれ …… 158
柿ようかん …… 159
柿のチーズケーキ …… 159
柿パイ …… 159
柿ヨーグルト …… 159
干し柿とあんこの焼き菓子 …… 160
柿のチーズ春巻き …… 161
柿の葉ずし …… 161
柿の白和え …… 161
柿のドレッシング …… 161

りんご

りんごのシロップ煮 …… 164
りんごのたれ …… 164
ドレッシング …… 164
りんごシャーベット …… 165
りんごジャム …… 165
すりおろしりんごの葛湯 …… 165
アップルティー …… 165
簡単アップルパイ …… 166

すいかのソルティードッグ …… 119
すいかキューブ …… 119
すいかのキャラメリゼ …… 120
すいかのピザ …… 120
すいかの皮の中華和え …… 120

秋・冬の果樹

梨

梨のコンポート …… 123
梨の焼肉のたれ …… 124
焼肉 …… 124
梨のカクテル …… 124
梨のドレッシング …… 125
梨のドレッシングサラダ …… 125
梨の丸ごとデザート …… 126
梨のコンポートの揚げ菓子 …… 126

すだち

すだちのはちみつ漬け …… 130
すだちソーダ …… 130
すだちのハイボール …… 130
すだちのポン酢 …… 131
焼き魚のポン酢がけ …… 131
すだち鍋 …… 131

かぼす

かぼすシロップ …… 133
かぼすドレッシング …… 134
かぼすホットドリンク …… 134
かぼすカクテル（カイピリーニャ） …… 134
かぼすうどん …… 134

ゆず

ゆずシロップ …… 137
ゆず茶 …… 137
ゆずダイコン …… 137
ゆずみそ …… 138
ゆずピール …… 138
ゆずとりんごのジャム …… 139
ゆずわたの甘露煮 …… 139
ゆずコショウ …… 139
ゆず七味 …… 140
五味唐辛子 …… 140
ゆずもち …… 140
ゆずのパウンドケーキ …… 141

きんかんの蜜煮のどら焼き …… 192
骨つきチキンときんかんの甘辛煮 …… 192

ぽんかん
ぽんかんみそ …… 194
ぽんかんコブラー …… 195
ぽんかんゼリー …… 195

はっさく
はっさくのはちみつ漬け …… 197
はっさくジャム …… 197
炭酸割りジュース …… 197

いよかん
いよかんチーズケーキ …… 199
いよかん入りニンジンラペ …… 199

ネーブルオレンジ
ネーブルマーマレード …… 201
ネーブルジュース …… 201
中華蒸しケーキ …… 202
ショコラショー …… 202
オレンジチキン …… 203
ネーブルマーマレードの牛丼 …… 203
ネーブルのマスタードソース …… 203

フルーツでおもてなし Part.2
フルーツウォーター …… 204
サングリア …… 204

実のなる庭木

ざくろ
ざくろの砂糖漬け …… 207
ざくろシロップ …… 207

かりん
はちみつ漬け …… 208
かりん酒 …… 208

ポポー
ポポーのドーナツ …… 210
ポポーの豆乳プリン …… 210

あけび
あけびの皮のみそ炒め …… 213

丸ごと焼きりんご …… 166
焼きりんご（スライス） …… 166
りんごのいなりずし …… 167

キウイフルーツ
キウイのはちみつ漬け …… 172
キウイのはちみつ酒（ミント入り） …… 172
キウイの簡単ジャム（レンジで） …… 172
キウイのフローズンヨーグルト …… 173
キウイとりんごのスムージー …… 173
キウイジュース …… 173
キウイのサワークリームディップ …… 174
蒸し鶏のキウイソース …… 174

西洋梨
西洋梨のベイク …… 177
西洋梨のキッシュ …… 177

レモン
塩レモン …… 180
レモンのはちみつ漬け …… 180
レモン酒 …… 180
レモンカード …… 180
レモンジャム …… 181
レモンクリーム …… 181
レモンジュース …… 181
米粉のレモンケーキ …… 182
レモンアイス …… 182
レモンキャンディー …… 182
レモンクリームパスタ …… 183
レモンそば …… 183

温州みかん
みかんのシロップ漬け（房にして） …… 187
みかんのシロップ漬け（丸ごと） …… 187
みかんソース …… 188
みかんシロップジュース …… 188
みかんジュース …… 188
牛乳みかん寒天 …… 189
丸ごと焼きみかん …… 189
みかんのフレンチトースト …… 189
みかん鍋 …… 189

きんかん
きんかんのシロップ漬け …… 191
きんかん酒 …… 191
きんかんの蜜煮（甘露煮） …… 191
ホットドリンク …… 191

本書の使い方

本書では、庭木として植えている果樹になった果実の収穫方法や保存法、デザートや料理のレシピを掲載しています。

ジャム　酒　ドリンク

果実で作る、人気のジャム、お酒、ドリンクはマークで示しました。

育て方と収穫の仕方

より多くみのらせるために知っておきたいことや、うまく収穫する方法を掲載しています。

囲みコラム

果樹や果実について役に立つことや、果実の切り方・皮のむき方などを紹介しています。

保存早見表

本書で紹介している各果実の保存法をひと目でわかるように表にしました。

保存法

各果実に適した保存法を掲載しています。左記の6種類があります。漬け保存、加工保存で作ったものは必要に応じて冷蔵・冷凍で保存してください。

常温保存　15～25度で保存。「冷暗所」とは直射日光が当たらない通気性のよい場所のこと。

冷蔵保存　冷蔵庫の5度前後で保存することを想定しています。

冷凍保存　冷凍庫のマイナス20度前後で保存することを想定しています。

乾燥保存　天日干しにしたり、オーブンにかけたりして水分をとばして保存すること。

漬け保存　漬け汁に漬けておく保存法。

加工保存　より長く保存するために、ひと手間かけてから保存をするもの。

保存期間の目安

本書で想定する場所、温度で保存した場合、保存可能な期間の目安。必ず状態を確認してから食べてください。

収穫カレンダー

開花、摘果、収穫、施肥の適期の目安を示しています。関東平地を基準にしています。

デザートレシピ

収穫したての味わいを生かすもののほか、保存したものを使って作れるレシピを紹介しています。

料理レシピ

果実を使ったおなじみの料理のほか、意外な料理もたくさん掲載しています。

料理レシピについて

- 材料は作りやすい量で記載しています。写真はその分量で作ったものと必ずしも一致するものではありません。
- 大さじ1は15cc、小さじ1は5cc、米1合は180ccです。
- 電子レンジの加熱時間は600Wの場合を目安です。お手持ちのレンジのW数に合わせて調整してください。

果樹 保存の基本と お菓子作り

庭に果樹のある暮らし

1本の苗木から育て始めた果樹、親の代からある古い果樹……。
育て、収穫して、手をかけ、味わうわたしたちに多くの喜びを与えてくれます。

みのりをむかえる楽しみがたくさん

果実好きなら、「わが家の庭でたくさんの果実を収穫して、思う存分食べたい」と一度は夢見るものでしょう。とはいえ、実がなるまでに時間がかかるから、と躊躇している人もいるかもしれません。

確かに、「桃栗三年、柿八年」のことわざどおり、実がなるまでには時間がかかります。でも、果樹は実だけをもたらしてくれるわけではありません。実がなるまでの間も、庭木として家族を和ませてくれます。

春には美しい花を咲かせ、その香りを庭じゅうに漂わせてくれます。柑橘類は花からも柑橘の香りがするのです。果樹の多くは落葉樹ですから、新緑のまぶしい緑、秋の紅葉と家族を飽きさせることがありません。びわや柑橘類など常緑樹なら、冬のさみしい庭にも緑を残し、庭の目隠しとしても活躍してくれます。

果樹には、3年といわず、早めに実をつけ始めるものもあります。ブルーベリーなどのベリー類やいちじくなどは、苗木を植えた年から収穫できます。ほかの果樹のなり始めを待つ間は、これらの収穫をしながら、果樹を育てる楽しみ、収穫した実を味わう楽しみを積み重ねていきましょう。

いよいよ待ちわびた収穫のとき！

そうして何年か待つ間、ぽつぽつと実がなり始めます。急にたくさんなるようにはなりませんが、初めてついた実を見つけ

庭に果樹のある暮らし

たときの喜びは忘れられないものとなるでしょう。

やがて、たわわに実をつけ始めます。収穫したてを食べるだけでは追いつかなくなり、「せっかくみのったのにムダにしたくない！」という日が訪れたら、この本で紹介している保存法を試してみてください。

季節を楽しむ みのりの手仕事

梅干しや果実酒を漬けたり、干し柿を作ったりと、日本には古くから豊かなみのりをおいしく保存する方法がたくさんあります。おばあさん、お母さんから手ほどきを受けたという人もいるでしょう。

毎年たくさんの実がなるようになれば、そうした手仕事も、季節の恒例行事として定着することでしょう。それぞれ季節の風を感じながら、手間をかける時間がいとおしく感じられるはずです。そして、保存している間もなお、びんの中でさらに味わいを増していきます。

お菓子作りや料理にも大活躍

果実といえば、お菓子作りも醍醐味のひとつ。菓子店では高価でなかなか手が出なかったものも、新鮮でたっぷりの材料が使え、作るにも、食べるにも大満足です。定番のお菓子なら、いろいろな果実を使って何通りも作ることができます。たくさん収穫できたときは、親しい人を呼んで色鮮やかなスイーツや飲みものでおもてなしもしてみたいですね。老若男女を問わず、みんなが大好きな果実。喜ばれること間違いなしです。

お菓子だけではありません。果実は料理とも相性抜群。「え？こんな組み合わせ？」というような意外な取り合わせの料理もたくさんあります。ソースやたれ、ドレッシングを作るにも、果実があればバリエーションが広がるでしょう。家族の暮らしも食卓も豊かにしてくれる果樹、大切に育てて、存分に味わってください。

果樹の種類

果実を厳密に分類するのはむずかしいですが、どんな仲間かを
知っておくと、育てるとき、食べるときの楽しみになります。

小《しょう》果《か》類

ベリー類とよばれるものです。低木や草になる小さな果実で、皮に包まれていて、熟してもその皮が破れることはありません。

ジューンベリー
→P212

ラズベリー
→P68

ブラックベリー
→P66

ブルーベリー
→P62

堅《けん》果《か》類

かたい殻に覆われた果実。栗やナッツ類のほか、現代はあまり食用にはしていない、ブナ、ナラなどもこの仲間に含まれます。

栗→P142

核《かく》果《か》類

うすい外皮に包まれた果肉の中心にかたくて大きな種がひとつ入っている果実のこと。

あんず→P81

桃→P71

さくらんぼ→P54

梅→P34

オリーブ→P213

すもも→P78

プルーン→P150

仁《じん》果《か》類

花びらのつけ根のふくらみが大きくなって果肉となり、そこを食べます。梨やりんごなどは多くの新品種が出ています。

梨→P122

りんご→P162

びわ→P56

かりん
→P208

西洋梨
→P176

柑橘《かんきつ》類

みかんの仲間。薬味として使われる香りの強い果実は、「香酸柑橘」とよび分けることがあります。

温州みかん →P186

日向夏 →P52

夏みかん・甘夏 →P48

はっさく →P196

ぽんかん →P193

きんかん →P190

いよかん →P198

ネーブルオレンジ →P200

香酸《こうさん》柑橘

レモン→P178

すだち→P128

ゆず→P135

かぼす→P132

果菜《かさい》類

茎やつるなどに実がなるもので、本来は野菜に分類されるものですが、広く果実として食べられていることから、本書でも紹介しています。

すいか →P116

メロン →P112

いちご →P106

漿果《しょうか》類

果肉がジューシーで果汁がたっぷりの果実。「液果《えきか》」、「多肉果《たにくか》ともよばれます。果肉がやわらかくなるのが特徴。

いちじく→P92

ぶどう→P86

ざくろ→P206

柿→P154

あけび→P213

ポポー→P209

トロピカルフルーツ

「熱帯果実」ともいいます。暑い国が原産なので、寒さに注意して育てましょう。

パイナップル →P58

アボカド→P97

バナナ→P100

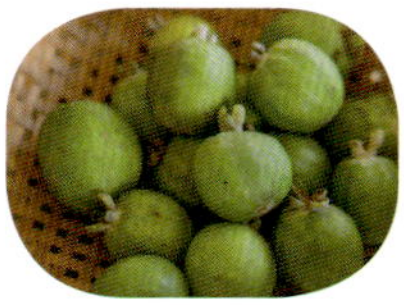
フェイジョア→P212

キウイフルーツ→P170

基本の保存法

待ちに待った収穫のあとは、果実のおいしさを損なうことなく
最後までムダなく使いきるために、よりよい保存法を行いましょう。

冷凍保存

たくさんとれた果実をすぐに食べきれないときは、冷凍保存を。半解凍して食べればおいしいシャーベットになります。水気をふき取ってから保存袋へ。冷凍することで食味が落ちる果実は解凍せずに調理します。

冷凍するときは用途によって切り方を変えておくと便利。ひと口大にカットしたものは、そのまま飾りにも。

スムージーやお菓子の材料などに使う場合は、ミキサーにかけてペースト状にしたものを冷凍しても。

冷蔵保存

熟した果実を丸ごと冷蔵庫へ入れる場合は、ポリ袋などに入れてから野菜室で保存します。果実によっては冷やすことで甘みが少なくなることがあるため、その場合は食べる直前に数時間だけ冷やします。

水分が出やすいもの、果皮がうすくデリケートなものはキッチンペーパーを敷いた密閉容器に入れてから冷蔵室へ。

常温保存

収穫した果実をすぐに食べられないときや、追熟（下記）が必要な果実が食べられるようになるまで待つときの保存法。新聞紙などに包んで水分がとぶのを防ぎながら、風通しのよい冷暗所に置いておきます。

果皮がやわらかく傷つきやすいものなどは特に、ひとつずつ新聞紙などで包んでから保存するとよいでしょう。

果実を甘く、やわらかくする追《つい》熟《じゅく》

メロンやキウイフルーツ、西洋梨など、収穫してからしばらく常温保存することで果肉がやわらかくなり、甘みが増える果実があります。このための保存を「追熟」といいます。室温15〜20度、風通しがよく湿気の少ない場所で保存を。早く追熟させたいときは、熟化を早めるエチレンガスを発生するりんごと一緒に保存するとよいでしょう。

乾燥保存・ドライフルーツ

果実を乾燥させると、より長い期間保存できます。水分が抜けることで、甘みだけでなく食物繊維やポリフェノールなどの抗酸化物質なども凝縮されます。少ない量でも果実のよさがぎゅっと詰まった食べものに。市販品も増えましたが、いちばんおいしい時期の果実で手作りするのは格別です。

◆オーブンで

カットした果実を、100度に予熱しておいたオーブンに入れて1時間前後乾燥させます。好みの乾燥具合になるよう、乾燥時間を調整しましょう。

◆天日干し

果実を丸ごと、あるいは用途に応じて切り、2日～2週間干します。夜や天気の悪いときは室内へ。乾き具合をみて、好みのかたさになるまで干します。

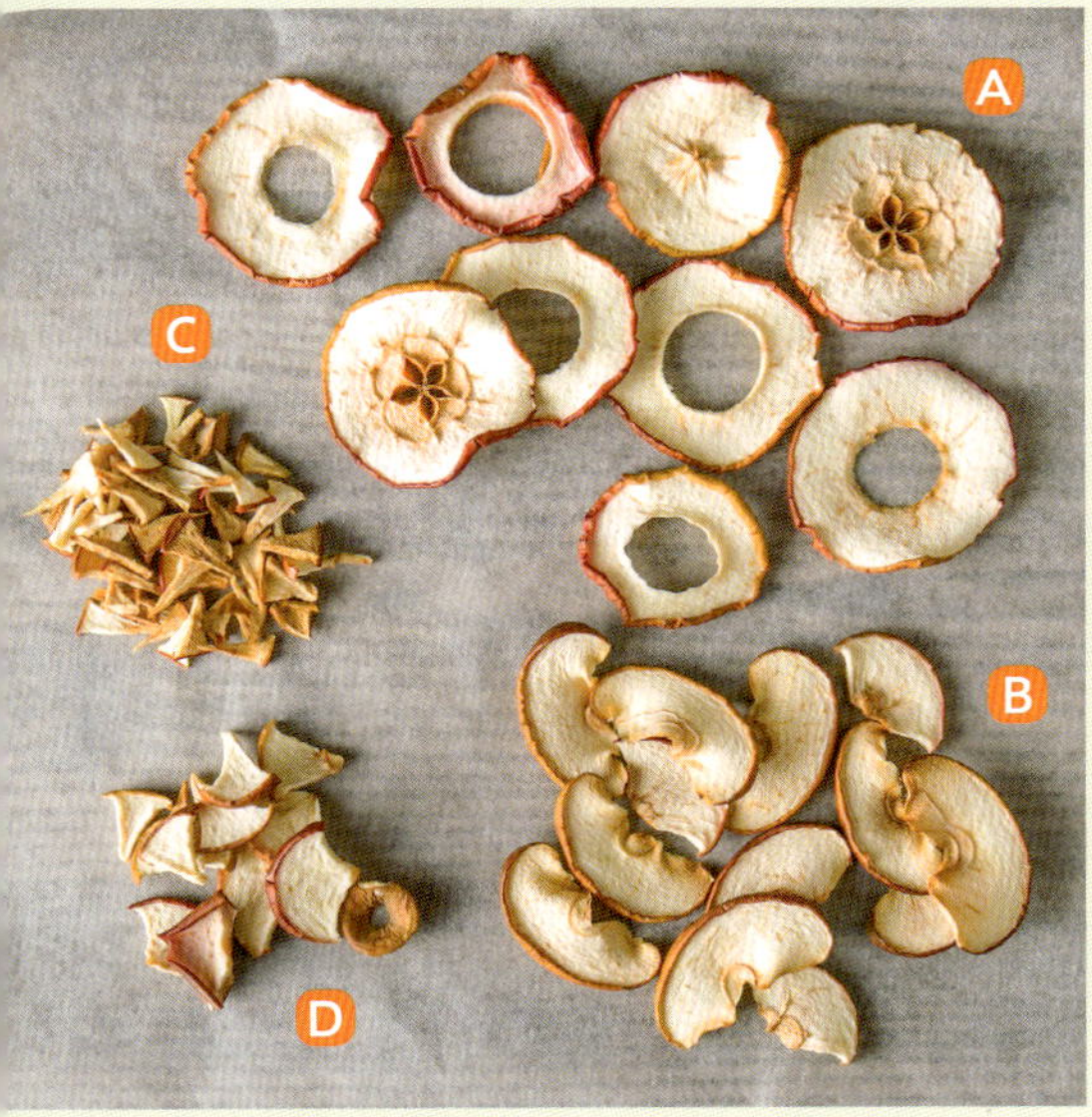

◆切り方

A 丸ごとスライス

スライスすると、果実の特徴がよくわかる美しい見た目に。お菓子などの飾りに最適です。

B くし切り

手がるにつまんで食べやすい形です。おやつや酒のつまみにストックしておくとよいでしょう。

C 細切り

料理に使いやすい形。そのまま和えものに使ったり、トッピングにしたりと重宝します。

D イチョウ切り

Cと同様に料理に使えますが、よりドライフルーツの存在感をアップさせる形です。

自家収穫ならではの乾燥保存

庭でとれた果実を使って、自分で保存作業を行うからこそできるものがたくさんあります。乾燥には時間がかかることが多いですが、それを待つのも楽しみに。

▲昔ながらの吊るし柿。冬のおやつになりますが、それを待つこの光景も手作りならではの醍醐味です。

▲梅干しを作るときに使った赤シソの塩漬け。使用後は乾燥させてミルでくだけばゆかりに。

▲干し柿を作ったときに出た皮を乾燥。きざむと漬けものなどの風味づけやお茶にできます。

漬け保存

果実を糖類や塩、はちみつ、お酒などで漬けて、生のままで置いておくよりは長く食べられるよう工夫した保存方法です。糖類や塩分を控え過ぎると、その分保存期間が短くなるので注意が必要です。

◆シロップ液で

材料

- **果実**（ここでは温州みかん）…… **4個**
- グラニュー糖 ……………… 75g
- 水 ……………… 200cc

作り方

1 シロップ液を作る

鍋にグラニュー糖と水を入れ、ひと煮立ちさせてシロップ液を作り、そのまま冷ましておく。

2 シロップ液を注ぐ

消毒した（P23）保存びんに薄皮をむいた温州みかんと1を注ぐ。長く保存したいときは脱気（P23）もしておく。

◆氷砂糖で

材料

- **果実**（ここではきんかん）…… **300g**
- 氷砂糖 ……………… 300g

作り方

1 果実の下ごしらえをする

きんかんはよく洗い、水気をふいて4つ割りにして、楊枝を使って種を取り除く。

2 果実と氷砂糖を入れる

消毒した（P23）保存びんにきんかんと氷砂糖を交互に入れ、最後は氷砂糖にしてふたをしめ、冷暗所で保存する。

シロップ漬け

果実を糖類で漬ける保存方法です。果肉がかたい果実は、氷砂糖とともに時間をかけて果実のエキスを抽出します。果肉がやわらかい果実は、シロップ液を入れて作ります。2〜3カ月たったら実を取り出し、シロップ液は別のびんに入れて冷蔵庫で保存します。

おすすめ果実

◆氷砂糖で

かりん
皮のまま縦半分に切り、スプーンで種を取って、厚さ1㎝のイチョウ切りにして漬ける。

◆シロップ液で

ぶどう
シロップ液にはむいたぶどうの皮も入れてひと煮立ちさせ、風味と色をつける。

レモン
よく洗って、皮のまま半分に切るかスライスしてびんに入れ、シロップ液を注ぐ。このほか、ゆず、すだち、かぼすなど香酸柑橘類でも同様に作ることができる。

柑橘類
温州みかんやいよかんなど、実を食べる柑橘類は、薄皮をむいてシロップ液を注ぐ。

果実酒

果実をホワイトリカーなどのアルコールと氷砂糖などの糖類で漬け込んだもの。お酒は酒造法によりアルコール度数が20度以上のものを使用し、ぶどうを使うことは禁止されています。

材料

- **果実（ここではきんかん）……1kg**
- 果実酒用アルコール ………1800cc
- 氷砂糖 ……………………… 200g
- レモン ……………………………3個

※レモンは使わなくても作れますが、風味をつけ、カビ予防になります。柑橘類や実がやわらかい果実のときは不要です。

作り方

1 材料を用意する

きんかんはよく洗ってヘタを取り、レモンは皮をむいてスライスしておく。

2 材料をびんに入れる

消毒（P23）したびんに、きんかんとレモン、氷砂糖を入れる。

3 アルコールを注ぐ

2にアルコールを注ぎ、ふたをしっかりしめて、冷暗所に保存する。2カ月たったらきんかんとレモンは取り出す。

おすすめ果実

《共通》
果実 ……………………1kg使用
果実酒用アルコール … 1800cc使用

《果実ごと》
糖…氷砂糖　レ…レモン

びわ 皮のまま丸ごと漬ける。
糖 200g　レ あり

桃 皮をむいて半分に切り、種も一緒に漬ける。糖 200g　レ あり

すもも 丸ごと漬ける。
糖 300g　レ あり

あんず 丸ごと漬ける。
糖 300g　レ あり

いちじく 根元を落として丸ごと漬ける。糖 200g　レ なし

梨 皮をむいて適当な大きさに切って漬ける。糖 200g　レ なし

すだち 横半分に切って漬ける。
糖 300g　レ なし

かぼす 皮をむいて、輪切りにして漬ける。糖 300g　レ なし

ゆず 皮とわたをむき、輪切りにして漬ける。糖 300g　レ なし

柿 ヘタを取り、皮ごと4つ割にして漬ける。糖 200g　レ なし

りんご 皮ごと6～8つ割にして漬ける。糖 200g　レ あり

温州みかん 皮をむき横半分に切って漬ける。糖 200g　レ なし

ネーブルオレンジ 皮をむき、輪切りにして漬ける。
糖 200g　レ なし

ざくろ 実を取り出し、そのまま漬ける。糖 200g　レ なし

かりん
→P208

いちご
→P108

さくらんぼ
→P55

夏みかん
→P49

梅
→P42

加工保存

果実にひと手間加えて、生のままよりもより長くもたせるようにする保存方法。いろいろな果実で作れる定番の加工保存レシピを紹介します。

コンポート

果実を砂糖で煮たもので、「シロップ煮」ともいいます。甘みが少ないもの、かためのものなど、生で食べるにはあまりおいしくないときに最適。

材料

- 果実（ここではぶどう）……500g
- グラニュー糖…250g
- 水……250cc
- レモン汁……大さじ1

作り方

1 皮をむく

ぶどうは皮を湯むきしておく。皮ごと食べられる品種の場合はそのままでもよい。

2 材料を煮る

グラニュー糖と水を煮立たせ、ぶどうを入れて15分煮る。最後にレモン汁を入れる。

おすすめ果実

いちご
すっぱいいちごのときにおすすめ。そのまま食べても、パンケーキなどにたっぷりのせても。

柑橘類
果実によって甘さに差があるので、甘みの強いもののときは、糖類を控えめにするとよい。

ドレッシング

オイル＋酸味＋塩（好みでコショウも）で作れます。酸味の強いものは酢の代わりに、酸味の少ない果実を使うときは、別に酢を加えます。

◆果汁を使って

材料

- 果実のしぼり汁（ここではぽんかん）……50cc
- 薄口しょう油……25cc
- オリーブオイル……25cc
- 米酢……15cc
- 塩……少々

作り方

材料を混ぜる

材料をよく混ぜ合わせる。しょう油を入れると和風に、オイルをゴマ油にすると中華風に。

◆果肉を使って

材料

- 果実（ここではパイナップル）……60g
- オリーブオイル……大さじ1/2
- リンゴ酢……小さじ1強
- 塩……少々

作り方

果実はきざむ

パイナップルは粗みじんに切り、調味料をよく混ぜ合わせる。冷凍すれば1カ月間もつ。

おすすめ果実

◆果肉を使って

キウイフルーツ
甘みが少ないキウイがぴったり。キウイは粗みじんにきざんで使う。

◆果汁を使って

柑橘類
すべての柑橘類でできる。果実により甘みが異なるので、各材料は味見をしながら、好みの味になるよう調整を。

ジャム

果実の加工保存の代名詞。果実別のページでは、より各果実の水分や甘みに応じたジャムレシピを紹介していますが、基本的には果実とその半量の糖類を煮詰めて作ることができます。

材料

- **果実（ここではいちご）‥400g**
- グラニュー糖……………200g
- レモン汁………………大さじ1

作り方

1 グラニュー糖をかける

洗ってヘタを取ったいちごをボウルに入れ、グラニュー糖の半量をふりかけておく。

2 水分を出す

1時間以上置き、水分が出るのを待つ。

3 煮詰める

2を鍋に移して火にかけ、ときどき混ぜながら5〜6分加熱して残りのグラニュー糖を入れ、アクを取りながらさらに煮詰める。

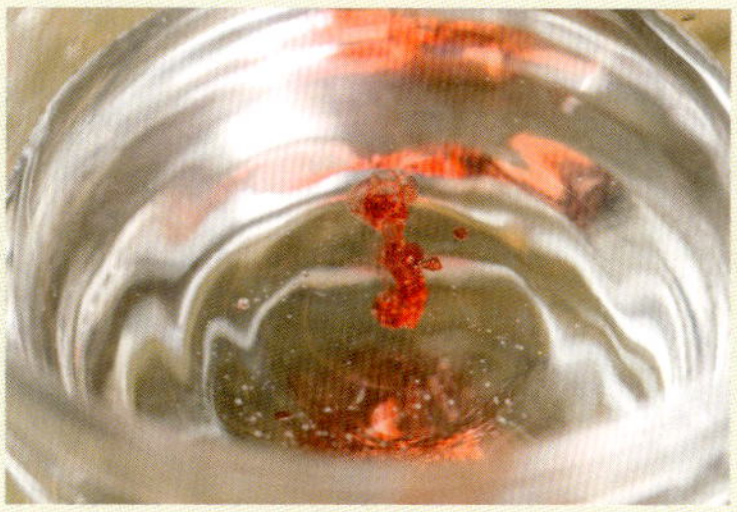

4 水に落として確認する

ボウルに張った水にジャムを落とし、広がらずに下まで沈むようなら、そろそろ火を止めるタイミング。

5 とろみを確認する

4のようになるころには、写真のようなとろみがついている。

6 レモン汁を加える

最後にレモン汁を加え、混ぜながらひと煮立ちさせる。

おすすめ果実

ブラックベリー
冷凍しておいたものでも作ることができる。少し煮詰めたところでこせば、種なしのなめらかなものに。

プルーン
半分に割って種を取ってから煮詰める。皮が気になる場合は、むいて作っても。

柿
かためのものをじっくり煮ても、熟してとろとろになったものでもおいしくできる。

※レモンの有無
発色をよくし、酸味を安定させるために使います。柑橘類以外のものは、最後にレモン汁を加えます。

より新鮮に長く保存できる
道具と方法

果実そのものや、果実を使って作ったものを保存するとき、
より長く、おいしく食べるための道具と方法を紹介します。

保存の道具

◆密閉容器

果汁が多いもの、形がくずれやすいもの、加工したものなど、袋では保存しにくいものを入れるのに便利です。ふたがついていて、冷蔵、冷凍に使えるものを選ぶとよいでしょう。

◆保存袋

多くの果実を冷蔵保存するとき、空気を遮断するために使います。普通のポリ袋で構いませんが、果実を休眠状態にさせる働きをもつ、「鮮度保持袋」も市販されています。

◆密閉ガラス容器

ジャムや果実酒などを保存するのに不可欠です。長く保存したいものに使う場合は、きちんと煮沸、脱気（P23）をしてから使いましょう。保管中も、ふたの部分は清潔に保ちます。

◆保存袋（ジッパーつき）

密閉することができる保存袋。使うときは中の空気をしっかり抜いてからジッパーをしめましょう。冷凍するときには、冷凍専用のものを。購入時に表示を確認しましょう。

◆ざる

洗った果実の水気を切ったり、乾燥保存をしたりするときに実や皮を広げるのに使います。竹で編んだ平たいもので、大中小といくつかのサイズをそろえておくと便利でしょう。

◆新聞紙・キッチンペーパー

本書で「紙などに包んで」と表記しているところでは新聞紙を使うとよいでしょう。より水分を吸い取る働きが望まれるときはキッチンペーパーを使います。

あると便利グッズ

◆バナナスタンド

追熟（➡P16）が必要なものの、気づくとあっという間に黒くなってしまうバナナ。吊るして保存することで、おいしく食べられる期間が延びます。

◆かご

果実を収穫してから食べるまでに少しの間常温保存したいときは、かごに入れて風通しのよい冷暗所に置いておきます。持ち手があると収穫時にも便利です。

保存容器の煮沸・脱気

◆煮沸の仕方

1 大きくて深めの鍋に水を入れ、びんを入れて沸騰させ、約5分煮沸します。

2 トングで取り出し、バットや清潔なふきんの上に、口を下に向けて置き、自然乾燥させます。

3 ふたやパッキンは3分の煮沸消毒を。びんが多いときは別に煮沸します。

脱《だっ》気《き》とは

びんを煮沸して使っても、びんの中に空気が入っていると、空気中に存在しているわずかな菌が繁殖し、そこからくさり始めてしまいます。そこで、びんの中の空気をできるだけ追い出して、菌が入り込まないようにする「脱気」という作業を行い、より長く保存できるようにします。

煮沸消毒できない大きなびんの消毒

鍋には入りきらない大きなびんや、びんの底に「熱湯厳禁」などと書かれているびんの場合、煮沸消毒ができません。そんなときは、アルコール消毒を行います。あらかじめよく洗って自然乾燥させたびんに35度のホワイトリカーを少し入れてまわし、全体にいきわたらせます。ホワイトリカーを捨てたら、キッチンペーパーでふき取ります。ふたやパッキンはホワイトリカーをしみ込ませたペーパーで全体をふきましょう。

◆脱気の仕方

1 煮沸したびんに中身を9分目まで入れ、ふたをかるくしめます。

2 鍋の中にふきんを敷き、その上に1をのせて、びんが半分つかるくらいまで水を入れます。

3 鍋を火にかけ、沸騰したら弱火にして15～20分そのままにし、びんの中の空気を温めます。

4 トングでびんを取り出します。ゴム手袋などをはめてふたをゆるめ、すぐにふたをきつくしめます。

5 びんを3の鍋にもどし、びんの8分目くらいまで水を足して、さらに弱火で20分加熱します。

6 火を止め、びんを取り出し、清潔なふきんの上に逆さまにして置いて冷まします。

果実を使った

定番お菓子レシピ

果実を使った定番のお菓子の作り方を紹介します。
覚えておくといろいろな果実で作れるので便利です。

クッキー

果実で作ったジャムをはさむのにぴったりな、シンプルなクッキーです。本書ではたくさんのジャムのレシピがあるので、たくさん作ったときは、ぜひこのクッキーでサンドしてみて。

材料 12組分

- **果実のジャム** …………… **適量**
- 無塩バター …………… 150g
- きび砂糖 …………… 80g
- 卵 …………… 1個
- A ┌ 小麦粉 …………… 220g
- 　 └ 塩 …………… 少々

下準備

- バターを室温にもどし、やわらかくしておく。
- オーブンを170度に予熱する。

作り方

1 バターと砂糖を混ぜる

バターをボウルに入れて、泡立て器で混ぜ、やわらかくなったらきび砂糖を加え、ふんわりするまで混ぜる。

2 溶き卵を加える

溶き卵を3回に分けて入れ、さらに混ぜる。

3 小麦粉を加える

Aをふるいながら加える。

4 冷蔵庫でねかせる

ヘラでさっくりと混ぜ、粉っぽさが見えなくなったらひとまとめにし、ラップをして冷蔵庫で1時間ねかせる。

5 型を抜く

生地をめん棒で厚さ5mmほどに伸ばし、好みの型で抜く。

6 焼いてジャムをはさむ

天板にオーブンシートを敷いて5を並べ、170度のオーブンで15分焼く。冷めたら果実のジャムをはさむ。

おすすめジャム

梅（→P45）
夏みかん（→P50）
日向夏（→P53）
ブルーベリー（→P64）
ブラックベリー（→P67）
桃（→P73）
すもも（→P79）
あんず（→P83）
ぶどう（→P88）
いちじく（→P94）
バナナ（→P102）
いちご（→P108）
りんご（→P165）
レモン（→P181）
はっさく（→P197）
ネーブルオレンジ（→P201）

マフィン

材料を混ぜ、果実を入れて焼くだけの簡単マフィン。生の果実のほか、ドライフルーツも使えます。その場合は、あらかじめ市販のジュースでもどしてから使うとよいでしょう。

材料　6個分

- 果実（ここではラズベリー）…………80g
- 有塩バター……………………100g
- きび砂糖 ……………………80g
- 卵 ……………………………1個
- A［小麦粉 ………………180g
- 　 ベーキングパウダー ……小さじ2
- 牛乳 …………………………100cc

下準備

- バターを室温にもどし、やわらかくしておく。
- オーブンを170度に予熱する。

作り方

1 バターと砂糖を混ぜる

バターをボウルに入れ、泡立て器でなめらかになるまで混ぜ、きび砂糖を加えてさらに混ぜる。

2 卵を入れる

ふんわりするまで混ぜたら、溶き卵を2回に分けて入れ、さらに混ぜる。

3 粉と牛乳を混ぜる

Aをふるいながら入れて、さらに牛乳を加えて混ぜる。

4 果実を入れる

3に果実（ここではラズベリー）を入れ、ゴムベラで混ぜる。

5 混ぜてカップに入れる

4をさっくり混ぜたらカップに入れる。

6 オーブンで焼く

飾り用ラズベリーをのせ、170度のオーブンで20～25分焼く。

同様に作れる果実

ブルーベリー
よく洗って水気を切り、そのまま生地に混ぜ込む。

ブラックベリー
種が気にならない人向け。よく洗って水気を切り、そのまま生地に混ぜ込む。

バナナ
1㎝角にきざんで、生地に混ぜ込む。

りんご
皮がついたまま、小さめのイチョウ切りにして生地に混ぜ込む。

パウンドケーキ

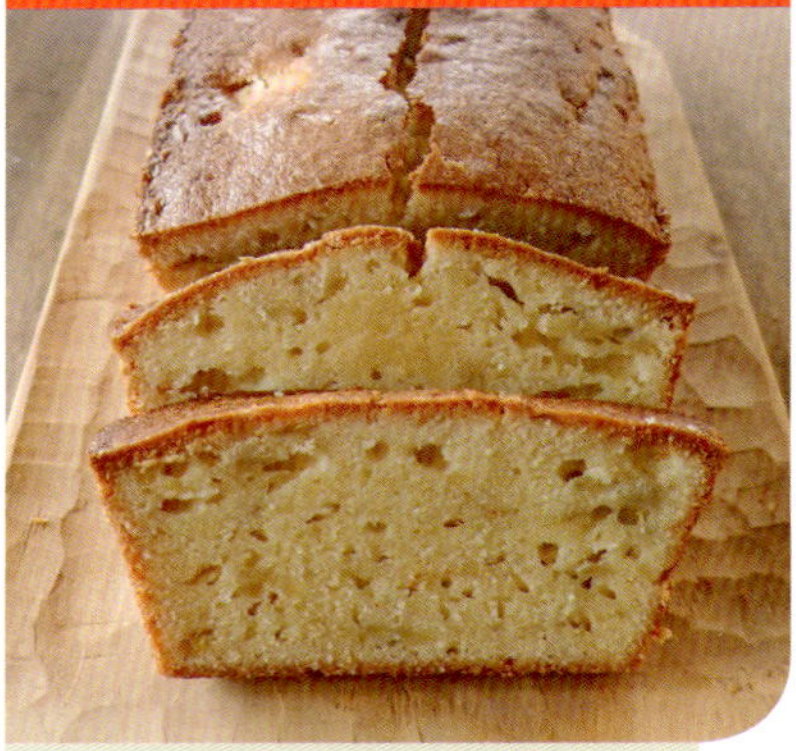

「パウンド」とは「1ポンド」のこと。小麦粉、バター、砂糖、卵を1ポンドずつ（同量）で作ることができるという意味でこの名になりました。表面を手で押して弾力があれば焼き上がりです。

材料 24×8×6.5cm型

- **果実**(ここではバナナ) ……………… **150g**
- 無塩バター …………………… 190g
- 卵 …………… 3個（殻ごとはかり全卵190g）
- 砂糖 …………………… 190g
- A［薄力粉 …………………… 190g
- A［ベーキングパウダー …………… 1g

下準備

- バターは室温にもどし、やわらかくしておく。卵を室温にもどす。
- オーブンを180度に予熱する。
- 型にバター(分量外)をぬっておく。

作り方

1 バターをクリーム状にする

バターをボウルに入れ、泡立て器でクリーム状にする。

2 砂糖と溶き卵を加える

砂糖を加えてすり混ぜ、溶き卵を3〜4回に分けて入れ、そのつどしっかり混ぜながらバターとなじませ乳化させる。

3 薄力粉を加える

Aをふるいながら加える。

4 ゴムベラで混ぜる

ゴムベラで底から返すように、粉っぽさがなくなるまで混ぜる。

5 果実を加える

フォークの背でつぶしたバナナを加え、混ぜる。

6 型に入れて焼く

型に生地を入れて平らにし、台にトントンと型の底を打って気泡を抜く。180度のオーブンで30〜40分焼く。表面の真ん中を触り、弾力があれば焼き上がり。

同様に作れる果実

ブルーベリー
よく洗って水気をふき取り、生地に混ぜ込む。

ラズベリー
果肉を傷つけないようにやさしく洗って水気を切り、乾いたら生地に混ぜ込む。

りんご
皮がついたまま1cm角に切るか、小さめのイチョウ切りにして生地に混ぜ込む。

ジャム
生地を型に1/3流したら、ジャムをスプーンでところどころ落とすことを3回くり返す。

ドライフルーツ
そのままでも使えるが、オレンジジュースに漬けてもどしたものを入れると、ジューシー。

コブラー

果実の上にさくさくに仕上がる生地をのせて、オーブンで焼くだけの簡単スイーツ。このレシピはイギリスの家庭でよく食べられているものです。旬の果実で試してみて。

材料 6個分

- **果実**（ここではぽんかん）……**100g**
- 無塩バター（冷やして1㎝の角切りにしたもの）……30g
- 生クリーム……65g
- A
  - 薄力粉……100g
  - ベーキングパウダー……4g
  - きび砂糖……20g
  - 塩……ひとつまみ
- B
  - コーンスターチ……大さじ1
  - きび砂糖……大さじ1
  - バター……15g

下準備

- オーブンを200度に予熱する。

作り方

1 粉類とバターをすり混ぜる

ボウルに**A**を入れ泡立て器で混ぜる。バターを加え、さらさらになるまで手ですり混ぜる。

2 生クリームを加える

1に生クリームを加え、ゴムベラでさっくり混ぜる。

3 生地をまとめる

カードに替えて生地をひとまとめにする。

4 生地を伸ばす

台に打ち粉（分量外の薄力粉）をし、生地を置いて、伸ばして折りたたむ作業を3回くり返す。

5 型で抜く

4を厚さ2㎝に伸ばし、丸型で抜く。

6 果実の上に生地をのせる

耐熱皿に果実を並べ、その上に**B**を混ぜ合わせたものと**5**をのせ、オーブンで20分焼く。

同様に作れる果実

ブルーベリー
よく洗って水気を切り、耐熱皿に並べ、生地をのせて焼く。

ラズベリー
果肉を傷つけないようにやさしく洗って水気を切り、耐熱皿に並べ、生地をのせて焼く。

桃
くし切りにして耐熱皿に並べ、生地をのせて焼く。

いちご
洗ってヘタを取り水気を切って、丸ごと耐熱皿に並べ、生地をのせて焼く。

りんご
くし切りにして耐熱皿に並べる。皮は好みで、ついたままでもむいても。

タルト

タルト台を焼いて、果実やクリームなどを飾りつけたお菓子です。みずみずしいとれたての果実をぜひ使って。市販のタルト台を使ってもよいでしょう。

材料 直径24㎝型

タルト生地

- **果実**(ここでは桃) ……………… **500g**
- A［小麦粉 …………………… 180g
- A［塩 …………………… ひとつまみ
- B［菜種油 …………………… 45cc
- B［豆乳 …………………… 25cc
- B［甜菜糖シロップ ……………… 50g
- ミントの葉 …………………… 少々

カスタードクリーム

- 牛乳 …………………… 300cc
- 卵黄 …………………… 3個分
- 砂糖 …………………… 60g
- 小麦粉 …………………… 30g
- バニラエクストラ ……………… 少々

下準備

- Aの材料、Bの材料をそれぞれ別のボウルに混ぜておく。
- 型にうすく油をぬっておく。
- オーブンを170度に予熱しておく。

タルト台を作る

1 材料を混ぜる

AをBに入れ、ゴムベラで粉が見えなくなるまでさっくり混ぜる。

2 生地をまとめる

生地がまとまったらカードに替えて、切るように混ぜる。

3 生地を伸ばす

生地をラップの上に取り出し、さらに上からラップをかけて、めん棒で伸ばす。

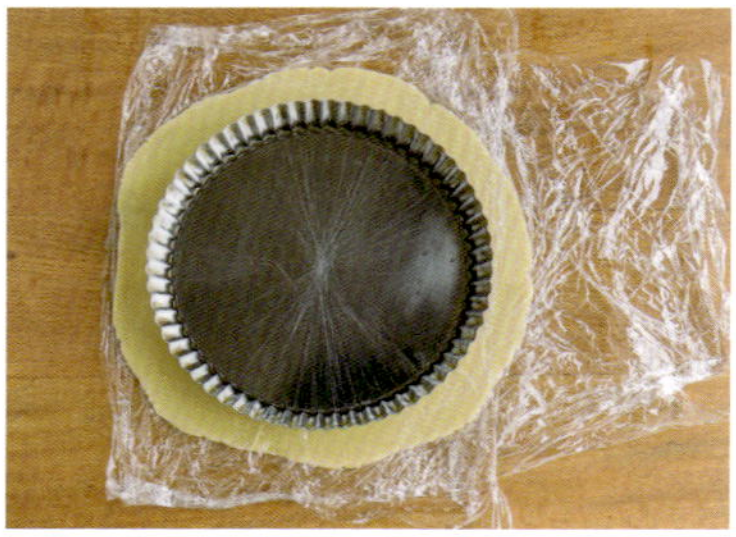

4 型より大きく伸ばす

型よりひとまわり大きくなるくらいに伸ばす。

5 生地を型にかける

生地を上のラップごと巻いて、型にかけていく。

6 生地を型に合わせる

生地が型の側面と底面にぴったりつくように手で整え、型の上にめん棒を転がし、ラップをはがしつつ余分な生地を切り取る。

7 生地を整える

型の側面の凹凸に生地が沿うよう、手でしっかり押し込む。

8 オーブンで焼く

フォークでところどころ穴をあけ、170度のオーブンで13分ほど焼く。

カスタードクリームを作

1 卵黄と砂糖を混ぜる

ボウルに卵黄と砂糖を入れて泡立
器で混ぜる。

2 小麦粉を入れる

小麦粉をふるい入れ、さっくりと混ぜる

3 牛乳を加える

沸騰直前まで温めた牛乳を、泡立器に伝わせながら加え、混ぜる。

4 鍋に移す

3をこし器でこしながら鍋に流し入れ、中火にかける。

5 木ベラで混ぜる

バニラエクストラを加え、木ベラでなめらかになるまでよく混ぜる。

6 完成

クリームがもったりしてきたらでき上がり。

フルーツを飾る

1 生地にカスタードを入れる

タルト生地が焼き上がったら粗熱を取り、カスタードクリームを入れる。

2 表面をならす

生地と同じくらいの高さで表面を平らにならす。

3 果実を並べる

果実（ここではうすくカットした桃）を外側から並べ、ミントの葉などを飾る。

同様に作れる果実

さくらんぼ
軸を取って並べる。

びわ
半分に切って種を取って並べる。コンポート（P20）を使っても。

ブルーベリー
よく洗って敷き詰めるように並べる。

いちじく
皮のままうすくスライスして。

バナナ
皮をむいて輪切りにしたものを敷き詰めるように並べる。

いちご
洗ってヘタを取ったものを並べる。

メロン
イチョウ切りにしたり、スプーンで丸くくり抜いたりして並べる。コンポート（P20）でも。

西洋梨
くし切りにしてうすくスライスしたものを並べる。

大福

一般にはもちで小豆あんを包む和菓子ですが、ここでは果実を包んだものを紹介しています。シンプルに果実だけを包んだもののほか、あんと一緒に包んだものもあります。生クリームと相性がよいので、添えて出すのもおすすめです。

材料 12個分

- **果実**（ここでは桃）……………… **500g**
- 白玉粉 ……………………………… 100g
- きび砂糖 …………………………… 50g
- 水 …………………………………… 150cc
- 片栗粉 ……………………………… 適量

下準備

- バットに茶こしで片栗粉をふっておく。
- 桃を6等分ずつにカットして、水気をふいておく。

作り方

1 生地を練る

白玉粉と水を鍋に入れて弱火にかけ、だまをよく溶かしながらつやが出るまで練る。

2 砂糖を加える

きび砂糖を2回に分けて入れ、よく混ぜながら練る。

3 バットに広げる

2が温かいうちにバットに移し、片栗粉をふるいかけ、手で表面をたたきながら生地を広げる。

4 生地を分ける

バットの中で木ベラなどを使って、生地を12等分する。

5 果実を包む

桃を生地にのせて包む。

6 形を整える

上部をねじるようにして生地をとじ、丸く形を整える。

おすすめ果実

びわ
皮をむき、半分に切って種を取って包む。コンポート（P20）を使っても。

バナナ
サイコロ状に切って包む。あんと一緒に包んでもおいしい。

温州みかん
房に分けて薄皮をていねいにむいて包む。

ゼリー

本書では粉ゼラチンを使って作っています。シロップ漬けのシロップを使って作るゼリーのほか、果肉を使っても、おいしいゼリーができます。

◆果肉 ＋ ゼラチン

材料 2個分

- **果肉**（ここではぽんかん）…………**100g**
- 粉ゼラチン……………………5g
- 水（ゼラチンふやかし用）…………大さじ1
- グラニュー糖……………小さじ1と1/2

作り方

薄皮をむいたぽんかんの実とグラニュー糖をミキサーにかけ、水でふやかしておいた粉ゼラチンを入れて混ぜる。カップやぽんかんの皮の器に流し入れ、冷蔵庫で冷やし固める。

◆シロップ液 ＋ ゼラチン

材料 ゼリーカップ7個分

- **果実シロップ**（ここでは梅）……**180cc**
- はちみつ……………………大さじ1
- 湯……………………………500cc
- 粉ゼラチン……………………12g
- 水（ゼラチンふやかし用）…………大さじ2

作り方

湯に水でふやかしておいたゼラチンと、梅シロップ（青梅または完熟梅）、はちみつを入れて混ぜる。カップにシロップ漬けの梅と作ったゼリー液を入れて冷蔵庫で冷やし固める。

果実

◆シロップ液＋ゼラチン

ぶどう
皮をむいてシロップ漬けにし、シロップと実を使う。

柑橘類
香酸柑橘の場合は、輪切りにしてシロップ漬けにしたもののシロップのみ使い、果実は飾りとして使う。

◆果肉＋ゼラチン
そのまま生で食べられる果実。（特別編2で掲載しているものは除く）

NGの果物
パイナップル、アボカド、キウイフルーツなど酵素が含まれているものは、ゼラチンを入れても固まらないので使えない。

果樹収穫カレンダー

本書掲載の果樹の収穫時期をまとめました。関東地方の平坦地を基準としており、地域や気候により前後します。

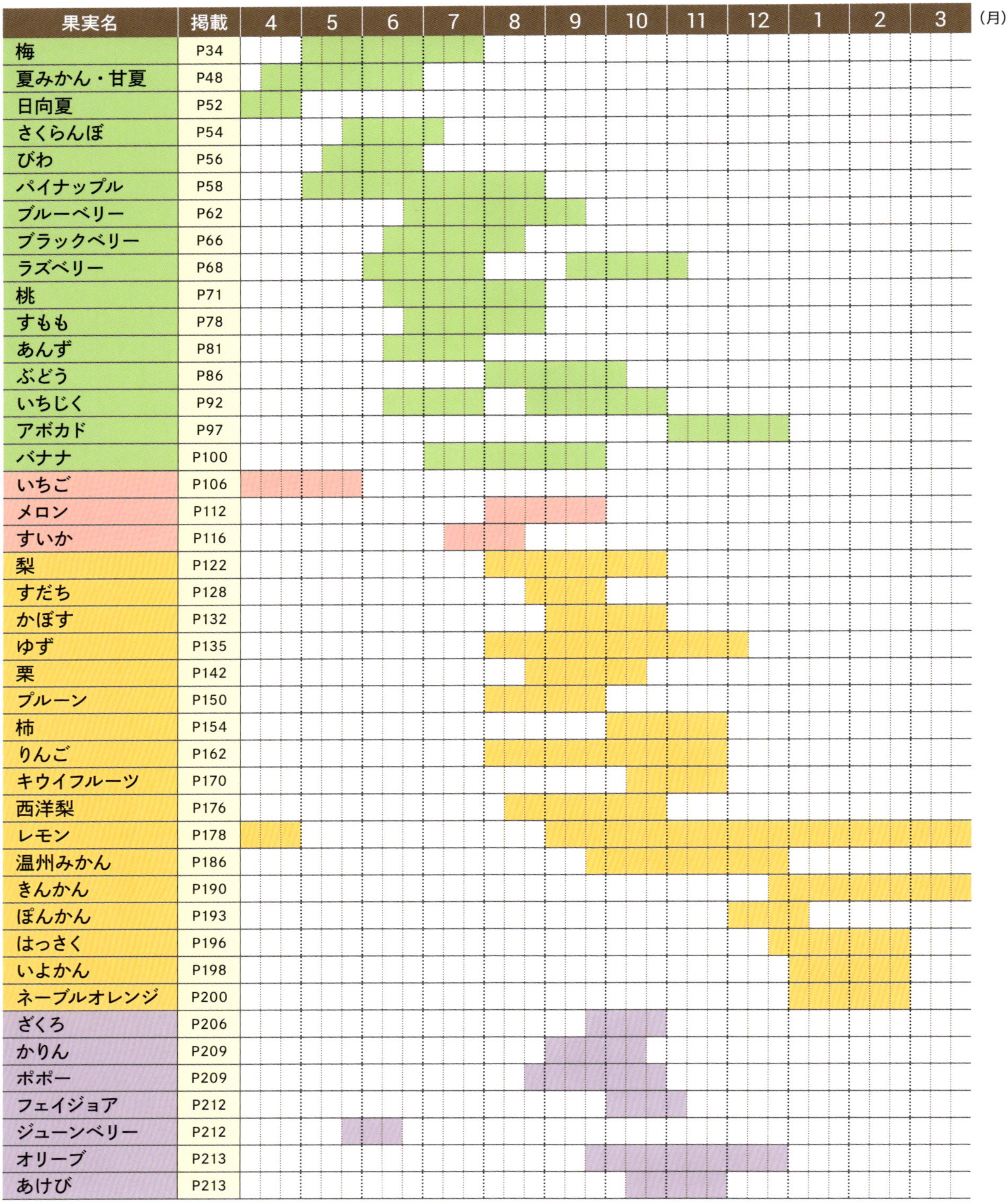

春・夏の果樹

◆梅……34
◆夏みかん・甘夏……48
◆日向夏……52
◆さくらんぼ……54
◆びわ……56
◆パイナップル……58
◆ブルーベリー……62
◆ブラックベリー……66
◆ラズベリー……68
◆桃……71
◆すもも……78
◆あんず……81
◆ぶどう……86
◆いちじく……92
◆アボカド……97
◆バナナ……100

育て方・収穫の仕方

春・夏の果樹

梅

古くから愛されてきた庭の果樹。美しい花も楽しめて、実の利用法もさまざまです。簡単な世話でよく結実します。

用途によって収穫時期を選ぶ

梅の苗木を購入する際は、必ず実梅を。花梅は花を観賞するためのもので、実はほとんどつきません。苗木1本では結実しにくいため、花期が近い異なる品種のものを近くに植えるとよいでしょう。摘果はしなくても毎年花が咲き、実がなりますが、冬に、春から夏にかけて長く伸びた枝の先端を⅓ほど切っておくと、翌年の花芽がつきやすくなります。収穫は使用用途によって時期を選びます。実をつまんで上に持ち上げるようにかるくひねると、簡単に収穫できます。

樹上で完熟させた梅の収穫は、シートを敷いてたたいて落下させても。

MEMO 梅の種類

青梅

まだ完全に熟していない状態。表面の毛が少なくなったら収穫どき（6月上旬ごろ）です。

完熟梅

梅干しなどは熟して黄色になったものを。香りが出てきたら収穫（6月中～下旬ごろ）を。

小梅

実が直径1cm以下、10g未満の小さな梅。青梅・完熟梅と同じように加工できます。

収穫カレンダー（月）

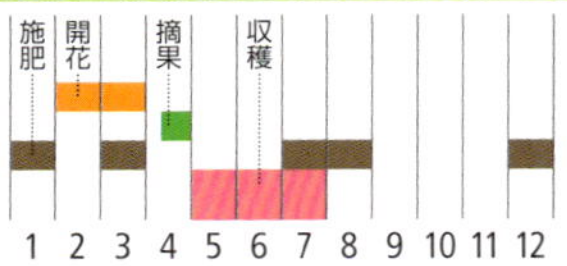

保存早見表

常温保存	約1～2日（新聞紙に包んで）
冷蔵保存	不向き
冷凍保存	約6カ月（袋に入れて）
乾燥保存	なし
漬け保存	**冷凍梅のはちみつ漬け**▶約3カ月、**小梅のしょう油漬け**▶約6カ月、**青梅・完熟梅のシロップ漬け**▶約1年、**サワードリンク**▶約1年半、**梅干し**▶長年、**梅酒**▶長年
加工保存	**梅肉エキス**▶長年、**梅ジャム**▶約1年
果実以外の利用法：なし	

※保存期間は目安。地域や保存環境によっても異なります。「なし」は本書では紹介していないもの。

おいしい保存法

常温保存 約1〜2日

新聞紙に包んで

梅は日もちがしません。収穫後はできるだけ早く加工するか冷凍保存をしましょう。加工までに時間がかかる場合も1〜2日以内に。新聞紙に包んで冷暗所に置いておきましょう。低温障害を起こすため、冷蔵保存は厳禁です。

冷凍保存 約6カ月

水気をよくふいて

青梅は2時間ほど水につけてアクを抜き（完熟梅は必要ありません）、ヘタを取って水気をふき取ったら保存袋に入れて冷凍します。冷凍したもののほうが梅エキスは早く抽出できます。

漬け保存 約3カ月〜長年

漬け保存1 約3カ月

冷凍梅のはちみつ漬け

梅は冷凍のまま使います。生の青梅を使う場合は、アク抜き（えぐみなどを抜くために水につける）とヘタ取りを。1カ月後に飲めるようになります。

材料

- 青梅（冷凍）……250g
- はちみつ……250g

作り方

1. 梅は流水ですばやく洗い、水気をふき取る。
2. 消毒したびんに梅とはちみつを入れ、冷暗所に置く。

ヘタの取り方

ヘタの下に竹串や楊枝の先を当て、上に上げるようにして取り除きます。

漬け保存2 約6カ月

小梅のしょう油漬け

漬けてから1週間で食べられるようになります。梅の風味が移った漬け汁はかけしょう油として使うほか、ドレッシングを作ったり、キュウリなどの野菜を漬けたりするのにも使えます。普通のサイズの青梅を使う場合は、1カ月以上漬けておき、3カ月を過ぎたころから食べられます。完熟梅でも同様に作ることができます。冷蔵庫で保存しましょう。

材料

- 小梅……200g
- しょう油……200cc
- 昆布……5cm角1枚

作り方

1. 梅をたっぷりの水に2時間つけてアクを抜く。
2. ペーパータオルで梅をふき、ヘタを竹串で取る。
3. びんに梅、しょう油、昆布を入れ、冷蔵庫に1週間ほど置く。ときどきびんを傾けてしょう油をいきわたす。

漬け保存3 約1年

シロップ漬け

① 青梅のシロップ漬け

すっきりしたシロップに仕上がります。青梅の場合は、漬ける前に水につけてアク抜きをするのを忘れずに。水や炭酸水で5倍にうすめて飲みます。

材料

- **青梅** ……………… **1kg**
- 氷砂糖 ……………… 1kg

作り方

1 梅はよく洗い、たっぷりの水に2時間ほど浸しアクを抜く。
2 保存びんを消毒する(ホワイトリカーをつけたペーパータオルでふくか、煮沸消毒をする)。
3 竹串で梅のヘタを取る(P35参照)。
4 ホワイトリカーをバットの上に少々流し、梅を転がして液をつけ、梅を消毒する。
5 包丁で十字に切れ目を入れる。
6 びんに梅、氷砂糖の順に一段ずつ重ね入れる。
7 冷暗所に置き、一日一回以上、びんを傾け混ぜる。もし発酵して泡が出てきたら、ふたをあけてガス抜きする(冷蔵庫の野菜室などに保存すれば発酵せず、混ぜる必要もない)。
8 砂糖が溶け、梅にしわがよったら梅を取り出し、別々に冷蔵庫で保存する。

② 完熟梅のシロップ漬け

まろやかなシロップに仕上がります。完熟梅の場合、アク抜きは不要です。青梅のシロップと同様に、水や炭酸水で5倍にうすめて飲みます。

材料

- **完熟梅** ……………… **1kg**
- 氷砂糖 ……………… 1kg

作り方

1 梅は大きな傷や傷んだものは取り除き、ていねいに洗う。
2 保存びんを消毒する(ホワイトリカーをつけたペーパータオルでふくか、煮沸消毒をする)。
3 竹串で梅のヘタを取る。
4 びんに梅、氷砂糖の順に一段ずつ重ね入れる。
5 冷暗所に置き、一日一回以上、梅が傷まぬようゆっくりとびんを傾け混ぜる。もし発酵して泡が出てきたら、ふたをあけてガス抜きする。
6 砂糖が溶け、梅にしわがよったら梅を取り出し、別々に冷蔵庫で保存する。

ドリンク

梅のホットドリンク

シロップ漬けを使って

材料

- 梅シロップ（青梅でも完熟梅でもOK）……20cc
- 湯……100cc

カップに梅シロップを入れ、上からお湯を注ぐ。同様に1：5の割合でお湯の代わりに冷水や炭酸水にしてもおいしい。

漬け保存4
約1年半

梅サワードリンク

梅のクエン酸と酢の働きで疲れが取れ、夏バテ予防にもぴったりです。水や炭酸水でうすめて好みの濃さに。シロップに比べて長く保存でき、ゆっくり味わえます。

材料

- 完熟梅……1kg
- 穀物酢……1ℓ
- 氷砂糖……1kg

作り方

1. 梅を洗い、ざるに上げ、ふきんの上に並べて乾かす。
2. 消毒した保存びんに氷砂糖と梅を入れ、酢を注ぐ。
3. 2を冷暗所に置き、氷砂糖が溶けるまで、梅に酢がいきわたるように毎日ゆっくりとびんをゆする。
4. 梅がしわになったら飲めるようになる。

漬け保存5
長年

梅干し

梅仕事の中でも人気なのが梅干し作り。梅干しには完熟梅を使います。工程が多く複雑そうに思えますが、流れを押さえて時期を逃さず作業していけば、失敗なくおいしい梅干しを作れます。作る過程でできる梅酢や赤シソ漬けでも、さまざまな料理を楽しめます。

ひと目でわかる梅干しスケジュール

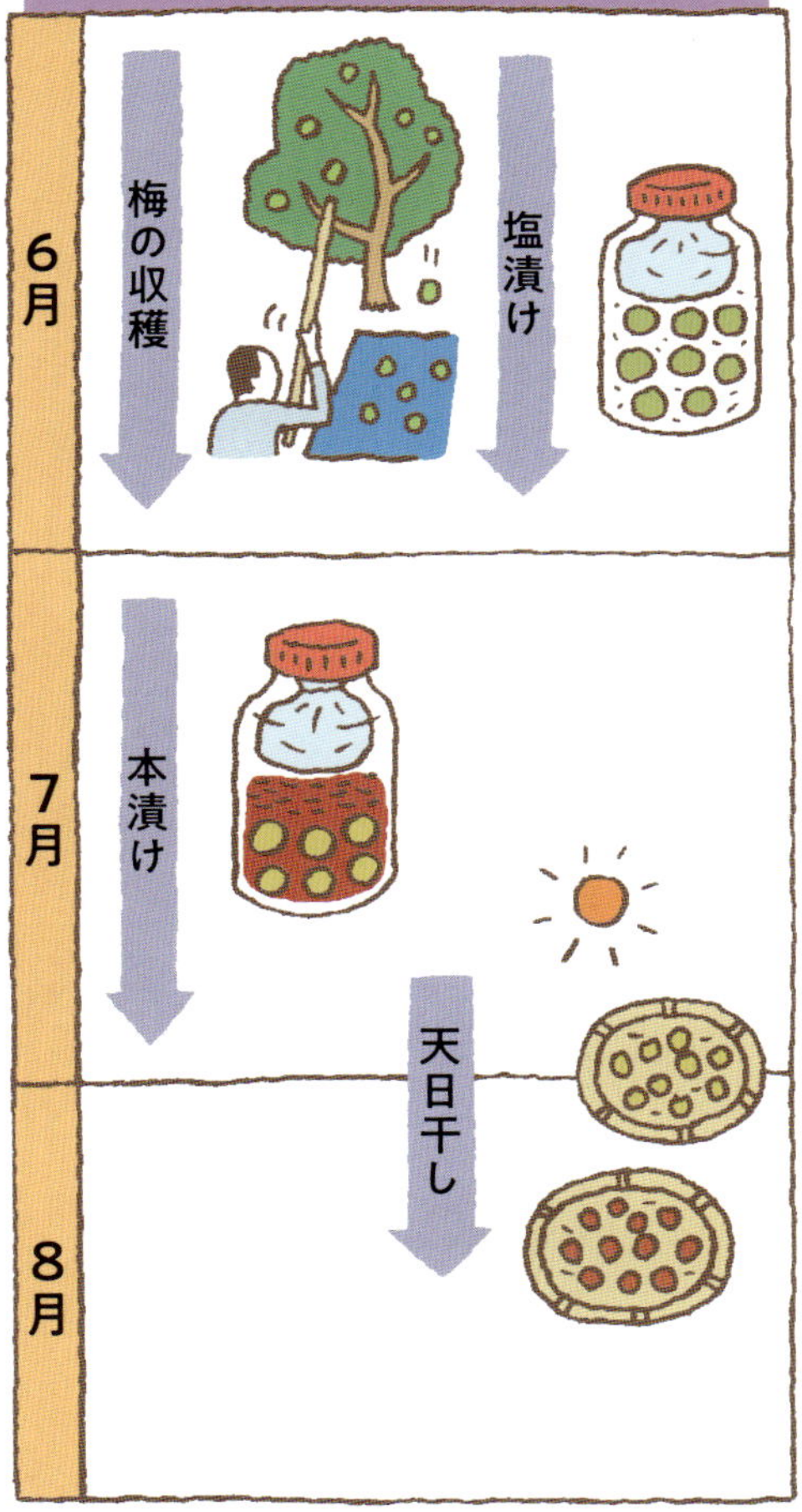

← 詳しくは次ページから

梅干しの作り方

梅干しには白梅干しと赤梅干しがあります。途中までは作り方は同じです。

白梅干し

赤シソ漬けを入れずに、塩だけで漬けた梅干し。梅本来の味が楽しめます。

材料

- 完熟梅 ……………………… 2kg
- 粗塩 ……………… 340～360g
- ホワイトリカー（35度・消毒用） …………………………… 少々

1 梅を流水でていねいに洗い、清潔なタオルの上にヘタを下にして置き（ヘタに水分がたまると、カビの原因になる）、少し湿り気があるくらいまで乾かす（乾かし過ぎると塩がつきにくくなる）。竹串でヘタを取り除く（P35「ヘタの取り方」参照）。

2 ホワイトリカーをバットなどに入れ、手のひらで梅を傷つけないようにまわし転がす。

3 保存びんを35度のホワイトリカーをつけたペーパータオルでふくか、ホワイトリカーを入れ、びんをまわす。

4 塩の分量のおよそ2/3の塩を、塩、梅の順番で交互にびんに入れていく。梅はなるべくすき間があかないようにていねいに詰めていく。最後に残りの塩で梅を隠すように入れる（表面に空気が触れないようにするため）。

5 厚手のビニール袋を2枚重ねて、外側をホワイトリカーでふくなど消毒し、びんの中に入れて水を注ぎ、重し代わりにする（5ℓびん＝梅量と等倍の水、8ℓびん＝梅量の1.5倍の水）。ビニール袋の上を輪ゴムで留める。

6 ふたをして冷暗所に置き、5～7日して、梅の上まで梅酢（白梅酢）が上がるのを待つ。

→ 赤梅干し

→ 白梅干し：梅酢が梅の上まで上がったら、重しの水を半分にして1カ月待つ。

天日干し→保存

漬け始めて1カ月程度たち、晴天が3日間続きそうな日を選んで次のように干す。

1. びんから重しの袋を取り出し、穴あきお玉などで、皮を破らないように取り出す。
2. 平らなざるに梅同士がくっつかないように並べ、風通しがよくなるように土台の上にのせ、日当たりのよい場所で干す。雨にぬらさないよう気をつけながら、夕方には屋内に取り込む。1日めは梅をひっくり返さずそのままにしておく。
3. 2日めの朝に梅をひっくり返し、再び天日で干す。
4. 3日めも同様に干す。梅の表面が乾いているようなら、完成。
5. 梅の天日の熱が冷めたら、別の保存びんに入れ、冷暗所に置き熟成させる。1~3カ月たったら食べられる。

赤梅干し

途中までは白梅干しと同様に作り、梅酢の上がったところに赤シソ漬けを加えて漬けたものです。

材料

- 完熟梅 ……………… 2kg
- 粗塩(下漬け用) ……………… 340～360g
- 粗塩(赤シソ漬け用) … 60g
- ホワイトリカー (35度・消毒用) ………… 少々
- 赤シソ(葉のみの重さ) …300g
- 梅酢(下漬けででき上がったもの) ……………… 50cc

1 赤シソは水で洗い、水気を切りながら、葉をなるべく広げるようにざるに上げ、水分がほぼ乾くまで半日くらい陰干しする。乾かし過ぎるとしぼりにくくなる。

2 シソの葉をバットに移し、赤シソ漬け用の塩の1/3量を入れ、両手でしっかりもみながら、アクを含んだ汁を出し、葉をきつくしぼってアク汁は捨てる（手が汚れるのが嫌な人は、手袋をする）。

3 2の工程をあと2回くり返す。

4 赤シソを固くしぼって水分を切る。

P38の続き

5 ボウルにしぼったシソの葉とP38 6で上がった梅酢50ccを入れ、もみ混ぜながら、梅酢の色が鮮やかになるようにする。

6 ボウルの中身をP38 6のびんに入れ、梅を覆うように広げる。

7 下漬けのときと同じように、ビニール袋を二重にし、1000ccの水を入れて重し代わりにする。このまま梅雨が明けるのを待つ。

天日干し→保存

梅雨が明けたら白梅干しと同じ手順で天日干しをして、完成したら保存びんに入れて熟成させる。

カビが生えたときは？

梅を漬けている途中、カビが一部に少量だけ生えていた場合は、そこだけを取り除きます。たくさん見られる場合、梅はホワイトリカーや焼酎で洗い、梅酢は沸騰させて冷まし、元にもどします。

梅干し、梅酢、赤シソ漬けを使って作ろう

完成した梅干し、梅干し作りの途中でできた梅酢や赤シソ漬けを使って、いろいろなメニューを味わってみましょう。赤梅干し、白梅干しのどちらでも使えます。

梅干しを使って

干し梅

材料

- 梅干し…………適量

作り方

1 梅干しの種を取り除き、天日で干す。
2 約5日干して、表面がかたくなったら食べごろ。

かつお梅

材料

- 梅干し…………種を除いて50g（中サイズ5～6個）
- 長ネギ（白い部分）…………10cm
- みそ…………小さじ1
- かつおぶし…………7g
- 砂糖…………ひとつまみ

作り方

1 ネギをみじん切りにする。梅干しは包丁でたたき、途中でみそを加え、さらにたたきながら混ぜ合わせる。
2 材料をすべてボウルに入れ、ゴムベラなどでしっかりと混ぜ合わせる。ご飯やかまぼこにはさんだり、薬味として肉や豆腐と合わせてもよい。

梅しょう

材料

- 梅干し ····200g（約10個）
- A［しょう油…………70cc
- A［ショウガ汁···小さじ1/2

作り方

1 梅干しは種を取る。
2 ミキサーに梅干しとAを入れ、なめらかになるまで混ぜ、消毒したびんで保存する。疲れたときや風邪ぎみのときに、番茶などに入れて飲む。

簡単梅ご飯

材料

- 梅干し····2個
- 米…………2合

作り方

1 米をといで、規定の量まで水を入れる。
2 梅干しを米の上に適当な間隔をあけて置き、いつものように炊く。
3 炊き上がったら30分蒸らし、梅干しをくずしながら混ぜる。種は好みによって取り除いておいてもよい。

梅酢（白梅酢）を使って

梅酢ソース

材料

- 梅酢
- 練りゴマ
- みりん（煮切り）

それぞれ同量

作り方

1 材料をよく混ぜ合わせる。

蒸し野菜の梅酢ソース

蒸し野菜に梅酢ソースをかける。

赤梅酢・赤シソ漬けを使って

ゆかり

材料

- 赤シソ梅漬けの赤シソ ……… 適量

作り方

1 梅を干したときに残った赤シソの水分をしぼり、ざるに広げて天日でカラカラになるまで干す。湿気で湿ったら、また干す。

2 干し上がった赤シソを、すり鉢でこまかくする。ある程度までこまかくしたらざるでこし、ざるに残った大きいものをもう一度する。ミルを使ってもよい。

しば漬け

材料

- 赤梅酢 ……… 大さじ4
- 赤シソ漬けの葉 … 5枚
- キュウリ ……………… 3本
- ナス …………………… 2本
- ミョウガ ……………… 3個
- ショウガ …… ひとかけ
- 塩(下漬け用) ……… 10g (野菜の重さの2%)
- 青シソ ………… 10枚
- みりん ……… 大さじ1

作り方

1 キュウリは縦半分にして斜め切り。ナスも同様に切り、水にさらしてから水切りする。ミョウガは縦6等分、ショウガは千切りにする。
2 ボウルに青シソ以外の野菜を入れて塩をふり、よく混ぜたら重しをして水が上がるまで3〜5時間置く。漬物容器で漬けてもよい。
3 青シソと赤シソ漬けの葉を1㎝角に切る。
4 下漬けした野菜をしっかりしぼり、3と赤梅酢とみりんを加えてよく混ぜたら、保存袋や漬物容器に入れ、かるく重しをして冷蔵庫に入れる。2〜3日でおいしく食べられる。

ダイコン漬け

材料

- 赤梅酢 ………… 250cc
- 赤シソ漬けの葉 …. 50g
- ダイコン ……… 1/4本
- 塩 ………………… 25g

作り方

1 ダイコンは厚さ6〜7㎜の半月切りにして塩でもみ、10分ほど置く。
2 しんなりしたら水気をきる。
3 保存容器に入れ、赤シソ漬けの葉と赤梅酢を入れ、かるくもんで冷蔵庫で2日置く。

漬け保存5
長年

梅酒

酒

果実酒の定番中の定番。エキスが出やすく、お酒、糖類ともさまざまな組み合わせが味わえます。ほかの果実酒と比べて長く漬けておけるので、熟成させる楽しみも。青梅、完熟梅とも使えます。

梅酒 味くらべ20種

完熟梅を5種のお酒と4種の糖類で漬けました。さまざまな組み合わせで、梅酒の世界も広がります。

氷砂糖

ブランデー

甘みは控えめでさわやかな飲み口

梅	ブランデー	氷砂糖
100g	175cc	50g

ホワイトリカー

すっきりしていて、食前酒におすすめ

梅	ホワイトリカー	氷砂糖
100g	175cc	50g

三温糖

ブランデー

酒のかたさは感じるも丸い甘みがそれを補う

梅	ブランデー	三温糖
100g	175cc	50g

ホワイトリカー

酒の角がとれているがすっきりさはそのまま

梅	ホワイトリカー	三温糖
100g	175cc	50g

きび砂糖

ブランデー

ブランデーと黒砂糖の相性がよく、まろやか

梅	ブランデー	きび砂糖
100g	175cc	50g

ホワイトリカー

酒のかたさはないが、甘みも出過ぎない

梅	ホワイトリカー	きび砂糖
100g	175cc	50g

黒砂糖

ブランデー

個性の強い酒と糖だが酸味も負けていない

梅	ブランデー	黒砂糖
100g	175cc	50g

ホワイトリカー

糖の味がまっすぐに出ている。甘党に。

梅	ホワイトリカー	黒砂糖
100g	175cc	50g

※酒はアルコール20度以上を使用。
※漬けてから1年後に試飲。味の感じ方には個人差があります。

梅酒の作り方

(P19参照)

①

ヘタを取る

②

アクを抜く

③

水気を取る

④

梅と糖を交互に入れ、酒を注ぐ

⑤

冷暗所で保存する

日本酒

日本酒の味は感じるが全体に淡泊

梅	日本酒	氷砂糖
100g	175cc	50g

日本酒のクセが和らぎ梅の味もしっかり

梅	日本酒	三温糖
100g	175cc	50g

梅の酸味が抑えられ、とても飲みやすい

梅	日本酒	きび砂糖
100g	175cc	50g

クセが強い組み合わせ。好みが分かれる

梅	日本酒	黒砂糖
100g	175cc	50g

米焼酎

ほのかな米の風味と梅の酸味が合う

梅	米焼酎	氷砂糖
100g	175cc	50g

酒・糖よりも梅の酸味が際立っている

梅	米焼酎	三温糖
100g	175cc	50g

酒・糖・梅のバランスがとれている

梅	米焼酎	きび砂糖
100g	175cc	50g

黒砂糖の風味がいちばん強く出ている

梅	米焼酎	黒砂糖
100g	175cc	50g

麦焼酎

酒の風味が出過ぎず糖と梅が前面に

梅	麦焼酎	氷砂糖
100g	175cc	50g

漬け期間が短くてもまろやかな味わい

梅	麦焼酎	三温糖
100g	175cc	50g

全体的に調和がとれているが、やや甘い

梅	麦焼酎	きび砂糖
100g	175cc	50g

黒砂糖使用の割に甘みは強過ぎない

梅	麦焼酎	黒砂糖
100g	175cc	50g

加工保存

約1～長年

加工保存1 長年

梅肉エキス

青梅をじっくり煮詰め、梅の有効成分が凝縮されています。スプーン1杯程度をそのまま食べたり、お湯で割ったりヨーグルトなどに混ぜても。腹痛や下痢に効果があるといわれています。

材料

- 青梅……2kg

作り方

1 梅を洗い、ヘタを竹串で取り除く。セラミック製のおろし器で実をすりおろす。金製は梅の酸に弱いので使わないこと。

2 すべてすりおろしたところ。

3 すりおろしたときに出た汁も捨てずにすった実と一緒にして、ふきんでしっかりと果汁をしぼり出す。

4 果汁を酸に強い鍋に入れ（土鍋など）、中火にかけ、沸騰したら弱火にして煮詰めていく。最初はときどきゴムベラで鍋肌と底を混ぜ、汁が煮詰まってきたら焦がさないように手を休ませずに混ぜる。

5 黒く粘りが出てきたら完成。

ワンポイントアドバイス

およそ90分で黒い色のエキスに。根気よく混ぜていきましょう。熱いうちに消毒したびんに入れれば、冷暗所で何年ももちます。

梅種のしょう油漬け

梅肉エキスで出た種を使って

材料

- 梅肉エキスで残った梅の種……青梅2kg分
- しょう油……200cc

作り方

1 青梅の種を容器に入れ、種がつかるくらいのしょう油を入れる。2週間ほどで完成。しょう油を料理に使う。

しょう油うどん

梅種を漬けたしょう油を使って

材料

- 梅種のしょう油……適量
- うどん……1玉
- キュウリ、トマト、揚げナス、ミズナ、ゆで卵、かつおぶしなど好みの具をトッピングする

作り方

1 うどんをゆでて水で洗い、器に入れる。

2 好みの具材をのせ、梅種のしょう油をまわしかける。

※ほかに冷や奴や焼き魚などにかけてもよい。

加工保存2 約1年

梅ジャム

ジャム

完熟梅でも、青梅でも、同量の材料と作り方でおいしく作ることができます。

材料

- 梅（青梅または完熟梅）……1kg
- グラニュー糖 …… 400～500g

作り方

1. 梅を洗い、竹串でヘタを取る。青梅の場合はアクを抜いておく（P36）。
2. 鍋に梅を入れ、かぶるくらいの水を入れて中火にかけ、沸騰したら弱火にしてアクを取りながら煮る。
3. 15分ほどしたら火を止め、鍋に入れたまま、しっかりと冷めるまで待つ。
4. 冷めたら、ざるで水を切り、ボウルに移し、手で梅をつぶすようにして種を取り除く。
5. 鍋に梅肉とグラニュー糖を入れて中火にかけ、ふつふつとしてきたら弱火にし、アクを取りながら煮詰める。
6. 鍋底が焦げないようにときどきかき混ぜながら、とろりとするまで煮詰める。冷めると少し固めになるので、ややゆるめでも大丈夫。

青梅ジャム

完熟梅ジャム

知っトク情報

梅ジャムの活用

水や炭酸水で割って飲んだり、ヨーグルトやアイスに添えたりとスイーツ系の使い方はもちろん、料理の際に糖類の代わりにも。みそやマヨネーズとの相性も抜群です。

梅ドレッシング

梅ジャムを使って

材料

- 梅ジャム …… 30g
- オリーブオイル …… 70cc
- りんご酢 …… 5cc
- 水 …… 20cc
- 塩 …… 少々
- 好みの野菜 …… 適量

作り方

1. 材料をすべて合わせ、よく混ぜる。好みの野菜などにかけて食べる。

デザートレシピ

豆腐を使ったチーズ風スイーツ

材料

A
- **白梅酢**……………**6cc**
- 豆腐………………300g
- きび砂糖……………60g
- メープルシロップ…30cc
- レモン汁……………40cc

B
- 粉寒天……小さじ1
- 豆乳…………250cc
- 白みそ…………3g

作り方

1 Aの材料をミキサーでなめらかになるまでまわす。

2 Bの材料を鍋に入れて弱火でふつふつと2分ほど火を通す。

3 2をざるでこしながら、1に入れてなめらかになるまでミキサーにかけると、レアチーズケーキのようなデザートになる。好みの果実をトッピングして食べる。

梅ゼリー

材料 ゼリーカップ7個分

- **梅シロップ**………**180cc**
- **シロップに漬けていた梅**…………………**7個**
- はちみつ…………大さじ1
- 湯………………500cc
- 粉ゼラチン…………12g
- 水………………大さじ2

作り方

1 粉ゼラチンを大さじ2杯の水にふり入れ、よくふやかしておく。

2 分量の湯へ1を入れ、よくかき混ぜてから、梅シロップ、はちみつを加えて混ぜる。

3 容器に、シロップに漬けた梅と2を入れて、冷蔵庫で冷やして固める。

料理レシピ

炊き込みご飯

材料

- **梅干し**…**20g**(約3個)
- 米…………………2合
- だし汁………約350cc
（顆粒だしを使ってもよい）
- みりん………大さじ2
- 塩…………小さじ3/4
- しょう油……小さじ1/4

作り方

1 米はといで30分ほど水につけておき、ざるに上げたら炊飯器に移す。

2 みりん、塩、しょう油を入れ、だし汁を2合の目盛まで入れたら梅干しをのせて炊く。

3 炊けたら梅干しの種を取り除き、果肉をつぶしながら混ぜる。

梅をもっと楽しむ方法

作った梅干しや梅酒をさらに楽しむ方法を紹介します。

〔 干さない梅干し 〕

干すのは殺菌効果のほか、皮や実をやわらかくして色を鮮やかにするためです。ざるに広げて干さなくても、同時期にふたをしたままびんごと1週間ぐらい太陽に当てるだけでも効果はあります。外で干さなかったものは、ふっくらやわらかく仕上がります。

〔 梅干しをごく少量だけ作る 〕

ジッパーつきの保存袋で作ることができます。下処理済みの梅にホワイトリカーをまぶし、梅と塩を交互に袋へ。梅酢が上がるまで平らにねかせておき、上がったら立て、ときどき袋をゆすって梅酢と実をなじませます。干したあとは新しい袋に入れて保存します。

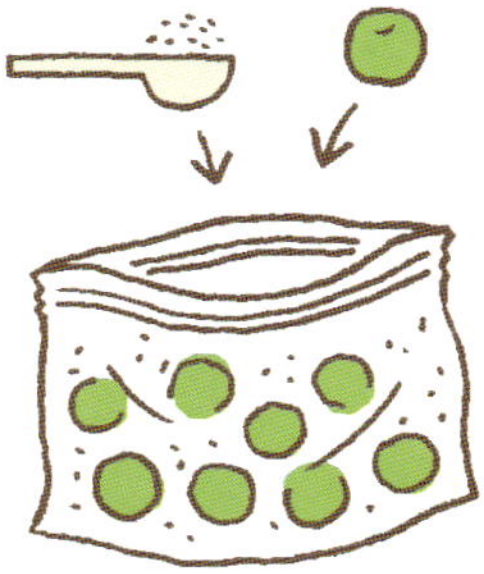

〔 梅干しの塩抜きをする 〕

長期間の保存のために塩分は不可欠ですが、塩分が気になる場合は、塩抜きをして使いましょう。まず水に1時間つけ、その後1時間ずつ2〜3回水をかえながら塩抜きをします。ぬるま湯を使用すると、より早く塩抜きができます。梅の酸味と適度な塩分は残り、おいしく減塩ができます。塩抜きをしたものは、冷蔵庫で保存し、1カ月以内に食べきります。

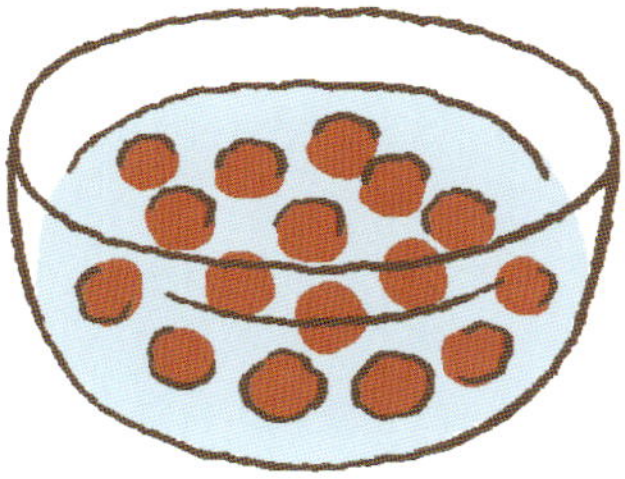

〔 甘い梅干しを作る 〕

上の方法で塩抜きをしたあと、はちみつ液につけることで甘い梅干しができます。はちみつとはちみつの半量の水を一度沸騰させて冷まし、そこへ塩抜きして水気をふいた梅干しを入れ、冷蔵庫で2週間ほど漬け込みます。早めに食べきりましょう。

〔 梅酒の梅の利用法 〕

煮魚や豚の角煮を作るときの鍋に一緒に入れておくと臭みをとり、身や肉をやわらかくする働きがあります。その他、種を取り除いて果肉をきざみ、その60%量の砂糖とともに煮詰めてジャムに。また、種をとったものを3日くらい天日干しし、カビ防止のため仕上げに100度のオーブンで約1時間加熱して干し梅にも。

夏みかん・甘夏

せっかく庭植えされているのに、すっぱいと敬遠されることも。甘くなる時期、おいしい食べ方があります。

収穫カレンダー（月）

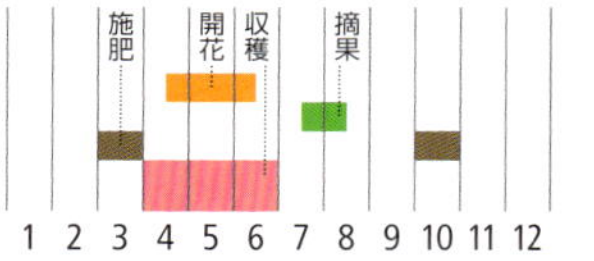

育て方・収穫の仕方

甘くなるのは暖かくなってから

晩秋から実をつけていますが、そのころはまだ酸味が強く、そのままでは食べられません。水分を吸い上げて実が詰まり、酸味がなくなってくる春（3月以降）が収穫適期です。ただし、ジャムなど酸味を効かせたいときは、2～3月に収穫します。寒い地域では実が落ちたり、苦みが出たりするので、12月のうちに収穫して酸味が抜けてから食べます。

MEMO

夏みかんと甘夏の違い

甘夏は、昭和初期に大分県の川野農園で夏みかんの中からたまたま発見された減酸が早い系統です。現在、夏みかんとして流通しているものの多くが甘夏です。

皮のむき方・切り方

1 まわりの厚い皮を手でむき、白いわたの部分を包丁でむく。

2 実を入れるボウルを用意し、その上で真ん中から割る。

3 ひと房ずつ皮をむいていく。

4 むけたものはボウルに入れていく。

保存早見表

常温保存	約2週間（風通しのよいところに）
冷蔵保存	約1～2カ月（袋に入れて）
冷凍保存	約6カ月（果汁で）
乾燥保存	なし
漬け保存	夏みかん酒▶約6カ月
加工保存	ポン酢▶約2カ月、黒糖ジャム▶約6カ月、甘酢たれ▶約2～3日、皮のピール▶約6カ月
果実以外の利用法：なし	

※保存期間は目安。地域や保存環境によっても異なります。「なし」は本書では紹介していないもの。

おいしい保存法

常温保存 約2週間

風通しのよいところに

直射日光の当たらない風通しのよい冷暗所へ保存します。春収穫のものは気温が高めなので、早めに食べきるようにします。

冷蔵保存 約1～2カ月

ポリ袋などに入れて野菜室へ

すぐに食べないものはポリ袋などに入れて、冷蔵庫の野菜室へ。乾燥が気になる場合は、ひとつずつ新聞紙に包んでからポリ袋に入れてもよいでしょう。

ドリンク

夏みかんジュース

皮を取り除いた実とはちみつ・砂糖少々をミキサーにかける。冷凍しておいたものを使ってもよい。

冷凍保存 約6カ月

果汁で保存

皮を取り除いてジューサーにかけ、果汁状になったものを保存袋に入れて保存します。解凍すると固形分と水に分離するのでしっかり混ぜ合わせて。

利用の仕方

自然解凍してはちみつと混ぜ、ヨーグルトにかけたり、ゼリーにも。

漬け保存 約6カ月

漬け保存1 約6カ月

夏みかん酒（ブランデー入り）

酒

夏みかんのさわやかさを邪魔しないホワイトリカーで漬けるのがおすすめ。風味づけにブランデーを入れます。

材料

- 夏みかん …2個
- ホワイトリカー ……………300cc
- 氷砂糖 ……150g
- ブランデー …50cc

作り方

1. 夏みかんは皮をむき、1cm幅の輪切りにし種を取り除く。
2. 清潔な保存びんに1を入れ、上から氷砂糖、ホワイトリカー、ブランデーを入れる。2カ月たてば飲める。

加工保存 約2日～6カ月

加工保存1 約2カ月

ポン酢

果汁の酸味を生かしたポン酢。甘夏でもおいしくできます。

材料

- 夏みかん果汁 ……200cc（2～3個分）
- みりん ……………100cc
- しょう油 …………200cc
- かつおだしパック …1個
- 昆布 …………5cm角1枚

作り方

1. 鍋にみりんを入れて、沸騰させてアルコールをとばす。
2. 1に果汁、しょう油、かつおだしパック、昆布を入れて混ぜ合わせ、保存びんに入れる。
3. 冷暗所で2週間ほど置き、かつおだしパック、昆布を取り出して冷蔵庫で保存する。

加工保存2

約6カ月

夏みかん黒糖ジャム

ジャム

黒糖の甘みでほっくりした味。黒糖をグラニュー糖にかえればすっきり味に。

材料

- **夏みかん** ……………………**2個**
- グラニュー糖 ………………260g
- 黒糖 ……………………………40g
- レモン果汁 …………大さじ1/2

作り方

1 夏みかんはりんごの皮をむくようになるべくうすく皮をむいて、皮を千切りにし、3回ゆでこぼしたあと、水につけて半日置く。

2 実は薄皮から出し、半分はかるく（5秒くらい）ミキサーにかけ、半分は手でほぐしておく。

3 鍋に水切りした1と2を入れ、グラニュー糖、黒糖を加え、強火でアクを取りながら、半分量くらいになるまで煮て、火を止める前にレモン果汁を加える。

加工保存3

約2～3日

夏みかんの甘酢たれ

酢が苦手な人にもおいしく使える料理に便利なたれ。冷蔵庫に保存し、2～3日で使いきりましょう。

材料

- 夏みかんの実 ………………200g
- 夏みかんの皮 ……………1/4個分
- 砂糖 …………………50g
- しょう油 ………80cc

作り方

1 夏みかんの実は薄皮をむいておく。

2 夏みかんの皮をうすく切って千切りにする。

3 材料をすべて合わせ、びんなどに保存する。

酢豚

甘酢たれを使って

材料 2人分

- **甘酢たれ** ……**100cc**
- 豚肉赤身 …………100g
- タマネギ………大1/2個
- ニンジン…………1/4本
- パプリカ…………1/4個
- ブロッコリー ……1/4個
  （ほかの青み野菜でもOK）
- ケチャップ ……小さじ1
- 肉下味用
  （しょう油、酒各小さじ2）

作り方

1 肉に下味をつけ、片栗粉（分量外）をまぶして油で揚げる。

2 ニンジンは乱切りにして固ゆでにする。

3 フライパンに少し多めの油（分量外）を熱してくし切りにしたタマネギを炒め、色がかわったら2と一口大に切ったパプリカとブロッコリーを入れて炒める。火が通ったら1を加える。

4 甘酢たれとケチャップを入れ、水溶き片栗粉を入れてからめる。

鶏肉の南蛮焼き

甘酢たれを使って

材料 3人分

- **甘酢たれ** ……**200cc**
- 唐辛子（輪切り）
  ………………好みの量
- タマネギ（薄切り）…1/4個
- 鶏もも肉…………1枚

作り方

1 鍋に甘酢たれ、唐辛子、タマネギを入れ、さっと火を通す。

2 食べやすく切った鶏肉を焼き、1をからめる。

加工保存4 約6カ月

夏みかんの皮のピール

お茶うけにはもちろん、きざんでケーキやクッキーの生地に入れたり、溶かしたチョコレートをつけたりなど、お菓子作りにも重宝します。

材料

- **夏みかんの皮**……………**2個分**
- グラニュー糖……皮の重さの30%

作り方

1 夏みかんの皮を5㎜幅に切り、たっぷりの水で3回ゆでこぼす（水と皮を入れて沸騰させることを3回くり返す）。

2 新しい水にかえてひと晩つけておき、ざるに上げて水を切る。

3 鍋に2を入れて砂糖をまぶし、水分が出て砂糖が溶けるまで置く。

4 3を中火にかけて、焦がさないようにしながら水分がなくなるまで煮詰める。

5 オーブンを100度に予熱し、クッキングシートを敷いた天板に4を並べ、1時間半加熱する。粗熱が取れたら、グラニュー糖（分量外）を好みの量ふりかけて冷ます。

料理レシピ

ちらしずし

材料 4人分

すし飯

- 米……………………2合
- 水……………………2カップ強
- 昆布…………………5㎝角1枚
- 酒……………………大さじ2

合わせ酢

- **夏みかんのしぼり汁**…………**半個分（50cc）**
- 塩……………………小さじ1
- 砂糖…………………大さじ1

夏みかんの果肉…**半個分**

- 具材…………………好みで

作り方

1 すし飯を炊き、合わせ酢と合わせる。

2 皿に盛り、ほぐした夏みかんの果肉と好みの具材をのせる。

デザートレシピ

シュワシュワゼリー

材料 ゼリーカップ4個分

- **夏みかん**……………**1個**
- グラニュー糖………大さじ3
- 湯（80度）……………50cc
- 炭酸水………………200cc
- 粉ゼラチン……………5g
- ゼラチン用の水………30cc

作り方

下準備：粉ゼラチンを水に入れ、ふやかしておく。

1 夏みかんの薄皮をむいてひと口大にほぐしたら、グラニュー糖大さじ1を加えて混ぜておく。

2 ボウルにふやかしたゼラチン、残りのグラニュー糖大さじ2を入れて混ぜ、炭酸水を静かに加えたら、冷蔵庫で冷やし固める。

3 グラスに1と2を交互に重ねて盛りつける。

日向夏

宮崎市で発見されたものですが、現在では生産地によって「ニューサマーオレンジ」「小夏」などともよばれています。

収穫カレンダー（月）

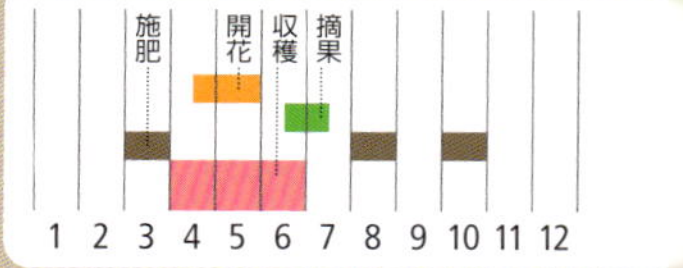

育て方・収穫の仕方

実がなり過ぎたときは翌年のために摘果を

実がなり過ぎると翌年にあまりならなくなるため、葉50～60枚につき1個になるように摘果します。春に咲いた花が結実し、収穫できるのは翌年の5月ごろです。収穫するときにはほかの実を傷つけないよう、切りやすいところで切ったあと、切り口を短くします（P215参照）。

MEMO

耐寒性が弱いので寒さ対策を

日向夏は温州ミカンに比べて耐寒性がやや弱く、関東以南では露地栽培ができるものの、冬は寒さ対策が必要。日当たりのよいところに植え、冬は木に寒冷紗をかけておきましょう。

保存早見表

常温保存	約1週間（新聞紙に包んで）
冷蔵保存	約3週間～1カ月（紙に包んで袋に入れる）
加工保存	マーマレード▶約3カ月
果実以外の利用法：なし	

※保存期間は目安。地域や保存環境によっても異なります。「なし」は本書では紹介していないもの。

おいしい保存法

常温保存 約1週間

新聞紙に包んで

直射日光の当たるところ、高温多湿になりそうな場所を避け、ひとつずつ新聞紙などに包んでおきましょう。

冷蔵保存 約3週間～1カ月

新聞紙に包んだものをポリ袋に入れて

ひとつずつ新聞紙などに包んで、まとめてポリ袋に入れて冷蔵庫の野菜室へ。3週間～1カ月保存できます。乾燥を避けるには、新聞紙を湿らせてから包んでおくと安心です。

加工保存 約3カ月

加工保存1 約3カ月

丸ごとマーマレード

ジャム

皮も薄皮もすべて使うマーマレードです。煮る前に水に浸しておくのがポイント。

材料

- 日向夏……500g
- グラニュー糖……200g

作り方

1 日向夏を水でよく洗い、4つ割にして、皮と果肉に分ける。皮はうすく切り、水がきれいになるまで何度か水をかえながらもむようにして洗ったら、鍋に入れ、1500ccの水を加えて2時間置く。
2 1の果肉は薄皮をむき、ほぐしておく。
3 薄皮はこまかく切り、1の皮を浸した鍋に一緒に入れ、さらに1時間浸しておく。
4 3を中火にかけ、皮がやわらかくなるまで煮たらグラニュー糖の半分を入れ、さらに煮る。
5 5分ほどしたら、残りのグラニュー糖と2の果肉を入れてさらに5分煮る。

料理レシピ

カルパッチョ

材料

- 日向夏のそぎ切り…12枚
- ひらめ刺し身……12枚

ドレッシング
- オリーブオイル……大さじ2
- しょう油……小さじ2
- 米酢……小さじ1
- わさび……少々

作り方

1 日向夏のそぎ切りを、ひらめの刺し身と交互に重ねながら並べる。
2 ドレッシングの材料を混ぜ、1にかける。

皮のむき方・切り方

日向夏の切り方

1 りんごの皮をむくように、全体の皮をむく。

2 半分に切り、中心部から少しずらして刃を入れる。

3 芯の部分を残しながら、そぎ切りにする。

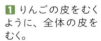

さくらんぼ

花は美しく、実もかわいらしい楽しみいっぱいの果物。自家栽培ならではの完熟を味わいましょう。

収穫カレンダー（月）

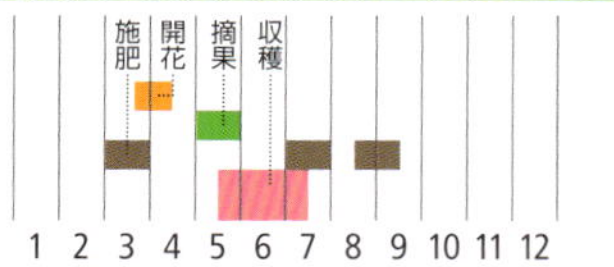

育て方・収穫の仕方

相性がよい異品種を一緒に植える

1本では実がつきにくく、受粉のための別品種を植える必要があります。組み合わせによって実のつき具合が異なり、佐藤錦やナポレオンなら高砂が好相性です。実が赤く色づいたら、軸を持ち上げるようにして摘み取ります。

雨に当たると実が割れてしまいます。鳥害予防をかねて雨よけをつけるとよいでしょう。

保存早見表

常温保存	不向き	冷凍保存	約1カ月（シロップの汁などと一緒に）
冷蔵保存	約2日（キッチンペーパーを敷いた密閉容器に）	漬け保存	さくらんぼ酒▶約1年、シロップ漬け▶約3日
果実以外の利用法：なし			

※保存期間は目安。地域や保存環境によっても異なります。「なし」は本書では紹介していないもの。

おいしい保存法

冷蔵保存 約2日

乾燥を防ぐ

乾燥を防ぐため、湿らせたキッチンペーパーを敷いた密閉容器へ。甘みが落ちるので早めに食べきりましょう。

冷凍保存 約1カ月

糖度高めの水分と一緒に

冷凍によって繊維が壊されるため、どうしても冷凍をしたいときは、シロップ漬けのシロップごと冷凍するなど、糖度が高めの水分と一緒に。

漬け保存

約3日～1年

漬け保存1 約1年
さくらんぼ酒

酒

好みで皮をむいて輪切りにしたレモンを入れても。3カ月くらいで飲めるようになります。

材料

- さくらんぼ ………1kg
- ホワイトリカー ‥1800cc
- 氷砂糖 ……………300g

作り方

1 びんを消毒しておく。
2 さくらんぼを水洗いし、水気をふき取る。
3 びんに氷砂糖、さくらんぼを交互に入れ、最後にホワイトリカーを注ぎ入れる。

漬け保存2 約3日
さくらんぼのシロップ漬け

傷みが早いさくらんぼは、シロップ漬けがおすすめ。酸味の強いものでもおいしく食べられます。

材料

- さくらんぼ ……………20個
- グラニュー糖 ‥80g
- 水 …………100cc
- レモン汁 …… 少々

作り方

1 保存びんを煮沸消毒し、洗って水気をとったさくらんぼを詰める。

2 鍋にグラニュー糖と水を入れて煮立て、レモン汁を2～3滴入れ、シロップを作る。

3 熱いうちに1のびんに注いで、脱気(P23参照)を行う。半日たてば味がしみ込む。

デザートレシピ

さくらんぼのゼリー

材料 3個分

- シロップ漬けにしたさくらんぼ ………15個
- ゼリー液
  - シロップ漬けのシロップ ……………………100cc
  - 水 ……………………120cc
  - 白ワイン ………… 大さじ1
  - グラニュー糖 …… 大さじ1
- 粉ゼラチン ……………5g

作り方

1 ゼリー液の材料を鍋に入れて火にかける。粉ゼラチンをふり入れ、沸騰させないように溶かして火を止め、粗熱を取る。
2 さくらんぼを容器に入れ、1を注いで冷蔵庫で冷やし固める。

シロップ漬けを使って

さくらんぼのカナッペ

シロップ漬けを使って

材料

- シロップ漬けにしたさくらんぼ …… 必要量
- クラッカー ‥‥さくらんぼのシロップ漬けと同じ枚数
- クリームチーズ ………適量

作り方

1 クラッカーの上に、クリームチーズとシロップ漬けのさくらんぼをのせる。好みでチーズに黒コショウをかけてもよい。

MEMO 種の取り出し方

1

2

軸を取り、軸の反対側から割りばしを押し込み、種を突き出します。

びわ

育てやすい果樹ですが放任しておくと大木に。少しの手間をかけて、よりおいしい実を収穫しましょう。

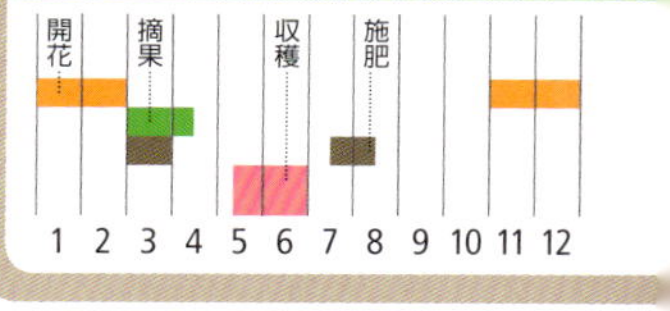

育て方・収穫の仕方

冬に開花、実の収穫が5～6月と、ほとんどの果樹の花期、収穫期とズレがあります。

大きくて甘い実にするなら早めに摘果を

木が大きくなりやすいので、枝を間引いて木の大きさを調節します。晩秋に花が房状につきます。果実を大きくするには、1房に1～2個の果実となるよう早めに摘果（P214）します。果実が大きくなってきたら、色づく前に袋かけ（P215）をしましょう。

保存早見表

常温保存	約2～3日（風通しのよい冷暗所に）	漬け保存	シロップ漬け▶約2～3日
冷蔵保存	不向き（食べる直前のみ）	加工保存	コンポート▶約10日
果実以外の利用法：葉▶お茶、葉の入浴剤			

※保存期間は目安。地域や保存環境によっても異なります。

おいしい保存法

常温保存 約2～3日

食べる直前に冷やす

収穫後はすぐに食べるのがおすすめですが、食べきれないときは風通しのよい冷暗所で保存を。冷やし過ぎると味が落ちるため、冷蔵庫での保存は不向きです。食べる直前に短時間冷蔵庫で冷やす程度にとどめましょう。

MEMO
葉の利用法

日本では古くからびわの葉を利用してきました。P57で作り方を紹介している葉のお茶は夏バテや食あたりなどの防止に利用されてきました。そのほか、葉を幅1～2cmにきざんでガーゼなどに包んで浴槽に入れれば、あせもや湿疹予防にもなります。

漬け保存

約2〜3日

漬け保存 1 約2〜3日

びわのシロップ漬け

甘みの足りないびわがあるときにはシロップ漬けに。びわの果肉は空気に触れると変色しやすいので酸化防止策を。

材料

- びわ……12個
- グラニュー糖……200g
- 水……500cc

作り方

1 鍋に水とグラニュー糖を入れて火にかけ、シロップ液を作っておく。
2 びわを水で洗い、上下をそれぞれ5㎜くらい切り落とす。
3 ボウルに熱湯を入れてびわを1分程度浸し、皮をむきやすくする。
4 ざるに上げて水気を切る。果肉を傷つけないように皮をむいて半分に切り、種を取る。
5 ボウルにびわが浸るくらいの水を入れ、小さじ1/2の塩（分量外）を入れて、3分程度浸す（酸化防止）。びんに移す。
6 シロップの粗熱が取れたら、びわを入れたびんに注ぐ。

ドリンク

びわの葉茶

作り方

1 びわの葉はなるべく緑色の濃いものを選ぶ。さっと水洗いしたあと、葉の後ろの産毛をブラシなどで取り、固くしぼったふきんでふく。
2 葉を1〜2㎝角に切ってざるに広げ、天日干しをしてカラカラになるまで乾燥させ、密閉袋やびんなどに保存する（乾燥したあと、フライパンでさっと炒ると香ばしい香りが出る）。
3 お茶を入れるときは、茶葉10gに対して水1000ccを入れ、沸騰してから10分ほど弱火にして煮出し、さらに10分ほど蒸らす。

皮のむき方

びわを逆さまにして持ち、お尻のほうから皮をむくとつるりとむけます。

デザートレシピ

びわゼリー

材料

- シロップ漬けのびわ……10個
- シロップ漬けのシロップ……250cc
- 粉ゼラチン……5g

作り方

1 シロップ液を鍋に入れて火にかけ、ゼラチン粉をふり入れ、沸騰させないように溶かして火を止め、粗熱を取る。
2 びわを容器に入れ、1の液を注いで冷蔵庫で冷やし固める。

※1の鍋にシナモンを入れてもよい。

加工保存

約10日

加工保存 1 約10日

びわのコンポート

材料

- びわ……6個
- グラニュー糖……75g
- 白ワイン……100cc
- 水……200cc
- レモン汁……1個分

作り方

1 びわをよく洗い、水気をふいて皮ごと鍋に入れる。
2 グラニュー糖、白ワイン、水を入れ、落としぶたをして中火にかける。
3 20分したらレモン汁を入れ、ひと煮立ちしたら火を止める。
4 粗熱が取れたら容器に入れて、冷蔵庫で保存する。

春・夏の果樹

パイナップル

寒さに当てないようにすれば、意外に手間なく育てられます。消化を助ける酵素が含まれ、料理にも取り入れたい果実。

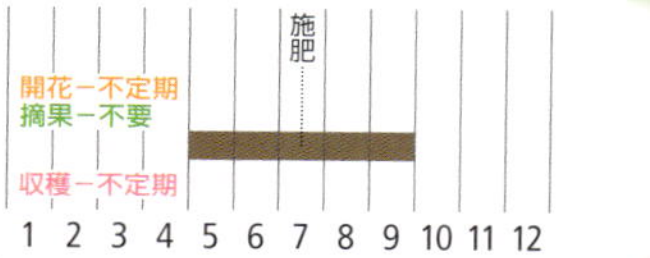

育て方・収穫の仕方

葉をひねって取り、下部（矢印）を水につけて発根させたあと鉢植えにして育てることも可能。

実を結ぶまでに3年かかるが手間はかからない

寒い時期に屋内に入れやすい鉢植えがよいでしょう。入手しやすい20cmくらいの苗を植えつけると、収穫までには3年かかります。ただ、その間は水やりと施肥程度。日当たりのよいところで育てましょう。翌々年に実がなります。黄色くなり甘い香りがしてきたら収穫どきです。

パイナップルの育て方

気温が10度以下になったら室内へ

1 食用の苗を入手し、鉢に植える。弱酸性のブルーベリー用の土を使うと手がる。

2 夏は朝夕、それ以外は表土が乾いたら水をやり、春から秋に施肥、冬は日当たりのよい屋内へ。

3 翌々年に小さな花がたくさん咲き、それがひとつの実になる。

保存早見表

常温保存	約2日（葉を切って逆さまに）
冷蔵保存	約4～5日（新聞紙に包んで）
冷凍保存	約3カ月（砂糖をまぶして）
乾燥保存	なし
漬け保存	黒糖サワードリンク▶約6カ月
加工保存	カラメルシロップ煮▶約1週間、ドレッシング▶約5日

果実以外の利用法：なし

※保存期間は目安。地域や保存環境によっても異なります。「なし」は本書では紹介していないもの。

おいしい保存法

常温保存
約2日

可能なら逆さまに

パイナップルは追熟（P16参照）しません。置いておくと甘くなったように感じられるのは酸味が抜けるため。お尻の部分に甘みが集中しているので、可能なら葉を切って逆さまにして保存を。

冷蔵保存
約4〜5日

新聞紙に包んで

丸ごとの場合は新聞紙に包み、野菜室で逆さまにした状態で保存を。カットしたものは密閉容器に入れて保存しましょう。

冷凍保存
約3カ月

砂糖をまぶして

2〜3cm角にカットし、パイナップルの重さの1割のグラニュー糖をまぶして保存袋に入れ冷凍を。かたまらずに冷凍できます。

漬け保存
約6カ月

漬け保存 1
約6カ月

パイナップルの黒糖サワードリンク

パイナップルと黒糖は好相性。水で4〜5倍にうすめて飲みます。

材料

- パイナップル……200g
- 黒糖……200g
- りんご酢……300cc

作り方

1. パイナップルの皮をむき、2cm角に切る。
2. 保存びんを消毒する。
3. びんに黒糖、パイナップルの順に1段ずつ重ね入れる。
4. 3にりんご酢を注ぐ。
5. 1日に1回、びんをかるくゆすり、1週間置く。
6. 水で4〜5倍にうすめて飲む。

加工保存
約5日〜1週間

漬け保存 1
約1週間

パイナップルのカラメルシロップ煮

カラメル風味がアクセントのシロップ煮。冷蔵庫で保存します。

材料

- パイナップル果肉……140g
- グラニュー糖……15g
- 水……120cc

カラメル
- グラニュー糖……20g
- 水……40cc

作り方

1. パイナップルは1cm幅に切り、グラニュー糖と水とともに鍋に入れ、弱中火で10分煮て、保存容器に入れておく。
2. 小鍋にカラメル用のグラニュー糖と水20ccを入れて弱火にかけ、色がかわったら火を止め、残りの水20ccを入れて混ぜ、カラメルを作る。
3. 1に2のカラメルを入れる。

切り方

手がるな切り方

1 実の上下を切り落とし、6等分にする。

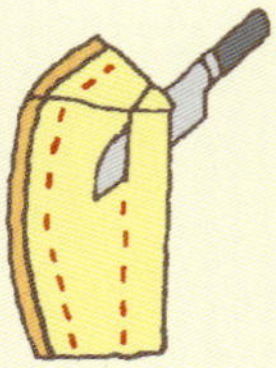

2 芯の部分を切り取り、皮を取り除く。

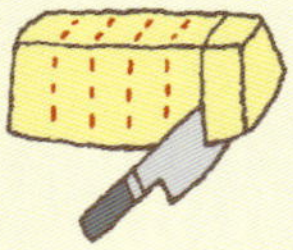

3 食べやすい大きさに切る。

おもてなしやパーティーに

1 パイナップルを半分に切る。

2 さらに半分に切る。

3 芯と実の間に刃を入れ、切れ目を入れる。

4 皮と実の間に刃を入れ切れ目を入れる（反対側からも）。

5 芯を残して実の部分をくり抜く。

6 実を食べやすい大きさにカットし、芯と皮の間に交互に並べる。

加工保存 2
約5日

パイナップルドレッシング

実によって果汁の量に差があるので、様子をみながら調味料の量を調整しましょう。冷凍すれば1カ月保存できます。

材料

- パイナップルの果肉 ……………… 120g
- A
  - オリーブオイル …大さじ1
  - りんご酢 …小さじ1と1/2
  - 塩 ……………………少々

作り方

1 パイナップルを粗みじんにきざみ、Aと混ぜ合わせる。

パイナップルのサラダ

ドレッシングを使って

材料

- パイナップルドレッシング……適量
- トマト、サニーレタス、タマネギ、スイスチャードなど好みの野菜……適宜

※特にトマトとの相性がよい。

作り方

1 野菜を切って皿に盛り、ドレッシングをかける。

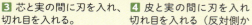

デザートレシピ

ココナッツパインプリン

材料 ゼリーカップ5個分

- **パイナップルの果肉 ……………… 200g**
- ココナッツミルク …………………… 200cc
- 牛乳 …………………………………… 300cc
- グラニュー糖 ………………………… 大さじ4
- 粉寒天 ………………………………… 3g

作り方

1 パイナップルをひと口大に切り、鍋にグラニュー糖大さじ2とともに入れ、中弱火にかける。砂糖が溶けて2分間火を通したら、火からおろし、粗熱を取る。
2 別の鍋にココナッツミルクを入れ、粉寒天をふり入れて弱火にかける。
3 煮立ってきたら1〜2分かけて寒天を溶かし、残りのグラニュー糖大さじ2を入れて溶かす。
4 牛乳を加え沸騰直前まで温めたら、1を加えて混ぜ、型に入れる。粗熱が取れたら冷蔵庫で冷やし固める。

料理レシピ

パイナップルの肉巻き

材料 4人分

- **パイナップルの果肉 ……1/4個**
- 牛もも薄切り肉 ………………… 10枚
- ニンジン、キュウリ、サヤエンドウなどお好みの野菜 ……………… 適宜
- 塩 ……………………………………… 少々
- コショウ ……………………………… 少々
- 唐辛子 ………………………………… 少々
- レモン汁 ……………………………… 大さじ1

作り方

1 牛肉の幅にパイナップルと野菜を切り、肉で巻く。
2 フライパンにサラダ油(分量外)を熱し、転がしながら焼く。
3 火が通ったら、塩、コショウ、唐辛子で味つけする。食べるときにレモン汁をかける。

ドリンク

パイナップルジュース

材料

- **パイナップル …… 150g**
- 水 ………………………… 40cc
- はちみつ ………… 小さじ1/2
- レモン果汁 ……… 小さじ1/2
- 飾り用レモンスライス、ミントの葉 …………… 各1枚

材料をすべてミキサーにかけ、グラスに注いで氷を浮かべる。レモンスライスとミントの葉を飾る。

ブルーベリー

夏にたくさんの実をつけ、家族で収穫を楽しめる人気果樹。スイーツに料理に大活躍し、健康成分にも注目されています。

収穫カレンダー（月）

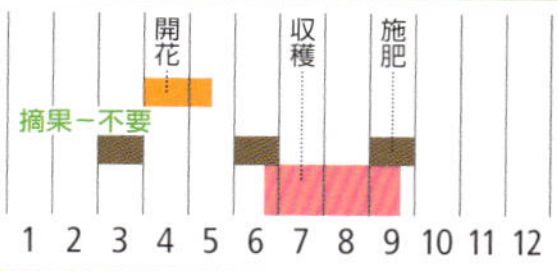

育て方・収穫の仕方

同系の他品種を近くに植える

日本で多く栽培されているのがハイブッシュ系（冷涼な気候を好む）、ラビットアイ系（温暖な気候を好む）の品種です。1本では実がつきにくいため、花期の近い同系の他品種を植えましょう。乾燥に弱いため季節を問わず、こまめに水やりを。年に数回施肥をしましょう。

虫が少ない都市部では筆先を使って人工授粉（P214）をすると、実つきがよくなります。

色づいたものから順次収穫を

ハイブッシュ系の収穫期は6～8月、ラビットアイ系の品種の収穫期は8～9月です。濃い藍色になったものを順次収穫していきましょう。手でかるくつまんで取れれば完熟のしるしです。鳥に狙われることも多いので、ネットを張るなど防鳥対策をしましょう。

色素成分のアントシアニンには目の疲労回復、豊富な食物繊維には整腸作用があるといわれます。

保存早見表

常温保存	収穫当日のみ
冷蔵保存	約5日（密閉容器に入れて）
冷凍保存	約6カ月（水分をふき取って袋に入れる）
乾燥保存	なし
漬け保存	サワードリンク▶約1カ月、ブルーベリー酒▶約1年
加工保存	ジャム▶約1年、甘酒デザート▶約2日
果実以外の利用法：なし	

※保存期間は目安。地域や保存環境によっても異なります。「なし」は本書では紹介していないもの。

おいしい保存法

冷蔵保存 約5日

密閉容器で保存

常温では収穫当日のみ保存可能です。食べきれない分は、傷みやすいので洗わずに、密閉容器やポリ袋に入れて冷蔵庫で保存しましょう。

冷凍保存 約6カ月

水気をふき取って冷凍

大量に収穫したときは、傷んだものがあれば取り除き、洗わずににジッパーつき保存袋に入れて冷凍を。ジュースやジャムには冷凍のまま、お菓子に使うときは自然解凍をして使います。

漬け保存 約1カ月～1年

漬け保存1 約1カ月 ブルーベリーサワードリンク

材料

- ブルーベリー …… 300g
- 穀物酢 …… 300cc
- 氷砂糖 …… 300g

作り方

1. ブルーベリーを洗ってざるに上げ、水気を取り、乾かす。
2. 消毒した保存びんに氷砂糖とブルーベリーを入れ、酢を注ぐ。
3. 2を冷暗所に置き、氷砂糖が溶けるまで、ブルーベリーに酢がいきわたるように、毎日ゆっくりびんをゆする。
4. ブルーベリーにしわがよったら飲めるようになる。

色がきれいなサワードリンク。水で4～5倍にうすめて飲みます。冷蔵保存を。

漬け保存2 約1年 ブルーベリー酒

酒

少量ずつしか収穫できない場合は、収穫したら冷凍しておき、十分な量になったときに作るとよいでしょう。3カ月たつと飲めるように。このころ実を取り出し、酒はこして別のびんに保存しておくと、いつまでも鮮やかな色を保つことができます。

材料

- ブルーベリー …… 300g
- ホワイトリカー …… 900cc
- 氷砂糖 …… 120g

作り方

1. ブルーベリーは洗って自然乾燥させる。
2. 消毒したびんに、氷砂糖とブルーベリーを交互に入れる。
3. ホワイトリカーを注ぐ。

加工保存

約2日〜1年

加工保存❶ 約1年

ブルーベリージャム

ジャム

使用するグラニュー糖の量を減らすと、ゆるめのジャムになります。好みのかたさに調節を。鍋はアルミや鉄製以外のものを使いましょう。ジャムは保存袋に入れて冷凍できます。

材料

- ブルーベリー……1kg
- グラニュー糖……300g
- レモン汁……小さじ1

作り方

1. ブルーベリーを洗い、傷んだものがあれば取り除き、ざるに上げる。
2. 鍋にブルーベリーとグラニュー糖を入れ、強火にかけてふつふつとしてきたら、中火にする。
3. グラニュー糖が溶けてきたら、アクを取りつつ、鍋底が焦げないようにかき混ぜながら煮込む。
4. とろりとするまで煮詰める（冷めると少しかためになるので、ややゆるめでも大丈夫）。
5. 最後にレモン汁を加え、火を止める。

加工保存❷ 約2日

ブルーベリーの甘酒デザート

炊飯器で手がるにできるヨーグルト風のデザートです。冷蔵庫では約2日、冷凍すれば約1カ月保存できます。

材料 写真のグラス5個分

- ブルーベリー（冷凍でもよい）……80g
- 米麹……150g
- 湯……1カップ

作り方

1. 炊飯器に米麹をほぐしながら入れ、湯、ブルーベリーを加える。
2. ふたをあけたままうすめのぬれぶきんをかけ、保温にセットする。
3. ときどき混ぜながら、6時間置き、でき上がったら冷蔵庫で冷やす。好みの濃さに水を加えて食べる。

デザートレシピ

スムージー

材料

- 冷凍ブルーベリー…40g
- 牛乳……120cc
- 練乳……大さじ1

作り方

1. 材料をすべてミキサーに入れ撹拌する。

スライスかき氷

材料

- ブルーベリー…適量
- かき氷用シロップ……好みのものを適量
- 練乳……好みで

作り方

1. 製氷皿の小さい仕切りの中に水とブルーベリーを1〜2個ずつ入れて氷を作る。もしくは、かき氷機の製氷容器にブルーベリーを入れ、氷を作る。
2. かき氷を削り、シロップや練乳をかける（製氷皿で作ったときは、ブルーベリーが下に沈んでいるので、横に立てるとまんべんなく削ることができる）。

ブルーベリーケーキ

材料 24×8×6㎝型

- ブルーベリー(冷凍可)……250g

カラメル
- 砂糖……大さじ3
- 水……大さじ2
- 湯……大さじ2

生地
- 無塩バター……100g
- 砂糖……70g
- 卵……2個
- ラム酒……大さじ1
- A
  - 薄力粉……120g
  - ベーキングパウダー……小さじ1
  - シナモンパウダー……小さじ1/2

作り方

1 冷凍ブルーベリーのときは室温で半解凍にする。オーブンを180度に予熱しておく。
2 型にバター(分量外)をぬって、薄力粉(分量外)をふっておく。底にブルーベリーを敷き詰めておく。
3 カラメルを作る。小鍋に砂糖と水を入れ中火で煮詰め、濃褐色になったら火からおろし、湯を加え、2のベリーにかける。
4 生地を作る。ボウルにやわらかくしたバター、砂糖を入れ泡立て器でふんわりするように混ぜる。溶き卵を少しずつ加え混ぜ、ラム酒を入れて混ぜる。
5 4にAをふるい入れゴムベラでさっくり混ぜ、3に入れる。
6 予熱したオーブンで40分ほど焼き、竹串を刺して焼け具合を見る。焼き上がったら取り出し、粗熱が取れたら型からはずす。

料理レシピ

ブルーベリーのチキングリル

材料 3人分

- ブルーベリー……100g
- 鶏むね肉……1枚
- 塩麹……小さじ2
  (ないときは塩小さじ1/2)
- バルサミコ酢……小さじ1
- しょう油……小さじ1

作り方

1 鶏肉は塩麹をまぶし、ひと晩置く。
2 鶏肉を食べやすい大きさに切り、フライパンに油(分量外)を熱して中火で焼く。
3 鶏肉におおむね火が通ったらブルーベリーを入れ、実がつぶれて鶏肉に色がついたら、バルサミコ酢をかける。
4 最後にしょう油をまわしかける。

ブルーベリーがつぶれて鶏肉にからんでいく。

ブラックベリー

ルビー色からつやのある黒色への変化が美しいベリー。たくさんとれるので冷凍などして長く楽しんで。

育て方・収穫の仕方

茂り過ぎるので誘引を

繁殖力が旺盛で放任しておくと茂り過ぎるため、フェンスなどに誘引したり、鉢植えにして支柱を利用したりするとよいでしょう。1本でも結実し、あまり手をかけずに多くの実が収穫できます。6月ごろに、春から伸びた枝の先を切っておくと、翌年の実つきがよくなります。

手でつまんで引っ張るようにして摘み取ります。取りにくいときははさみを使いましょう。

全体が黒くなったら収穫。トゲに注意を

7〜8月ごろになると収穫期です。一度に熟さないので、果実全体が真っ黒になったものから摘み取っていきます。葉や茎にトゲがある品種もあるので、注意しましょう。日もちがしないので、収穫後はすぐに食べるか、加工までは冷凍保存を。

MEMO

こんな植え方も

その年に伸びた新枝を10月ごろに土に埋め、発根したものを鉢植えにして育てることができます。

保存早見表

常温保存	収穫当日のみ
冷蔵保存	約2〜3日（袋に入れて）
冷凍保存	約6カ月（収穫するたびに冷凍する）
乾燥保存	なし
漬け保存	ブラックベリー酒▶約1年
加工保存	ジャム▶約1年

果実以外の利用法：なし

※保存期間は目安。地域や保存環境によっても異なります。「なし」は本書では紹介していないもの。

収穫カレンダー（月）

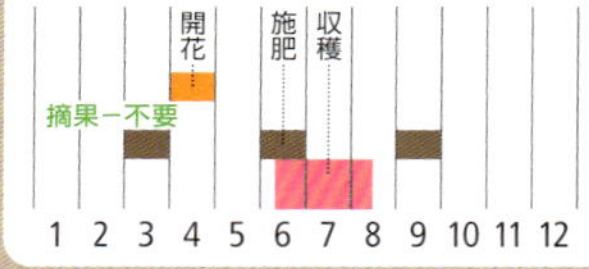

おいしい保存法

冷蔵保存 約2～3日

ポリ袋に入れて冷蔵庫へ

収穫当日に食べる以外は、ポリ袋や密閉容器に入れて冷蔵庫へ。傷みやすいため、洗わずにそのまま保存しましょう。2～3日保存できますが、食べきれない分は早めに冷凍を。

冷凍保存 約6カ月

収穫するごとに冷凍を

収穫後すぐに食べない場合は、密閉容器や保存袋に入れて早めに冷凍を。ジャムを作る場合などある程度の量が必要なときは、収穫するごとに冷凍しておき、まとまったところで加工するとよいでしょう。

漬け保存 約1年

漬け保存❶ 約1年

ブラックベリー酒

酒

冷凍しておいた実を使うこともできます。3カ月たてば飲めるように。実は取り出して酒をこして別のびんに保存しておきます。

材料

- ブラックベリー……100g
- 氷砂糖……40g
- ホワイトリカー……300cc

作り方

1. ブラックベリーは洗って自然乾燥させる。
2. 消毒したびんに、氷砂糖とブラックベリーを交互に入れる。
3. ホワイトリカーを注ぐ。

ドリンク

ミルクドリンク

材料

- ブラックベリージャム……大さじ1
- 牛乳……150cc

ジャムと牛乳を混ぜる。

加工保存 約1年

漬け保存❶ 約1年

ブラックベリージャム

ジャム

ブラックベリーには小さな種が多く、口に残ってしまいます。なめらかで食べやすくするため、砂糖を加えて煮る前に裏ごしをして、種を取り除きましょう。冷えると固まるので煮詰め過ぎないのがコツです。

材料

- ブラックベリー……500g
- グラニュー糖……200g
- レモン汁……少々

作り方

1. 洗ってヘタを取ったベリーを鍋に入れ、中火～弱火でやわらかくなるまで煮る。
2. 1をこし器に入れて、裏ごししながら種を取る。
3. 2を鍋に入れ、グラニュー糖とレモン汁を加えてとろみがつくまで煮る（冷えると固まるので煮詰め過ぎない方がよい）。

ジャムの活用法

- ■クッキーを作り、ジャムをサンドする（P24）。
- ■カレーの隠し味にする。

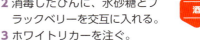

ラズベリー

育てやすい果実ですがとても傷みやすいので生のものはあまり出回りません。家の庭で育てて完熟を楽しみましょう。

収穫カレンダー（月）

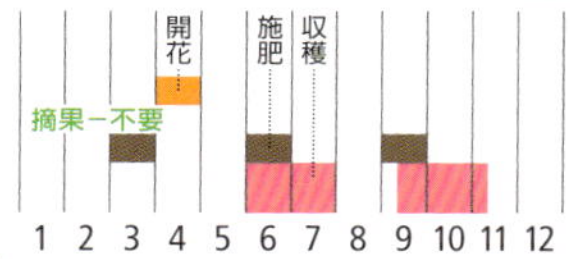

育て方・収穫の仕方

夏の暑さに注意を

1株でもよく実をつけるので、果樹初心者にも人気。耐寒性にすぐれていますが、暑さには弱いので、夏に西日が当たる場所は避けて植えましょう。品種によっては夏と秋と二度収穫できるものも。ブラックベリーの近くに植えるとそれぞれに病気が発生しやすくなるので注意。

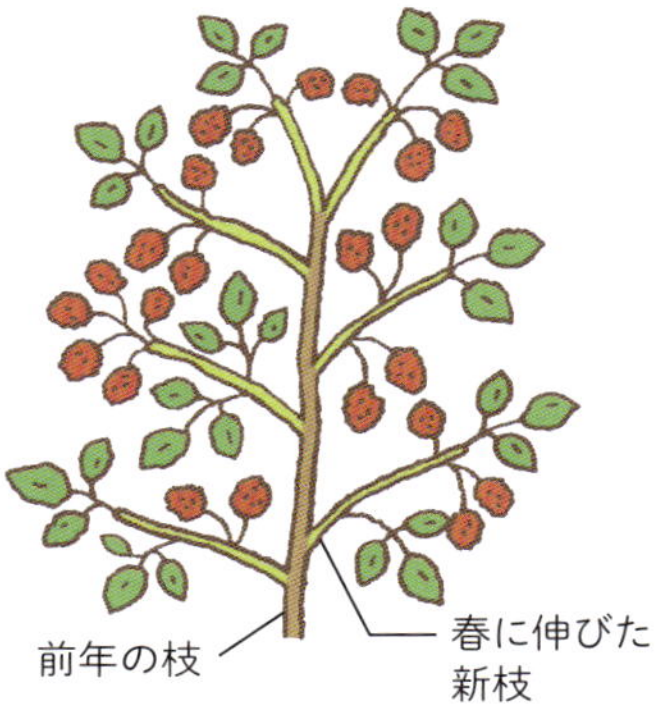

春に伸びた新枝に翌年の夏、実がなるという2年サイクルです。

つけ根をつまんでやさしく引き抜いて収穫

赤く（品種によっては黄色や黒色に）完熟したら収穫できます。強く引っ張ると花托《かたく》（花がついている枝の先）が残るので、片手でそこをつまんで押さえ、もう片手でやさしく引き抜きます。ラズベリーは日もちがしないので、なるべく早く食べるか、冷凍、加工をしておきましょう。

MEMO

小さな庭で育てるには

垣根に誘引したり、ハンギングバスケットで育てるのがおすすめです。

保存早見表

常温保存	収穫当日のみ
冷蔵保存	約2～3日（キッチンペーパーを敷いた密閉容器に）
冷凍保存	約4カ月（ひとつずつ並べて冷凍する）
乾燥保存	なし
漬け保存	なし
加工保存	シロップ▶約1カ月、ソース▶約1カ月

果実以外の利用法：なし

※保存期間は目安。地域や保存環境によっても異なります。「なし」は本書では紹介していないもの。

おいしい保存法

冷蔵保存 約2～3日

ペーパーを敷いた容器で

収穫当日に食べきれない分は、密閉容器に入れて保存します。実から出た水分から傷みが広がりやすいので、あらかじめ容器の底にキッチンペーパーを敷いておくとよいでしょう。

冷凍保存 約4カ月

ひと粒ずつ並べて冷凍も

密閉容器や保存袋に入れて冷凍します。実の外側が繊細で傷つきやすいため、解凍後も美しい形を保ちたいときはひと粒ずつ並べた状態で、一度冷凍してから容器や袋に入れて保存するとよいでしょう。

加工保存 約1カ月

加工保存❶ 約1カ月

ラズベリーシロップ

材料

- ラズベリー …………500g
- 水 …………500cc
- グラニュー糖 …………350g

作り方

1 ラズベリーと水を火にかけ、沸騰したらこし、グラニュー糖を入れて煮立てる。びんに入れて保存する。水やソーダで2倍にうすめて飲む。

※こした果皮に砂糖150gを加えて煮ればジャムになる。

加工保存❷ 約1カ月

ラズベリーソース

色合いがよく、デザートの飾りつけにもぴったりなソースです。肉料理にも。冷蔵庫で1週間保存できますが、冷凍すれば1カ月保存が可能です。

材料

- 冷凍ラズベリー …………1kg
- 砂糖 …………500g
- レモン汁 …………大さじ2

作り方

1 凍ったままのラズベリーを鍋に入れ、砂糖、レモン汁をまぶして30分ほど置いておく。

2 1を火にかけて沸騰したら中火にし、アクを取りながらラズベリーの形がなくなるくらいまで煮て、ざるでこす。

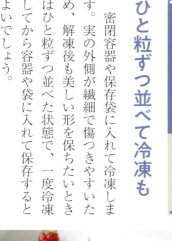

デザートレシピ

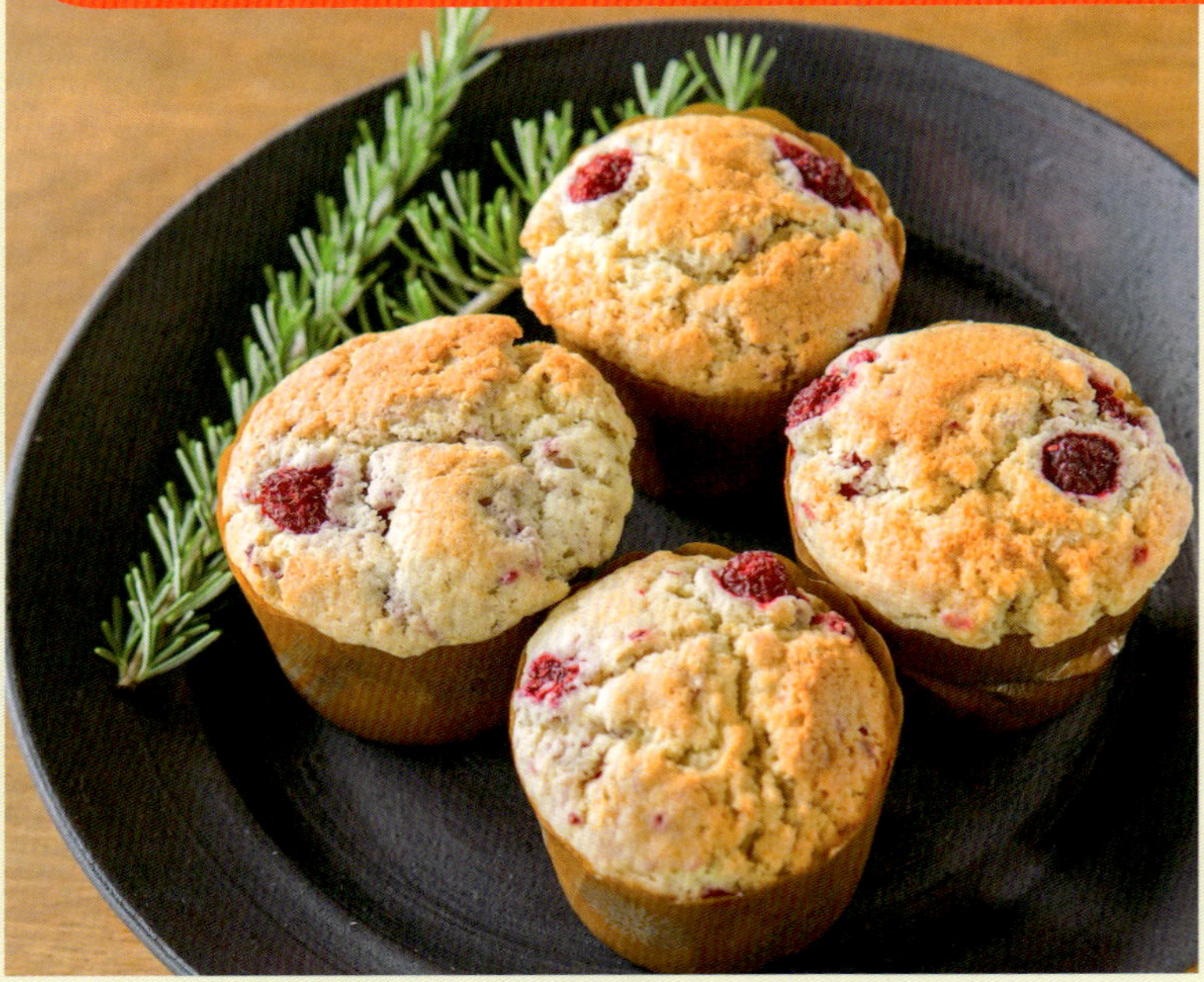

ラズベリーのマフィン

材料 6個分

- **ラズベリー …… 80g**
- 有塩バター …… 100g
- きび砂糖 …… 80g
- 卵 …… 1個
- 小麦粉 …… 180g
- ベーキングパウダー …… 小さじ2
- 牛乳 …… 100cc

下準備

- バターは室温にもどし、やわらかくしておく。
- オーブンを170度に予熱する。

作り方

1 バターをボウルに入れ、なめらかになるまでよく混ぜ、きび砂糖を加える。

2 1がふんわりするまで混ぜたら、溶き卵を2回に分けて入れ、さらに混ぜる。

3 小麦粉とベーキングパウダーをふるいながら加えて、ゴムベラでさっくり混ぜ、さらに牛乳を加えて混ぜる。

4 ラズベリーを加える。

5 さっくり混ぜたらカップに入れる。

6 飾り用ラズベリーをのせ、予熱しておいたオーブンで20〜25分焼く。

育て方・収穫の仕方

桃

美しい花もジューシーな実も楽しめるのは家庭果樹の醍醐味。甘い分だけ病害虫との闘いも。手間をかけた分だけ美味に。

白桃系には授粉用に同系他品種を植える

1本で結実しますが、花粉の少ない白桃系の品種（白桃、川中島白桃、西野白桃など）の場合は同系の他品種の木も植えましょう。大きくて甘い実にするには、摘蕾、摘果（P214）が不可欠です（左図参照）。病害虫の被害にあいやすいので、摘果後は袋かけ（P215）をしておきましょう。

短い枝のときは数本に1個残し、長い枝のときは枝1本につき1個に摘果を。

成熟期の水やりは控えめに

収穫の1週間前に袋をはずして、実を日に当てて完熟させます。この時期は水やりを控えめにすると、実が甘くなります。ピンク色になって甘い香りがし、やわらかくなっていたら収穫どきです。傷みやすいので、涼しい時間帯にはさみを使って収穫します。

市販の果実袋は使いやすくて便利。すき間ができないようにふさぎましょう。

収穫カレンダー（月）

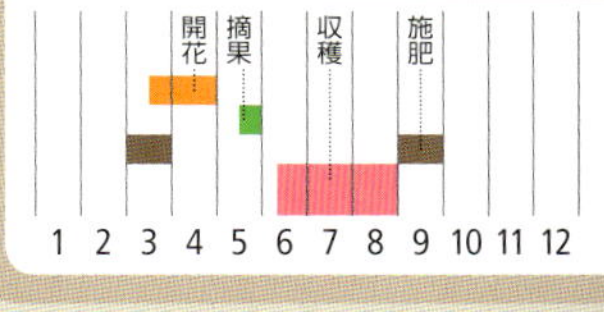

保存早見表

常温保存	約4～5日（紙に包んで）
冷蔵保存	不向き
冷凍保存	約1カ月（表面にレモン汁をつける）
乾燥保存	なし
漬け保存	なし
加工保存	コンポート▶約2カ月、ジャム▶約1年
果実以外の利用法：葉▶お茶、ローション、入浴剤	

※保存期間は目安。地域や保存環境によっても異なります。「なし」は本書では紹介していないもの。

おいしい保存法

常温保存 約4～5日

新聞紙に包んで

収穫時にまだかたいものは常温保存で追熟します。桃はとてもデリケートなので、ひとつずつ新聞紙に包んでおくとよいでしょう。

冷凍保存 約1カ月

レモン汁をつける

桃を約1cmの薄切りにし、表面にレモン汁をつけてから保存袋に入れ、冷凍を。自然解凍がおすすめです。

種の取り方・皮のむき方・切り方

種を取る

1 割れ目に沿って刃を入れ、種に当たったら刃はそのままに、桃をまわしながら1周させる。

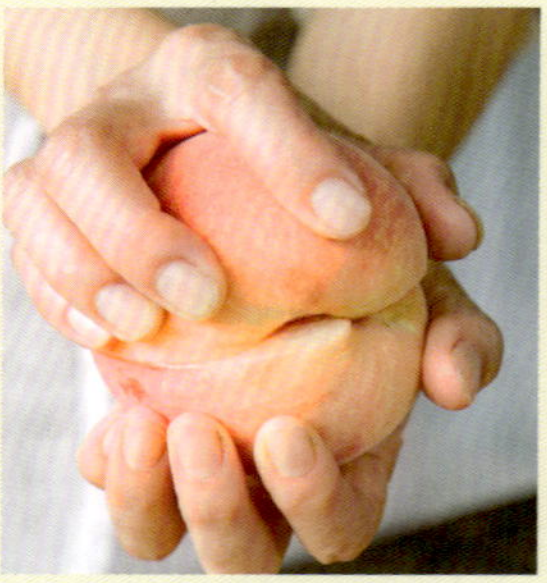

2 両手で持ち、右手と左手をそれぞれ反対側にまわし、ひとひねりする。

3 きれいに2つに割れる。

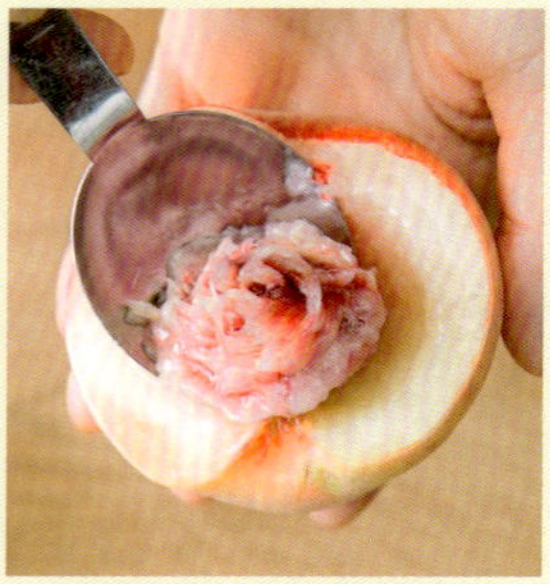

4 種をスプーンで取り除く。

皮をむく

1 皮に切れ目を入れて網じゃくしにのせ、ボウルに入れた熱湯に約10秒つける。

2 切れ目を持ち、皮をむくとつるっとはがれる。

切り分ける

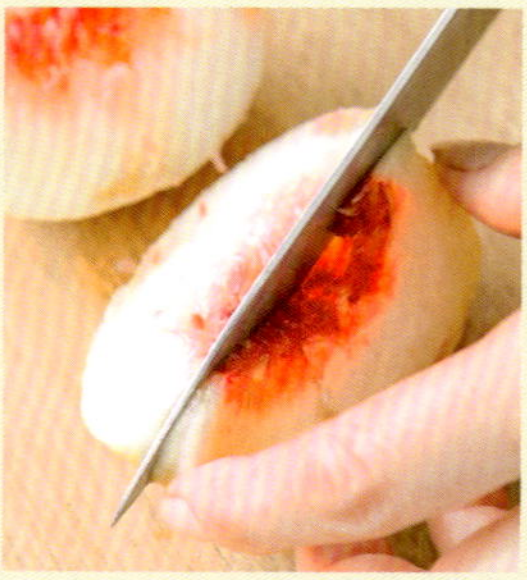

1 まず1/4に切り、さらにそれを半分に切る。

2 くし形に切ると、種のまわりのすっぱい部分と外側の甘い部分を平等に分けられる。

加工保存 約2カ月～1年

加工保存❶ 約2カ月

桃のコンポート

つるんとした形がかわいらしい、すっきり味のコンポート。桃の甘さによってグラニュー糖の量を調整しましょう。

材料

- 桃 ……………… 2個
- グラニュー糖 …… 50g
- 水 ……………… 200cc
- 白ワイン ……… 50cc
- レモン汁 …… 大さじ1

作り方

1. 桃は流水でうぶ毛を落とすように洗い（MEMO参照）、半分に割って種を取り出す。
2. 鍋にグラニュー糖、水、白ワインを入れ沸騰させたら、桃の皮が下になるように並べ入れ、鍋にアルミ箔をかぶせ、中弱火で3分間煮る。
3. レモン汁を加え、桃を裏返して、さらに2分間煮る。
4. 火を止めたらそのままにして粗熱を取り、皮をむいて容器に入れ、シロップと一緒に冷蔵庫で冷やす。

加工保存❷ 約1年

桃のジャム

ジャム

熟し過ぎたり傷みがあるなどB級品の桃はジャムに。果実を残し、ぜいたくな気分に。ソーダで割ればすっきりドリンクにもなります。

材料

- 桃 ……………… 1kg（B級品でも可）
- グラニュー糖 ……………… 240g
  （皮と種を除いたあとの実の重さの30%）
- レモン汁 ……………… 小さじ2

作り方

1. 桃をかるく洗って皮をむき、種を取る。除いた皮と種は取っておく。
2. 実は適当な大きさに切ってボウルに入れ、グラニュー糖とレモン汁の半量（小さじ1）をふりかけてラップをして置いておく。
3. 半日ほどして、2に果汁が出てきたら、果汁のみを鍋に入れ、1の皮と種を入れて、色が出るまで煮る。
4. 3をざるでこし、こした果汁と2の実を鍋に入れ、アクを取りながら、とろみがつくまで煮る。
5. 火を止める前に、残りのレモン汁を入れ、かるく混ぜて火を止め、びんに入れる。

酒

桃のカクテル

材料

- 桃 …… 120g（およそ1/2個分）
- 白ワイン ……………… 40cc
- 飾り用の桃 ………… ひと切れ

桃は皮ごと切り、ブレンダーにかけ、白ワインを加えてひと混ぜする。器に注ぎ、飾り用の桃を飾る。

MEMO 桃の産毛

産毛が生えているのは新鮮な証拠。かたいこともあるので流水か、ボウルに張った水の中で手でこすり取っておけば皮ごと食べられます。

桃のタルト

材料 直径24㎝型

- 桃 ……………………… 2個
- A
  - 小麦粉 ……………… 180g
  - 塩 …………… ひとつまみ
- B
  - 菜種油 ……………… 45cc
  - 豆乳 ………………… 25cc
  - 甜菜糖シロップ …… 50g
- ミントの葉 …………… 少々

下準備

- オーブンを170度に予熱しておく。

タルト台の作り方

1 Aの材料、Bの材料をそれぞれ別のボウルに入れ、混ぜ合わせておく。

2 AをBに入れ、粉っぽさがなくなくなるまでゴムベラでさっくりと混ぜる。

3 生地がまとまり始めたら、ヘラからカードに替えて、切るように混ぜる。

4 型にはうすく油をぬっておく。3をラップの上に取り出し、その上からラップをかける。

5 4の生地をめん棒で伸ばす。

6 型よりひとまわり大きくなるくらいに伸ばす。

7 生地をラップごと丸めて、型にかけていく。

8 型の側面と底面にぴったりつくように整える。

9 余分な生地はめん棒を転がして切り取る。

10 側面は型の凸凹に沿わせるように、生地をしっかり押し込む。

11 フォークで生地に穴をあける。

12 型に合わせた生地を予熱しておいたオーブンに入れ、13分焼く。

フルーツタルトの飾りつけ

1 タルト台（P74）が焼き上がったら粗熱を取る。

2 タルト台にカスタードクリーム（作り方は右記参照）を入れる。

3 タルト台の側面の高さと同じくらいになるまで入れ、表面を平らにならす。

4 うすいくし形に切った桃を外側から並べ、最後にミントの葉を散らす。

カスタードクリーム

材料

- 牛乳 …… 300cc
- 卵黄 …… 3個分
- 砂糖 …… 60g
- 小麦粉 …… 30g
- バニラエクストラ …… 少々

1 ボウルに卵黄と砂糖を入れて混ぜる。

2 **1**に小麦粉をふり入れ、さっくりと混ぜる。

3 沸騰直前まで温めた牛乳を**2**に入れる。

4 **3**を混ぜながらこし器で鍋に流し入れ、中火にかけて混ぜる。

5 バニラエクストラを入れ、木ベラでなめらかになるまでよく混ぜる。

6 クリームがもったりしてきたらでき上がり。

MEMO 葉の活用法

※葉を使う場合は、無農薬の安全なものを使いましょう。

入浴剤

桃の葉を天日干しで乾燥させ、ガーゼの袋に入れて浴槽に。かぶれやあせもの症状緩和に効くといわれています。

ローション

桃の葉を天日干しで乾燥させ、たっぷりの湯で30分ほど煎じます。こした液をローションに。冷蔵庫に保存し、2〜3日で使いきります。

お茶

5月ごろの桃の葉をきれいに洗って天日干しに。やかんに湯を沸かし、乾燥させた葉を入れて約2分煮出し、こして飲みます。

桃大福

材料 12個分

- **桃** …………………… **2個**
- 白玉粉 …………………… 100g
- きび砂糖 …………………… 50g
- 水 …………………… 150cc
- 片栗粉 …………………… 適量

作り方

1 白玉粉と水を鍋に入れて弱火にかけ、だまをよく溶かしながら練っていく。

2 つやが出てくるまで練る。

3 きび砂糖を2回に分けてかき混ぜながら入れる。

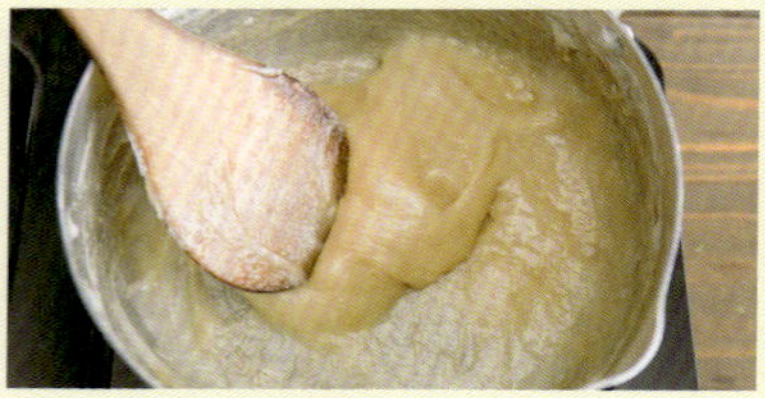

4 よく混ぜながら練る。

5 バットに茶こしで片栗粉をまんべんなくふる。

6 4が温かいうちに5に移す。

7 片栗粉をふるいかける。

8 上からかるくたたいてなじませながら、生地を広げる。

9 木ベラなどを使って生地を12等分する。

10 3cm角に切って水気をふいておいた桃を生地の上にのせる。

11 桃が隠れるように生地で包む。

12 丸く形を整えてでき上がり。

料理レシピ

サンドイッチ

材料 4個分

- 桃 ……………………… 6個
- クロワッサンなどのパン ……………………… 4個
- 生ハム ……………… 4枚
- タマネギ ………… 1/4個
- 好みの葉もの野菜（ベビーリーフ、サニーレタスなど）
- マスタード ……… 好みで

作り方

1 タマネギは薄切りにして塩（分量外）でもみ、水にさらす。
2 パンに切り目を入れ、薄切りにした桃、生ハム、タマネギ、葉ものをはさむ（好みでマスタードをつける）。

冷製スープ

材料 4人分

- 桃 ……………… 2個
- 牛乳 …………… 200cc
- 生クリーム ……… 50cc
- レモン汁 ……… 大さじ1
- 塩麹（ペースト） ……………… 小さじ1
- 白コショウ ……… 少々
- ミントの葉 ……… 少々

作り方

1 桃を水で洗いながら産毛を取り、皮のまま適当な大きさに切る。トッピング用に2〜3㎜角に切ったものを取り分けておく。
2 ミキサーに桃と牛乳を入れ、撹拌する。
3 レモン汁と生クリームも加えてさらに撹拌し、味見をしながら塩麹を加える（塩麹の塩分に違いがあるため）。塩麹がないときは塩をひとつまみ入れる。
4 器に盛り、好みで白コショウをふり、トッピングの桃とミントの葉をのせる。

桃のアイスクリーム

材料 写真のグラス6個分

- 桃 ……………………… 200g（およそ1個分の果肉）
- 生クリーム（脂肪分47%） … 50g
- グラニュー糖 …………… 30g
- 牛乳 ……………………… 250cc

作り方

1 ボウルに生クリームとグラニュー糖を入れ、8分立てに泡立てたら、牛乳を入れて混ぜる。

2 1をバットに入れ、ラップをして冷凍庫に1時間入れる。

3 2を冷凍庫から出し、空気を取り込むように混ぜ合わせたら、再び冷凍庫にもどす。これをあと2〜3回くり返す。

4 1〜2㎝の角切りにしてあらかじめ3時間冷凍庫に入れておいた桃を3に入れる。

5 4をかるく混ぜ合わせる。

すもも

すももは決して「すっぱい桃」ではありません。完熟すればとても甘い果物です。完熟まで待って収穫したてを味わって。

収穫カレンダー（月）

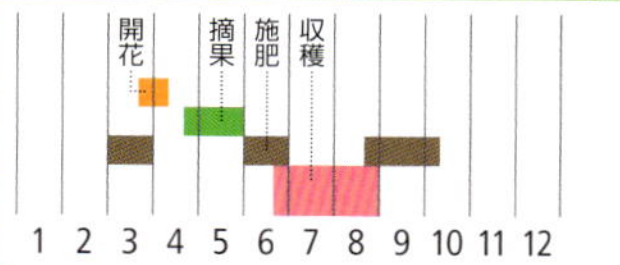

育て方・収穫の仕方

すももは傷みやすく、市販品は未熟な段階で出まわっています。樹上で完熟させれば甘くなります。

別の品種を近くに植える

すももの多くの品種は1本では結実しないため、別の品種を近くに植えましょう。梅やあんずの木でも大丈夫です。確実に実をならせたいときは細い筆の先などで人工授粉を（P214）。受粉した実の自然な落下がおさまったら、葉15～20枚につき1個に摘果します。

完熟まで待ち手で下に引っ張って収穫

7～9月に実全体が色づいてやわらかくなったら完熟なので、収穫をします。実を手でかるくつまみ、下の方向へ引っ張るとスムーズに取れます。収穫時期に雨が多いときは、裂果を避けるため、雨よけを作ったり、鉢植えなら軒下に移動したりと注意が必要です。

MEMO

受粉の相性のよい品種

受粉のために別品種の木を用意するなら、相性のよいものを。「大石早生」と「ソルダム」をはお互いが相性のよいものです。「太陽」や「貴陽」には「ハリウッド」、「メスレー」には「サンタローザ」がおすすめ。「ハリウッド」は1本で受粉します。

保存早見表

常温保存	約5日（風通しのよいところに）
冷蔵保存	約1週間～10日（洗わずに袋に入れて）
冷凍保存	約3カ月（洗って水気をふき、袋に）
乾燥保存	なし
漬け保存	なし
加工保存	ジャム▶約2カ月
果実以外の利用法：なし	

※保存期間は目安。地域や保存環境によっても異なります。「なし」は本書では紹介していないもの。

おいしい保存法

常温保存 約5日

風通しのよいところで追熟

収穫後、熟すまでは好みのかたさになるまでひとつずつ新聞紙に包み、風通しのよいところに置いておきます。

冷蔵保存 約1週間〜10日

洗わずにポリ袋へ

水分がついた部分から傷みやすいので、洗わずにポリ袋に入れて冷蔵庫へ入れましょう。完熟のものはキッチンペーパーに包んでからポリ袋に入れておくと、果汁から傷みが広がるのを抑えられ、安心です。

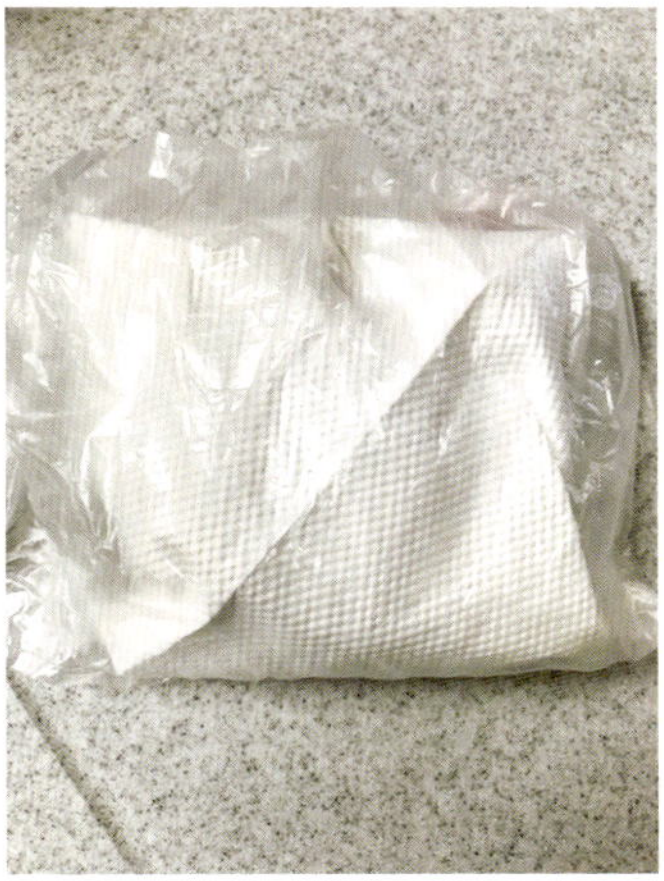

冷凍保存 約3カ月

水気をふいて保存袋へ

丸ごと冷凍できます。洗って水気をよくふき取ってから保存袋に入れましょう。冷凍中の変色が気になる場合は、すももに砂糖をふりかけておくとよいでしょう。ジャムなどには凍ったまま使えます。

加工保存 約2カ月

加工保存1 約2カ月

すももジャム

ジャム

皮ごとジャムにするので、鮮やかな色に。煮詰めていると自然に種がはずれてきます。煮詰め過ぎるとかたくなるので注意しましょう。

材料

- **すもも** …… **1kg**
- グラニュー糖 …… 400g
- 白ワイン …… 大さじ1と1/2

作り方

1. すももはよく洗い、切らずにグラニュー糖と一緒に鍋に入れ、中弱火にかける。
2. 皮がやぶれて水分が出てきたら強火にして、アクをすくいつつ、種を取り出しながら煮る。
3. 15〜20分たって、とろみが出てきたら、白ワインを加え混ぜ、火を止める。びんに入れて保存する。

鶏肉とすももの白ワイン煮

材料 4人分

- **すもも……130g(3個)**
- 鶏もも肉……400g
- タマネギ……130g(大1/2個)
- 白ワイン……130cc
- 水……130cc
- 塩……小さじ1
- 豆乳……50cc
- コショウ……少々
- 飾り用のローズマリー、タマネギのスライス……飾り用少々

作り方

1 鶏肉はひと口大に切り、すももは十字に切り込みを入れる。タマネギはざく切りにする。
2 鍋に1と白ワイン、水、塩を入れて中火にかけ、肉に火が通ったら、鶏肉を皿に盛り、すももの皮と種は鍋から取り除く。
3 残ったソースの粗熱が取れたら、ミキサーに入れ、豆乳とコショウを入れて撹拌する。
4 鶏肉に3をかけ、ローズマリー、タマネギのスライスをのせる。

MEMO すもも、プラム、プルーンの違い

すももには、大きく分けて「日本すもも」と「西洋すもも」があります。もともと日本のすももがアメリカに渡り、品種改良を重ねたあとに日本に逆輸入された際、「プラム」と呼ばれました。「西洋すもも」は乾燥して食べることの多い「プルーン」を指しています。

写真は「ケルシー」という品種のもので、美しい緑色が特徴。近年、品種改良がさらに進み、収穫時期がやや異なるさまざまな種類のものがあります。

ドリンク ジャムを使って

すももソーダ

材料

- **すももジャム……大さじ2**
- 炭酸水……160cc

グラスにジャムを入れ、炭酸水を注いだらよく混ぜて飲む。すっきり味なので、食事中のドリンクにも。

あんず

収穫したてのみずみずしさは家庭果樹でしか味わえません。品種によって、生食向きのものと加工向きのものがあります。

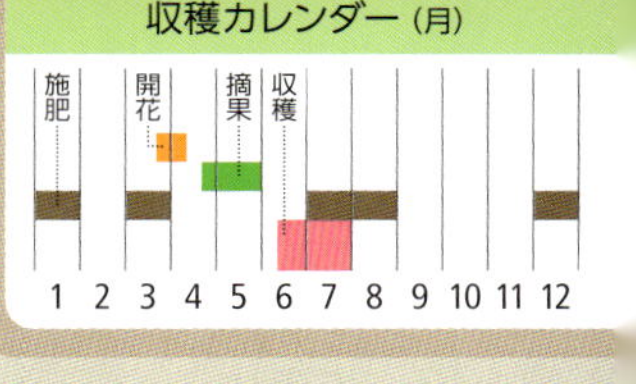

育て方・収穫の仕方

受粉用の木を近くに植える

あんずには、酸味が強く加工に向いた東亜系の品種と、甘みが強く生食もできる欧州系の品種があります。栽培は1本では結実しにくいので、系統の異なる品種や梅、すももを近くに植えるとよいでしょう。充実した実にしたい場合は、葉20枚に1個を目安に摘果（P214）をしましょう。

甘い品種は病害虫被害に注意。枝を間引き、害を受けた部分はこまめに取り除きます。

使用用途によって収穫時期を見極める

6～7月ごろ、開花から90日くらいたつと収穫できます。全体が濃いオレンジ色になったら完熟です。ドライフルーツや果実酒にする場合など、ややかための状態で使いたいときは、実の様子を観察しながら早めに収穫しましょう。

MEMO

あんずの品種

東亜系の品種は大きな実になる「平和」や「信州大実」などがあります。欧州系の品種は裂果が少なくて甘味が強い「ゴールドコット」「ハーコット」「チルトン」など。「おひさまコット」は両方の交雑種で生食もできます。用途と手間を鑑みて品種選びを。

保存早見表

常温保存	約1～2日（風通しのよいところに）
冷蔵保存	不向き
冷凍保存	約2カ月（洗わずに袋へ）
乾燥保存	約6カ月（乾いたら冷蔵庫で）
漬け保存	シロップ漬け▶約2カ月
加工保存	杏仁みそ▶約6カ月、ジャム▶約3カ月
果実以外の利用法：なし	

※保存期間は目安。地域や保存環境によっても異なります。「なし」は本書では紹介していないもの。

おいしい保存法

常温保存
約1～2日

風通しのよいところに

あんずの皮の色が濃いオレンジ色になり、香りが強くなったら熟した証拠です。それまではかごなどに入れて、涼しい風通しのよいところに置いておきましょう。

冷凍保存
約2カ月

早めに冷凍か加工を

熟したあとは急速に傷み始めるので、すぐに食べられない分は早めに冷凍保存するか、加工しましょう。冷凍保存の際は、洗わずに丸ごと保存袋に入れて冷凍します。

乾燥保存
約6カ月

黒くなったら冷蔵庫へ

あんずは2つに割って種を取り、皮を下にして天日で乾かします。5～7日たつと乾いて黒くなるので、保存袋や容器に入れて冷蔵庫に保存。水で洗い、熱湯をかけてやわらかくなるまでもどして食べます。

漬け保存
約2カ月

漬け保存❶ 約2カ月

あんずのシロップ漬け

漬けたあんずの実はそのままでもおいしく食べられますが、ドライにしても。シロップ液は凍らせてシャーベットにしたり、ゼラチンを入れてゼリーにもできます。

材料

- **あんず**……5個
- 砂糖……120g
- 水……100cc

作り方

1 ボウルに張った80～90度の湯にあんずをくぐらせて、保存びんに詰める。
2 鍋に砂糖と水を入れて煮立たせ、熱いうちにびんに注ぐ。冷めたら冷蔵庫に入れ、5～7日たって、液がオレンジ色になったら完成。

あんずのドライコンポート

シロップ漬けを使って

材料

- **シロップ漬けにしたあんず**……適量

作り方

1 シロップ漬けにしたあんずを約1週間、天日で乾かす。

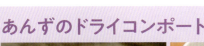

加工保存 約3～6カ月

加工保存 1 約6カ月

杏仁みそ

あんず（杏）の仁（種の中にあるかたい皮で覆われた白いもの）、杏仁は昔から咳やぜんそくなどによいとされ、家庭でも利用されてきました。みそに混ぜると食べやすくなります。ご飯のお供やそうめんのつけ汁などに。

材料

- **あんずの種** …2個
- みそ ……大さじ1

作り方

1 あんずの種を取り、金槌などでたたき割り、仁を出す。

2 仁をフライパンでよく炒る。

3 2をすり鉢でよくする。

4 3にみそを混ぜる。

加工保存 2 約3カ月

あんずジャム

ジャム

あんずは生食用の品種以外は酸味が多く、また、あまり日もちもしないため、糖を加えたジャムがおすすめです。冷蔵庫で保存します。

材料

- **あんず** …………12個
- グラニュー糖 …250g（実の重さの50%）
- 水 …………………125cc

作り方

1 あんずを洗って水気をふき取り、皮をむいてから半分に切り、種を取り除く。
2 鍋にあんず半量とグラニュー糖、水を入れ、ややわらかくなるまで煮る。
3 残りのあんずを加え、アクを取りながら、とろみが出るまで煮る。

MEMO 杏仁豆腐

「杏仁」といえば杏仁豆腐。本来は杏の仁をすりつぶして粉にしたものを牛乳や寒天などと固めたものです。すりつぶすのは手間がかかり、苦みが多いため、家庭果樹のあんずの仁を使うことはほとんどありません。そのため、苦みの少ない品種の仁を用いた「杏仁霜（きょうにんそう）」というパウダーを利用して作られることが多いものです。杏仁霜の代わりに、似た風味のアーモンドパウダーが使われることもあります。

デザートレシピ

あんずゼリー

材料 写真のグラス4個分

- **シロップ漬けでできたシロップ** ……………… **230cc**
- 粉ゼラチン ……………………… 5g
- 水（ゼラチン用） …………… 40cc

トッピング用ソース

- **シロップ漬けのあんず** … **1個**
- 牛乳 ………………………………… 15cc

作り方

1 ゼラチンを水に入れふやかし、鍋に入れたシロップに入れる。

2 1を中火にかけ、混ぜながら、液が透明になってきたところで火を止める。

3 容器に入れ、冷蔵庫で冷やし固める。

ソース

1 あんずの実をスプーンでつぶし、牛乳と混ぜ合わせる。

2 ゼリーの上にかける。

あんず飴

材料

- **干しあんず** ………… **5個**
- 砂糖 ………………… 200g
- 水 ……………………… 50cc

作り方

1 あんずに棒を刺す。

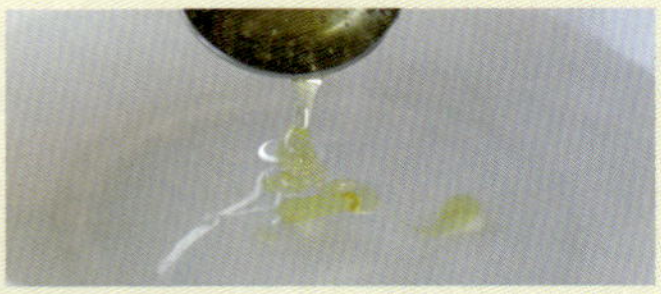

2 鍋に砂糖と水を入れ強火にかけて煮立たせ、ボウルに張った水の中にひとたらししてみて、すぐ固まれば火を止める。

3 鍋を傾け、2のカラメルを素早くあんずにからめる。

4 クッキングシートに置いて冷ます。

料理レシピ

生あんずと夏野菜のおかか和え

材料

- **あんず** ……… **2個**
- タマネギ ……… 1個
- キュウリ …… 1/2本
- かつおぶし ……… 5g
- 塩 …………… 少々
- しょう油 ……… 少々

作り方

1 タマネギはうす切りにして塩でもみ、水にさらしてから水切りする。

2 あんずは皮をむいてくし切りにし、キュウリは細切りにする。

3 タマネギ、あんず、キュウリを混ぜ、かつおぶしとしょう油をかける。

わが家の果実でもっと健康に！

果実の栄養のはなし

「果実を食べると太る」は間違い

育てて楽しい、食べておいしい果実ですが、栄養もたっぷり含まれています。果樹を育てている人にとっては、うれしい反面、大量に収穫できるので「太るかも？」「どれくらい食べて大丈夫？」と気にする部分もあるかもしれません。

確かに完熟の果実は甘いですが、だからといってカロリーが高いわけではありません。脂質も少ないので、１００ｇあたりのエネルギー量を見てみると、ショートケーキが３４４ｋｃａｌであるのに対し、りんごで54ｋｃａｌ、バナナでも86ｋｃａｌです。果実には水分や食物繊維もたくさん含まれているため、同じ量を食べてもカロリーを抑えられる、いわばダイエットにふさわしい食べものであるといえます。

農林水産省では、「１日に２００ｇのくだものを食べよう」という運動を進めています。

体によい成分がたくさん含まれている

表にも示しているように、果実にはビタミン、ミネラル、食物繊維などが豊富に含まれています。また、果実には老化などから細胞の劣化を防ぐポリフェノールなどの抗酸化物質が多く含まれているのも特長です。そして特筆すべきなのが、果実にはタンパク質分解酵素を含んでいるものが多いこと。肉や魚をやわらかくするだけでなく、消化を助けてくれたり、余分な脂質を排出してくれたりします。

農林水産省がすすめている１日２００ｇの果実とは、温州みかんで2個、りんごで1個、バナナなら2本にあたります。収穫したものを味わいながら、健康で豊かな「果樹のある暮らし」を楽しみましょう。

果実に含まれるおもな栄養素

ビタミン類（多く含まれる果実　さくらんぼ、桃、キウイフルーツ、柑橘類 など）

- 抗酸化作用をもつ
- 免疫力を高める
- 副腎皮質ホルモンの生成を促し、ストレスに強くする
- 美肌の大敵・メラニンを抑える
- 代謝を助け、疲れにくくする
- 赤血球の生成を促す
- 認知症予防の研究結果も

カリウム（多く含まれる果実　さくらんぼ、アボカド、バナナ、メロン、栗 など）

- 食塩を排出する働きがあるので、高血圧予防に

食物繊維（多く含まれる果実　梅、ブルーベリー、ラズベリー、いちじく、栗、プルーン、柿、りんご、キウイフルーツ、きんかん など）

- 便の量を増やして腸の働きをよくする
- 糖や脂質の吸収を遅くする
- 悪玉コレステロールの上昇を抑える

ポリフェノール（多く含まれる果実　桃、ぶどう、いちご、プルーン、りんご など）

- 抗酸化作用をもつ
- 悪玉コレステロールの上昇を抑える
- 血管を丈夫にする
- 血圧の上昇を抑える

ぶどう

植えつけから短期間で実がなり、ビギナーにも育てやすい果樹。実の量を調節すると大きく、おいしい実に。

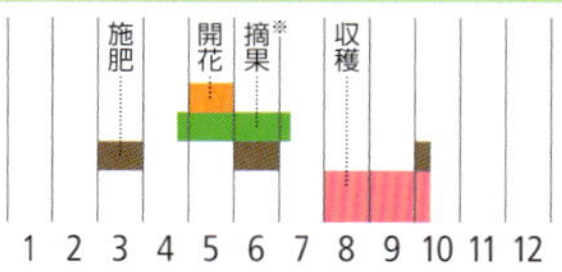

※摘房・摘粒を行う

育て方・収穫の仕方

粒ぞろいの美しい房に仕上げていく

植えつけから地植えで2年、鉢植えでは1年で実がなります。収穫までの楽しみを味わえ、庭の風景を作るのにも適しています。つるで伸びるので、ぶどう棚を作るとよいでしょう。

たくさんの房がつくので、花が咲くごとに不要な房は摘み取ります。実が大きくなってきたら房の中で込み合っている部分の小さな粒を取り除いておきます。こうすることで粒ぞろいの美しい房に。その後は病気や鳥害、日焼けを防ぐため、袋をかけておきます。

実ができてから約2カ月たつと色がついて糖度も増してきます。袋を少し破いて実の様子を確認し、熟していたらはさみで房のつけ根を切ります。

このくらいの大きさになったら、根元の込み合った部分や房の先端の実を取り除きます。

生育不良な房があれば、房ごと取り除いておきます。

保存早見表

常温保存	不向き
冷蔵保存	約4～5日（房のまま袋か密閉容器へ）
冷凍保存	約4カ月（軸からはずして袋へ）
乾燥保存	約6～10カ月（オーブンか自然乾燥で）
漬け保存	なし
加工保存	コンポート▶約10日、ジャム▶約3カ月
果実以外の利用法：なし	

※保存期間は目安。地域や保存環境によっても異なります。「なし」は本書では紹介していないもの。

おいしい保存法

冷蔵保存 約4〜5日

房のまま冷やす

水分があると傷みやすいので、洗わずに房のまま、ポリ袋や密閉容器に入れて冷蔵庫の野菜室へ。ぶどうは甘みが強いため、少々冷やし過ぎても甘みが損なわれることはありません。

冷凍保存 約4カ月

はさみで軸からはずして

ぶどうは軸からはずして冷凍します。手でちぎると皮が破けて果汁が出てしまうので、軸から2〜3㎜の部分をはさみで切って、洗わずに保存袋へ。食べるときは、さっと水洗いすると皮がむきやすくなります。

ジュースやジャムを作るときは、冷凍のまま使えます。

乾燥保存 約6〜10カ月

オーブンで

ぶどうを房からはずし、殺菌消毒のため塩水で洗い、皮ごと自然乾燥させたら、オーブン皿にクッキングシートを敷き、ぶどうを広げて、100度で1時間半焼きます。それを天日で3日ほど干して完成(雨の日は室内に)。びんなどに入れれば、6カ月保存できます。

自然乾燥

ぶどうの房を殺菌消毒のため4つに切り分けて塩水で洗い、日当たりのよい窓辺などに吊るして干します。密閉容器などに入れ、約10カ月保存できます。

加工保存

約10日〜3カ月

加工保存 1 約10日

ぶどうのコンポート

レモン汁が入ったさわやかな味わいです。シャインマスカットなど皮ごと食べられるものの場合は丸ごと使えます。

材料

- ぶどう……500g
- グラニュー糖……50g
- レモン汁……大さじ1
- 水……200cc

作り方

1 ぶどうはを湯むき（下記）しておく。
2 鍋にぶどうの皮、グラニュー糖、水を入れ中火で5〜6分煮る。ぶどうとレモン汁を入れ、ひと煮立ちさせ、火を止める。
3 2のぶどうの皮を取り出して保存容器に入れ、粗熱が取れたら冷蔵庫に入れる。

加工保存 2 約3カ月

ぶどうジャム

ジャム

ジュースを作った残りの実と皮で作るジャム。糖度が高いときはグラニュー糖を入れなくても十分な甘さになります。

材料

- ぶどうジュース（右下）の残りの実と皮……360g
- グラニュー糖……108g（ぶどうの30％）
- レモン汁……大さじ1

作り方

1 鍋にすべての材料を入れて弱火にかけ、アクを取りながら煮詰める。
2 とろみとつやが出てきたら、火を止める。

ドリンク

ぶどうジュース（濃縮）

材料

- ぶどう……1kg
- グラニュー糖……40g
- 水……150cc
- レモン汁…大さじ1

ぶどうは皮のまま半分に切り、種を取り除く。ぶどうの実、グラニュー糖と水を中弱火で15分煮る。ざるに上げ、下に落ちた果汁にレモン汁を加える。水かソーダ水で2倍に割って飲む。冷蔵庫で1週間保存できる。

皮のむき方

湯むき

1 ぶどうの皮に十字に切れ込みを入れる。

2 沸騰したたっぷりの湯にぶどうを約20秒つける。

3 冷水に取り、皮をむく。

デザートレシピ

巨峰のグミ

材料

- 巨峰(冷凍でも可)……300g
- グラニュー糖……60g
- 水……50cc
- 粉ゼラチン……15g

作り方

1 巨峰は半分に切り、種を取り出して皮がついたまま鍋に入れ、グラニュー糖を加えて弱火にかけ、アクを取りながら約20分煮込んで半量くらいにする。
2 1をざるでこす(150ccの液になる)。
3 水に粉ゼラチンをふり入れてふやかし、600Wの電子レンジで20秒温める。
4 2の液にゼラチンをまわし入れ、手早くよく混ぜたら、水でぬらした製氷器に流し入れ、冷蔵庫で冷やし固める(製氷器から取り出すときは底をかるく湯で温めると取り出しやすい)。保存するときは冷蔵庫で。

4

マスカット大福

材料 15個分

- マスカット……1房
- 白玉粉……100g
- きび砂糖……50g
- 水……150cc
- 片栗粉……適量

作り方

1 白玉粉と水を鍋に入れて弱火にかけ、だまをよく溶かしながら練っていく。
2 つやが出てきたらきび砂糖を2回に分けて入れ、よく混ぜながら練る。
3 バットに茶こしで片栗粉をまんべんなくふり、温かいうちに2を移して上からも片栗粉をまぶし、15等分する。
4 洗って水気をふいておいたマスカットを生地で包む。

4

巨峰のタルト

※タルト台の作り方は
桃のタルト「タルト台」を参照（P74）

材料 直径24㎝型

●**巨峰** ……………………… 1房

アーモンドタルト生地

- A
  - アーモンドプードル …… 70g
  - 小麦粉 ……………………… 60g
  - ベーキングパウダー … 小さじ1
  - 塩 ……………………………… 少々
- B
  - 菜種油 ……………………… 35cc
  - メープルシロップ …… 60cc
  - 豆乳 ………………………… 70cc

タルト台

- C
  - 小麦粉 ……………………… 180g
  - 塩 ………………………… ひとつまみ
- D
  - 菜種油 ……………………… 40cc
  - 豆乳 ………………………… 25cc
  - 甜菜糖シロップ ………… 50g

作り方

1 オーブンを170度に予熱しておく。アーモンドタルト生地を作る。Aをボウルにふるい、泡立て器で混ぜておく。

2 Bを別のボウルに入れ、泡立て器でなめらかなクリーム状になるまで混ぜ、Aに入れてさらに粉が見えなくなるまで混ぜる。

3 ゴムベラに替えて、底からさっくり混ぜる。

4 3をP74の方法で作ったタルト台に入れ、表面を平らにして巨峰を皮のまま並べ、オーブンで30〜35分焼く。

料理レシピ

巨峰のマリネサラダ

材料

- ●**巨峰** ……………………… 10粒
- ●ミニトマト ………………… 5個
- ●キュウリ …………………… 1本
- ●トウガン（2㎝角切りのもの） ……………………………… 5個
- ●オリーブオイル …… 大さじ1
- ●白ワインビネガー … 大さじ2
- ●グラニュー糖 ……………… 5g
- ●塩 ……………………………… 適量

作り方

1 巨峰はP88の方法で皮をむく。ミニトマトもぶどうと同じ方法で皮をむく。キュウリは巨峰と同じくらいの大きさにカットし、トウガンは2㎝角に切り、角を落として塩でかるくもんでおく。

2 ボウルにオリーブオイル、白ワインビネガー、グラニュー糖、塩を入れて混ぜ合わせ、1を入れてかるく混ぜ、味をなじませる。

巨峰のサンドイッチ

材料 2人分

- **巨峰** …… **4粒**
- サンドイッチ用パン(10枚切り) …… 4枚
- 生クリーム …… 100cc
- グラニュー糖 …… 15g

作り方

1 生クリームとグラニュー糖を合わせて泡立てる。
2 パン2枚に生クリームをぬる(中央はたっぷり、端は少なめに)。
3 2のパン1枚につき巨峰2粒を真ん中に並べる。
4 別の2枚のパンには生クリームをうすくぬり、3のパンと合わせる。
5 ラップで包み、冷蔵庫で1時間ほど冷やしてから、ラップのまま、巨峰を真ん中で割るように切る。

巨峰と白玉のスープ

材料 4人分

- **巨峰** …… **12粒**
- **ぶどうジュース**(P88で作ったもの) …… **400cc**
- 白玉粉 …… 30g
- 塩 …… 少々
- 水 …… 大さじ3
- ローストアーモンド …… 適宜

作り方

1 巨峰は皮をむいて(P88)種を取り、塩をまぶしておく。
2 ボウルに白玉粉と水を入れ、指先でなじませるようにこねて耳たぶくらいの固さにし(水が足りないときは少しずつ足す)、直径1.5cmほどの団子にする。
3 鍋で湯を沸騰させ、2を1～2分ゆでたら、水の中に入れる。
4 鍋に3mmほどの高さに水を入れて中火にかけ、巨峰を入れてゆっくりまわすようにして温めたら、ぶどうジュースを加える。
5 器に3を入れ、4を注ぎ、粗みじん切りにしたアーモンドを散らす。

いちじく

1本で実がなり、鉢植えでもよく育ちます。生で食べるとき以外は、甘み、栄養を最大にとれる皮ごとがおすすめ。

収穫カレンダー（月）

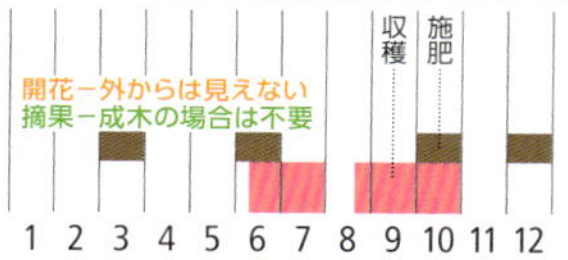

育て方・収穫の仕方

暑い時期はこまめに水やりを

葉が大きいので水不足になりやすく、暑い時期にはしっかり水やりを。手をかけずともよく実がつき、摘果（P214）も極端に生育不良なもの、病害虫被害にあったものを取り除くくらいでOKです。よく育つということは木も大きくなりやすいので、広がり過ぎないよう剪定を。

梅雨どきは雨に当たらないよう早めに収穫を

夏に実がなるものは6～7月に、秋に実がなるものは9～10月に収穫できます。

幹に近い実から熟していきます。色づいたものから収穫を。手でかるく持ち上げると枝からはずれます。ドライフルーツは少しかためのときに、生食やジャム、コンポートのときは完熟まで待ちましょう。熟した実の甘い香りにスズメバチが寄ってくるので注意が必要です。

MEMO

実つきが早い

実は上向きに育っていき、熟すと下向きになります。

保存早見表

常温保存	約1～2日（風通しのよい冷暗所で）
冷蔵保存	約1～2日（ペーパーに包んで袋に）
冷凍保存	約4カ月（平らに並べて袋に）
乾燥保存	約1～2カ月（オーブン乾燥後天日干し、天日干し）
漬け保存	なし
加工保存	コンポート▶約1週間、いちじくジャム▶約6カ月、いちじくとナッツのジャム▶約6カ月、ドレッシング▶約5日

果実以外の利用法：なし

※保存期間は目安。地域や保存環境によっても異なります。「なし」は本書では紹介していないもの。

おいしい保存法

常温保存 約1～2日

お尻が割れたら完熟

風通しのよい冷暗所で保存を。日もちがしないので、なるべく早く食べるようにします。お尻の部分が割れたら完熟のしるし。それ以上たつとやわらかくはなっても甘くはなりません。

冷蔵保存 約1～2日

ペーパーに包んで

キッチンペーパーに包んでポリ袋に入れ、野菜室へ。ひとつずつラップに包んでおけばより安心です。とはいえ、なるべく早く食べきり、食べられないものは早めに加工しましょう。

冷凍保存 約4カ月

平らに並べて

洗って水分をよくふき取り、輪切りにして保存袋に入れます。実の部分が重なると冷凍したときにくっついてしまうため、平らに並べて袋に入れましょう。

乾燥保存 約1～2カ月

オーブンで

いちじくを7～8㎜の輪切りかくし切りにし、クッキングシートを敷いた天板に並べて、100度で90分焼きます。その後、ときどき裏返しながら、5日間くらい天日干しに。

輪切りは調理に使いやすく、くし切りはそのまま食べるときにボリュームがあり、おいしい。

天日干しで途中から横向きに

いちじくを8等分のくし切りにし、皮を下にしてざるに並べ、天日干しに。表面がざるにくっつかなくなったら横向きに寝かせ、ときどき裏返しながら、さらに5日くらい干します。

いちじくバター

乾燥いちじくを使って

材料

- 乾燥いちじく…12枚
- 有塩バター…20g
- ナッツ…好みで

作り方

1 バターは5㎜の厚さに切り、いちじく2枚ではさむ。好みでナッツを入れてもよい。おやつやつまみにおすすめ。

加工保存

約5日～6カ月

加工保存 1 約1週間

いちじくのコンポート

いちじくは生のものでも冷凍したものでもOK。ワインやシナモン、クローブなどのスパイスを加えると大人向けの味になります。実がやわらかく煮くずれしやすいので、弱火で煮るのがポイント。

材料

- **いちじく**……………………**好みの量**
- 赤ワイン………いちじくの重さの50%
- グラニュー糖…いちじくの重さの50%

作り方

1. いちじくは洗って皮のまま鍋に入れ、赤ワインとグラニュー糖を入れる。
2. ふたをして弱火にかけ、途中一度裏返し、竹串がスッと通るまでやわらかくなったら火を止める。
3. 自然に冷まし、容器に入れて冷蔵庫で保存する。

加工保存 2 約6カ月

いちじくジャム

ジャム

皮ごと煮るのできれいな赤色のジャムになります。レモンの酸によってさらに鮮やかになり、風味も引きしまります。

材料

- **いちじく**…**600g**(6個)
- グラニュー糖………120g
- レモン汁……………20cc

作り方

1. いちじくは皮のまま適当なぶつ切りにしてボウルに入れ、グラニュー糖をふりかけラップをし、半日ほど置いて水分を出す。
2. 鍋に1を入れて中強火にかけ、アクを取り、焦げないようにかき混ぜながら煮込む。
3. アクがおさまったらレモン汁を入れて混ぜ、火を止める。

加工保存 3 約6カ月

いちじくとナッツのジャム

ジャム

ラム酒と食感のいいナッツを加えると、プレーンなジャムからプレミアムなジャムに。ワインやウイスキーのつまみにも最適です。

材料

- **いちじく**……………………**350g**
  (皮をむいたもの・大5、6個分)
- ナッツ(カシューナッツ、クルミなど)
  ……………………………………35g
- グラニュー糖………………80g
- レモン汁……………大さじ1/2
- ラム酒…………………大さじ1

作り方

1. ラム酒以外の材料を混ぜて、ひと晩置く。
2. 1を鍋に入れて強火にかけ、アクを取りながら、半量ほどになるまで煮詰める。
3. 火を止める直前にラム酒を加える。

いちじくソース

いちじくジャムを使って

材料

- **いちじくジャム**……………**20g**
- タマネギ……20g
- しょう油……5cc
- オリーブオイル……………少々

作り方

1. タマネギはみじん切りにし、フライパンにオリーブオイルを熱して炒める。
2. 火を止めて、いちじくジャムとしょう油を加え、よく混ぜる。ローストポークなど肉料理によく合う。

MEMO
白い汁の秘密

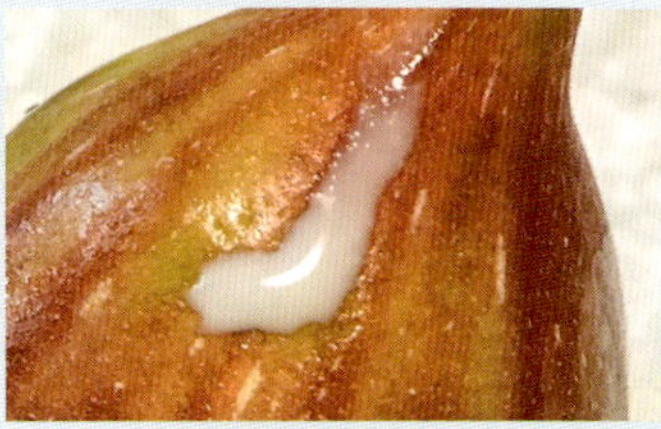

いちじくを切ったときに出てくる白い汁には、たんぱく質を分解する成分が含まれており、肉や魚をやわらかくしてくれます。また、消化を助ける働きもあります。

皮のむき方・切り方

丸ごとむく

1 ヘタのほうから、バナナをむく要領で下へむく。

2 熟したものならこのようにつるんと向ける。

切ってからむく

1 まず縦半分に切り、さらに半分に切る。

2 皮をむく。ナイフでも手でも楽にむける。

デザートレシピ

いちじくシャーベット

材料 写真のグラス6個分

- **いちじく**……………………400g(4個)
- グラニュー糖 ····40g(いちじくの重さの10%)

作り方

1 いちじくは皮のまま2㎝角に切り、グラニュー糖とともに鍋に入れ、ヘラでつぶしながら中弱火でやわらかくなるまで、5〜6分煮る。
2 熱が取れたら、容器に入れ冷凍する。2〜3時間後から食べられる。

加工保存 4
約5日

いちじくドレッシング

いちじくの果肉たっぷりのドレッシングは、野菜のほか、蒸した魚や肉にもよく合います。

材料

- **いちじく**……………………100g
- オリーブオイル ……………60cc
- りんご酢……………………10cc
- 塩……………………………5g

作り方

1 いちじくは皮のままみじん切りにし、ほかの材料と混ぜる。

作り方

いちじくジャムサンドクッキー

材料 12組分

- **いちじくジャム …… 適量**
- 無塩バター …… 150g
- きび砂糖 …… 80g
- 卵 …… 1個
- A 小麦粉 …… 220g
- A 塩 …… 少々

1 ボウルにバターを入れ常温にし、泡立て器で混ぜてやわらかくなったらきび砂糖を加え、さらにふんわりするまで混ぜる。

2 溶き卵を3回に分け、1に少しずつ混ぜながら加える。

3 2にAをふるいながら加える。

4 ヘラでさっくりと切るように混ぜて、粉っぽさが見えなくなったらひとまとめにし、ラップをして冷蔵庫で1時間休ませる。

5 生地を5㎜ほどの厚さにめん棒で伸ばす。

6 生地を好みの型で抜く。

7 天板にオーブンシートを敷いて6を並べ、170度に予熱しておいたオーブンに入れて15分焼く。冷めたらいちじくジャムをはさむ。

料理レシピ

いちじくと豚肉の炒めもの

材料 2人分

- **いちじく … 200g(2個)**
- 豚ロース薄切り …… 150g
- 塩 …… ふたつまみ
- コショウ …… 少々

作り方

1 いちじくは皮のまま6等分にくし切りにする。

2 フライパンに油(分量外)を熱し、豚肉をかるく炒めたらいちじくを加えて炒め、塩、コショウをふる。

アボカド

南国生まれのフルーツながら寒さに強いため、自家栽培も可能。1年目の苗を植えると、3年目以降に実がつきます。

育て方・収穫の仕方

食用の苗を購入し鉢植えで育てる

食べたあとの種を育てると5〜6年後に実をつけることもありますが、元の実とは性質が異なるため、実を食べるために育てるなら苗を購入して植えましょう。アボカドは両生花で午前中に雄の性質、午後に雌の性質になるタイプと、その逆のタイプがあります。

露地栽培できるところもありますが、育つ条件が厳しいので鉢植えが安心です。

受粉を促すため、異なるタイプのものを一緒に植えるとよいでしょう。受粉は花房ごと摘み、タイプの違う花に直接こすりつけて行います。寒さに強いものの、冬にマイナスの気温になるところでは、露地栽培は難しいので鉢植え栽培で。4〜5月に開花し、11〜12月に収穫できます。収穫後1〜2週間程度、室温にて追熟させます。少しやわらかくなってきてから食べましょう。

MEMO

品種の選び方

品種	タイプ	収穫時期
ハス	A	12月
メキシコラ	A	9月
ベーコン	B	11月
フェルテ	B	12月

Aは午前に雌、Bは午前に雄の活動をします。別のタイプのものを2本選びます。

保存早見表

常温保存	熟すまで（皮が黒く弾力が出るまで）
冷蔵保存	約4〜5日（新聞紙に包んで袋に）
冷凍保存	約1カ月（レモン汁をかけて袋に）
乾燥保存	なし
漬け保存	ぬか漬け▶約2〜3日
加工保存	ディップ▶約2〜3日

果実以外の利用法：なし

※保存期間は目安。地域や保存環境によっても異なります。「なし」は本書では紹介していないもの。

収穫カレンダー（月）

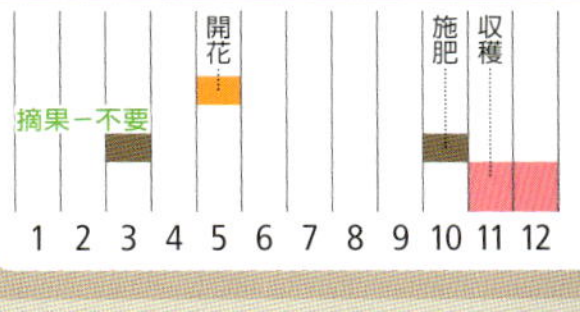

おいしい保存法

常温保存
熟すまで

追熟は常温で

皮の緑味がかった色が黒色に変わり、押してみて弾力が出てきたら食べごろです。それまでは常温で保存を。

冷蔵保存
約4～5日

熟してから冷蔵庫へ

熟したものはひとつずつ新聞紙に包んでポリ袋に入れて冷蔵庫の野菜室へ。カットしたものは切り口にラップをぴったりかけて冷蔵庫で保存します。カットしたものは1～2日で食べきりましょう。

冷凍保存
約1カ月

変色防止にレモン汁を

冷凍保存には完熟したものを使用します。皮をむいてかたまりで冷凍する場合は切り口に変色防止のためレモン汁をかけて保存袋へ。皮をむいたものをフォークやマッシャーでつぶしてレモン汁を混ぜて保存袋で冷凍しても。

マヨネーズやしょう油で味つけしたり、オリーブオイル・塩・コショウと和えたりしてサラダに。スムージーにも。

冷蔵庫で解凍するのがおすすめ。食感はやや落ちるので、かたまりのものも切るか、ペーストにして使いましょう。サイの目に切ってみそ汁に入れても。

皮のむき方・切り方

丸ごとむく

1 種に当たるところまで包丁を入れ、ぐるりと切れ目を入れる。

2 両手で持ち、切ったところをずらすようにひねる。

3 半分に、きれいに割れる。

4 ナイフの先やスプーンを使って種を取る。

5 刃を皮のすぐ下に入れ、はがすように皮をむいていく。

漬け保存 約2〜3日

アボカドのぬか漬け

漬け保存 1 約2〜3日

チーズのような濃厚な味わいです。完熟していないものも漬けられます。

材料

- **アボカド** ································ 適量
- ぬか床

作り方

1 アボカドの種と皮を取り、ぬか床に漬ける。やわらかいものは、キッチンペーパーに包んで漬ける。半日たったころがちょうど食べごろ。

加工保存 約2〜3日

アボカドディップ

漬け保存 1 約2〜3日

つぶして冷凍したものを使っても。クリームチーズの代わりにマヨネーズでも。

材料

- **アボカド** ····1個（冷凍でもよい）
- A
  - クリームチーズ ·········· 大さじ3
  - レモン汁 ····················· 大さじ1
  - 塩 ································ 少々
  - 黒コショウ ···················· 少々
  - ニンニクすりおろし ·········· 少々

作り方

1 アボカドはつぶしてペーストにする。少々かたまりがあってもよい。

2 1にAを加えて練り混ぜる。

料理レシピ

アボカドグラタン

材料 2人分

- **アボカド**（冷凍でもよい） ···················· **1個**
- ベーコン ·· 1枚
- マヨネーズ ·· 大さじ3
- 黒コショウ ·· 少々
- ガーリックパウダー（ニンニクすりおろしでもよい） ··· 少々
- 溶けるチーズ ·· 1枚

作り方

1 アボカドは縦半分に切り、種を取ったら、スプーンで果肉を出す。

2 果肉とベーコンは1㎝角に切り、マヨネーズ、黒コショウ、ガーリックパウダーと混ぜて、皮の中に詰める。

3 溶けるチーズをのせて、オーブントースターでチーズに焼き目がつくまで焼く。

バナナ

熱帯育ちのバナナを日本でも栽培することは可能ですが、温度管理には十分に気をつける必要があります。

収穫カレンダー（月）

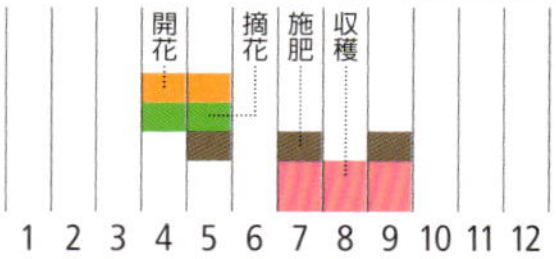

育て方・収穫の仕方

冬でも10度以上のところで鉢植え栽培を

バナナの苗は、園芸店などではほとんど売られていないので、インターネットで入手を。露地栽培の北限は沖縄なので、それ以外の地域では鉢植え栽培をすることになります。

1年目の苗を植えた場合は春に植えつけてもその年は花が咲きません。そのまま越冬させます。10度以上になるところに鉢を移動させておきます。

うまく育てば、翌年の4～7月ごろに花がつきます。花が咲き終わったら、1週間後に雄花の上で切り落とします。夏になると少しずつ色づいてきます。青い状態で収穫したときは、ポリ袋にりんごと一緒に入れて追熟します。完熟させたいときは、完全に黄色になるまで待ちます。

MEMO

バナナの品種

バナナの生長は旺盛なので、育てる場合はコンパクトに育つタイプのものがおすすめ。「三尺バナナ」やその改良種の「スーパーミニバナナ」が育てやすいでしょう。沖縄の庭先でよく植えられている島バナナは、高さ3mくらいになるので注意が必要です。

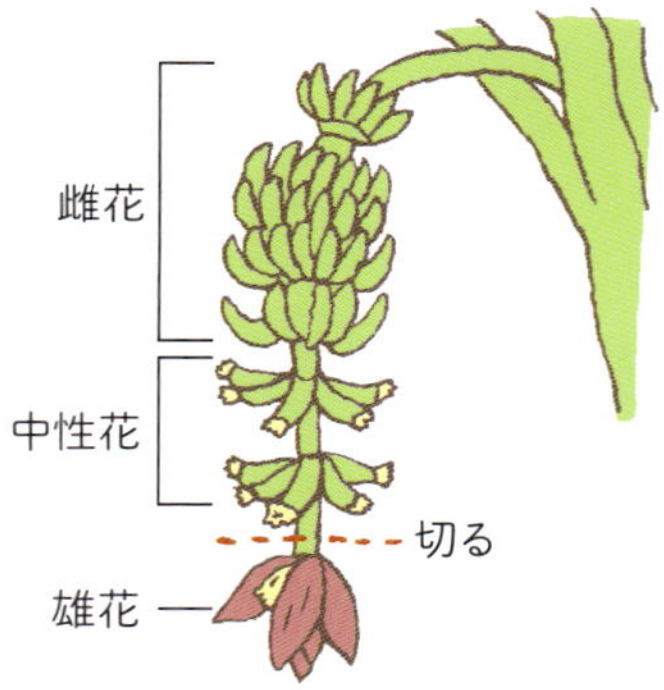

バナナの花は上から雌花、中性花、雄花がつき、花が終わったら、雄花を切り落とします。

保存早見表

常温保存	約3～4日（長くもたせるときは吊るして）
冷蔵保存	不向き
冷凍保存	約1～2カ月（サイコロ形、輪切り、ペースト、砂糖まぶし）
乾燥保存	約1～2カ月（オーブン+天日干しで）
漬け保存	なし
加工保存	バナナチョコレートジャム▶約3カ月
果実以外の利用法：なし	

※保存期間は目安。地域や保存環境によっても異なります。「なし」は本書では紹介していないもの。

おいしい保存法

常温保存
約3～4日

黒点が甘さの目安に

熟してからは3～4日は常温保存でおいしく食べられます。長くもたせるなら吊るしておくとよいでしょう。デンプンが糖化して甘くなると黒点（シュガースポット）が出てきます。13度以下で保存すると黒ずんでしまうため、冷蔵保存は不向きです。

シュガースポットは甘さが増したサイン。

バナナスタンドに吊るしておくとおいしく食べられる期間が延びる。

冷凍保存
約1～2カ月

いろいろなカットで

いろいろな大きさに切って冷凍しておくと重宝します。ペースト状にしたときは必要な量だけつまんで取り出しやすいよう、両側をあけておくと便利。砂糖をまぶすと2カ月保存可能です。

レンジで解凍してシリアルと混ぜて朝食に。

半解凍でそのままシャーベットのように食べてもおいしい。

スムージーにしたり、レンジで解凍してケーキの生地に混ぜても。

ヨーグルトに混ぜたり、きな粉をまぶしたりしてもよい。

乾燥保存
約1～2カ月

オーブン＋天日干しで

3㎜くらいの輪切りにしたバナナを、クッキングシートを敷いた天板に並べ、130度に予熱したオーブンで20分加熱し、裏返して20分加熱します。さらに天日で1日干すとより乾燥します。

加工保存

約3カ月

加工保存1 約3カ月

チョコレートバナナジャム

ジャム

屋台のチョコバナナを思わせるジャムは、レンジで簡単にできます。

材料

- **バナナ**
  （皮をむいたもの・大1本分）……**150g**
- チョコレート……50g
- グラニュー糖……60g
- レモン汁……5cc

作り方

1 バナナは1.5㎝ほどの角切りにしたら、グラニュー糖と、レモン汁をまぶし、500Wのレンジで2分加熱し、よく混ぜつぶす。

2 チョコレートとバターを鍋で湯せんし、溶けたら**1**を混ぜる。

皮のむき方・切り方

輪切りにする

バナナの皮をお皿に。皮の上半分をナイフで取り除き、カットしたバナナを下半分に並べます。

1本全部を輪切りにするのが手間なときは、こんな便利グッズも。あっという間にカット完了です。

ドリンク

バナナ健康ジュース

材料

- **冷凍バナナ**（生でもよい）……**1本**
- すりゴマ……大さじ1
- 牛乳……100cc
- はちみつ……大さじ1

バナナは解凍し、材料をすべてミキサーにかけたあと、レンジで5秒加熱し、よくかき混ぜて飲む。いりゴマ少々をトッピングしても。

バナナおもてなしジュース

材料

- **冷凍バナナ**……**1本**
- あんこ……大さじ1
- 豆乳……100cc

バナナを解凍し、材料をミキサーにかけ、かき混ぜながら飲む。好みでミントの葉やいりゴマをトッピングしても。

デザートレシピ

バナナトースト

材料

- **バナナ**……**半分**
- ピーナッツバター…………小さじ1
- シナモン……少々
- 食パン………1枚
- はちみつ、ナッツなど………好みで

作り方

1 食パンにピーナッツバターをぬり、輪切りにしたバナナを並べシナモンをふりかけ、トースターで焼く。焼き上がったら、好みではちみつやナッツをかけても。

バナナパンケーキ

材料 直径10cm4枚分

- **バナナ**……………………**1本**

生地

- 小麦粉……………………80g
- ベーキングパウダー‥大さじ1
- 卵…………………………1個
- 牛乳……卵と合わせて90cc
- 砂糖………………………20g
- 塩………………ひとつまみ

トッピング用

- メープルシロップまたははちみつ……………適宜
- 有塩バター……………適宜

作り方

1 バナナはざく切りにし、フォークで粗くつぶす。
2 生地の材料をボウルに入れ、粉が見えなくなるまで混ぜ合わせ、1を加える。
3 フライパンに油(分量外)を熱し、生地を流し両面を焼く。
4 皿にのせたら、バターやシロップをかける。

バナナとセロリのみそ肉巻き

材料 2人分

- **バナナ**(できるだけ青いもの)…………………………**1本**
- 豚肉スライス(バラまたはロース)……150g
- セロリ…………………1/2本
- アスパラ………………4本

調味液

- みそ………………大さじ1
- 豆板醤……………小さじ1
- 酒…………………大さじ1
- ニンニクすりおろし……少々

作り方

1 バナナは横半分に切ってから、縦に4等分に切る。
2 豚肉を適当な幅に並べ、バナナとセロリとアスパラを巻く。
3 フライパンに油(分量外)を熱し、巻き目を下にして焼き、まわしながら焼き上げる。
4 混ぜておいた調味液を入れ、焼きからめる。

料理レシピ

バナナフリッター

材料 3人分

- **バナナ**………**2本**
- 薄力粉……大さじ2
- 牛乳…………120cc
- 塩………………少々

作り方

1 バナナをぶつ切りにし、薄力粉、牛乳、塩を混ぜた衣にからめて油(分量外)で揚げる。

フルーツでおもてなし
Part.1

冷凍した果実や、本書で紹介しているゼリーを組み合わせると、
色鮮やかな楽しいおもてなし料理に。パーティーなどを盛り上げます。

カラフル三色ゼリー

材料

- メロンゼリーの材料(P115) ………… 分量は適宜
- びわゼリーの材料(P57) ………… 分量は適宜
- さくらんぼゼリーの材料(P55) ………… 分量は適宜

作り方

1 メロンゼリー、びわゼリー、さくらんぼゼリーの順にひとつずつ作って固めながら重ねていく。

こんな果実でも！

柑橘類（夏みかん、甘夏、温州みかん、ぽんかん、ネーブル）、桃、ぶどう、いちご、すいか

冷凍果実の串刺し

材料

- 巨峰 ………… 適宜
- パイナップル‥ 適宜
- メロン ………… 適宜
- いちじく ………… 適宜
- ラズベリージャム‥ 適宜
- ミントの葉(あれば)‥ 適宜

作り方

1 巨峰は房から粒を取り、それ以外の果実はひと口大に切り、冷凍する（果物には糖分があるため、ほどよいかたさに凍る）。
2 1を串に刺す。
3 ラズベリージャム、ミントの葉とともに、きれいに盛りつける。

こんな果実でも！

桃、バナナ、いちご、すいか

特別編
1

果実の仲間たち

◆いちご …………………………… 106
◆メロン …………………………… 112
◆すいか …………………………… 116

いちご

プランターでも育てられるいちご。開花前に肥料を与え、花が咲いたら人工授粉をすると実がたくさんなります。

育て方・収穫の仕方

冬越しをしたら土を覆って実が育つベッド作りを

親株を浅く植えて越冬させます。2月下旬に花が咲き始めるころ、根元にわらやポリフィルムをかけて株を外に出します。受粉を助けてくれる虫が少ないところでは3月ごろに筆先などで人工授粉（P214）しておくと、実つきがよくなります。4～5月ごろに収穫できますが、より大きな実に育てたいときは開花前に、薄めた液体肥料を与えておくとよいでしょう。赤く色づいたものから順に収穫していきます。いちごは傷みやすいので、朝の気温が低いうちにヘタをつけたまま摘み取ります。

MEMO 子株を苗に

親株からランナー（ほふく茎）が出て、子株ができます。翌年は子株を苗に育てて使用します。株の生育が悪くなり、実つきが悪くなったら新しい苗を入手しましょう。

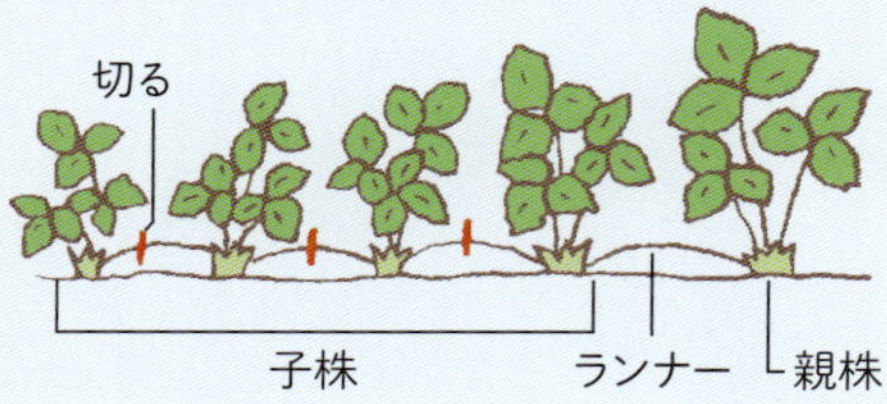

実が色づいてくると鳥の被害にあいやすいので、防鳥ネットをかけておきましょう。

保存早見表

常温保存	約1～2日（洗わずにヘタをつけたまま）
冷蔵保存	約4～5日（洗わずにヘタをつけたまま）
冷凍保存	砂糖をまぶして▶約5カ月、練乳を入れる▶3カ月
乾燥保存	なし
漬け保存	はちみつ漬け▶約3～10日、いちご酒▶約6カ月
加工保存	いちごジャム▶約6カ月、いちごとバルサミコのジャム▶約8カ月、ドレッシング▶約5日

果実以外の利用法：なし

※保存期間は目安。地域や保存環境によっても異なります。「なし」は本書では紹介していないもの。

収穫カレンダー（月）

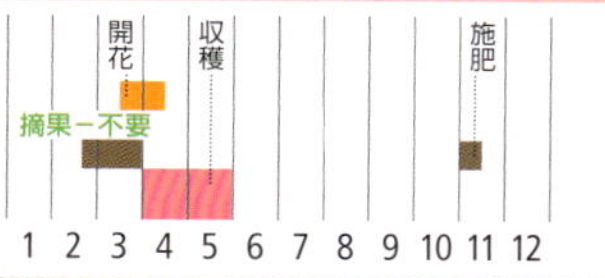

おいしい保存法

常温保存 約1～2日

風通しのよいところに

乾燥を防ぐため収穫後は洗わずに、食べる直前までヘタをつけたままに。傷んだものは取り除き、ヘタを下にして重ならないように並べ、涼しく風通しのよいところに置いておきましょう。

冷蔵保存 約4～5日

ラップをかけて

洗わずにヘタをつけたまま、ヘタを下にして重ならないように保存容器へ。ラップをかけて野菜室に入れます。冷え過ぎると甘みを感じにくいので、食べる少し前に冷蔵庫から出します。

冷凍保存 約3～5カ月

砂糖をまぶす

冷凍することで甘みが落ちるため、砂糖をまぶして冷凍を。ヘタを取り、いちごの半量の砂糖を。約5カ月保存できます。そのまま食べたり、ジャムを作ったりするのに使えます。

簡単いちごシロップ

冷凍いちごを使って

材料

- 砂糖をまぶした冷凍いちご（右参照）………1袋

作り方

1. 砂糖をまぶした冷凍いちごを自然解凍させる。
2. ガーゼでこして、出た汁を容器に入れる。かき氷のシロップやゼリー作りにも使える。

練乳と混ぜる

いちごはヘラやスプーンでかるくつぶして密閉容器へ。いちご150gに対して大さじ2杯の練乳をかけて保存します。約3カ月保存が可能。半解凍して、そのままおいしく食べられます。

漬け保存 約3日～6カ月

漬け保存1 約3日

いちごのはちみつ漬け

いちごはヨーグルトやアイスにのせて。はちみつは水や炭酸水で割ってドリンクに。2日後から飲めます。いちごは3日以内に食べます。汁のみなら約10日保存が可能です。

材料

- いちご………適量（漬けびんの口まで入る量）
- はちみつ………適量
- レモン汁………少々

作り方

1. いちごはヘタを取ってかるく洗い、水気をふき取る。大きいものは半分に切る。
2. 清潔な保存びんに入れ、はちみつ、レモン汁を口まで注ぐ。1日1回ふたをあけてかき混ぜる。

漬け保存 2
約6カ月

いちご酒

酒

ルビー色のきれいなお酒になります。いちごとレモンは、3カ月後くらいに取り出すと長く保存できます。

材料

- **いちご…………120g**
- 氷砂糖…………30g
- ホワイトリカー……250cc
- レモンスライス……1/2個分
- バニラエッセンス…4、5滴

作り方

1 いちごはさっと水洗いし、水分を切っておく。
2 清潔な保存びんに、いちご、氷砂糖の順に交互に入れ、最後にレモンとバニラエッセンス、ホワイトリカーを加える。1カ月ほどでおいしく飲める。

加工保存

約5日〜8カ月

加工保存 1
約6カ月

いちごジャム

ジャム

自分で作れば、甘さやとろみ具合も好みで仕上げられます。果肉まで赤いいちごを使うと、鮮やかな赤みに。生クリームにジャムを入れて泡立てれば、簡単にいちごクリームもできます。

材料

- **いちご…………400g**
- グラニュー糖…………200g
- レモン汁…………大さじ1

作り方

1 洗ってヘタを取ったいちごをボウルに入れ、グラニュー糖の半量をふりかける。

2 1時間以上置き、水分が出るのを待ち、鍋に移す。

3 鍋を強火にかけ、ときどき混ぜながら5〜6分加熱して残りのグラニュー糖を入れ、アクを取りながら、さらに煮詰める。

4 ボウルに張った水にジャムを落とし、広がらずに下まで沈むようならそろそろ火を止めるタイミング。

5 4のようになるころには、このようにとろみがついてくる。

6 レモン汁を加え、混ぜながらひと煮立ちさせる。

MEMO 電子レンジで簡単に

左のいちごジャムと同じ材料・分量で、電子レンジでも作ることができます。グラニュー糖をまぶしておいたいちごを電子レンジ（600W）に8分かけ、アクを取り除いてレモン汁を入れて混ぜ合わせたら、さらに5分、電子レンジにかけます。

加工保存2 約8カ月

いちごとバルサミコのジャム

ジャム

バルサミコ酢を加えることで、深いボルドー色に変わり、いちごの甘みを引き立てます。チーズとも好相性。

材料

- いちご……400g
- グラニュー糖……150g
- バルサミコ酢……8cc

作り方

1 鍋に、洗ってヘタを取ったいちごを入れ、グラニュー糖の半量をふりかけて、グラニュー糖が溶けるまで置く。
2 グラニュー糖の残りといちごを鍋に入れ強火にかけ、アクを取ってかき混ぜながら、5〜6分煮詰める。
3 水の中にジャムをたらしてみて、ジャムが広がらないようになったら、バルサミコ酢を入れ、火を止める。

加工保存3 約5日

いちごドレッシング

いちごの代わりにプレーンのいちごジャムでも、バルサミコジャムでも作れます。いちごの甘ずっぱさが主役になっているので、ハクサイやカブなどの淡白な味の野菜によく合います。

材料

- いちご……150g

調味料
- りんご酢……30cc
- 塩……3g
- オリーブオイル……60cc

作り方

1 いちごと調味料を合わせ、ブレンダーかミキサーで、いちごがつぶれすぎない程度にかるく混ぜる。好みの野菜にかけて。

ドリンク

いちごミルク

いちごジャムを使って

材料

- いちごジャム……大さじ1
- 牛乳……150cc

コップにいちごジャムを入れ、牛乳を注ぎ、混ぜながら飲む。

MEMO
先が甘い

いちごは味の先端がいちばん甘くなっています。食べるときはヘタのほうから食べると、最後までおいしく食べられます。

デザートレシピ

いちご大福

材料

- **いちご**……**12個**
- 白玉粉………100g
- きび砂糖 …… 50g
- 水 …………150cc
- 粒あん …… 220g
- 片栗粉 ……… 適量

作り方

1 白玉粉と水を鍋に入れて弱火にかけ、だまをよく溶かしながら練っていく。
2 つやが出てきたらきび砂糖を2回に分けて入れ、よく混ぜながら練る。
3 バットに茶こしで片栗粉をまんべんなくふり、温かいうちに2を移して上からも片栗粉をまぶし、12等分する。
4 洗って水気をふいておいたいちごとあんを生地で包む。

ヨーグルトのクレーム・ダンジュ

材料 6人分

- **いちごジャム** ………………… **適量**
- プレーンヨーグルト（無糖）………450cc
- 生クリーム …… 100cc
- 卵白 …………1個分
- グラニュー糖 ……30g

下準備

- ガーゼを16㎝四方の正方形6枚に切っておく。

作り方

1 キッチンペーパーを敷いたざるにヨーグルトを入れ、冷蔵庫にひと晩置き水を切る。

2 ボウルに生クリームを入れ、角がピンと立つくらいにホイップする。

3 別のボウルに卵白を入れ、泡立て器かハンドミキサーでかるく泡立ててから、グラニュー糖を2、3回に分けて加え、角が立つくらいしっかりしたメレンゲを作る。

4 2に1のヨーグルトを加えてゴムベラで混ぜ、さらに3のメレンゲを加え、泡をつぶさないよう、切るように混ぜる。

5 ガーゼを敷いた器に4を9分目くらいまで入れる。

6 ガーゼに包んで冷蔵庫で2時間以上冷やしたら、器からガーゼをはずして皿に移し、いちごジャムをかける。

いちごのチョコレートコーティング

材料

- **いちご……10個**
- チョコレート……200g

作り方

1 耐熱容器にチョコレートを入れて湯せんし、かき混ぜてなめらかにする。
2 水気をよくふいたいちごに串を刺し、チョコレートに浸してコーティングする。
3 バットやクッキングシートの上に置いて固める。

料理レシピ

いちごサンド

材料 2人分

- **いちご……6個**
- みかん(薄皮をむいておく)‥8房
- キウイフルーツ……4枚
- サンドイッチ用パン(10枚切り)……4枚
- 生クリーム……100cc
- グラニュー糖……15g

作り方

1 生クリームとグラニュー糖を合わせて泡立てる。
2 パン2枚に生クリームをぬる(中央はたっぷり、端は少なめに)。
3 2のパン1枚につきいちご3粒、みかん4房、くし切りにしたキウイ2枚を並べる。
4 別の2枚のパンには生クリームをうすくぬり、3のパンと合わせる。
5 ラップで包み、冷蔵庫で1時間程度冷やしてから、ラップのまま切る。

いちごジャムのきんぴら

材料

- **いちごジャム…大さじ2**
- ゴボウ……1/2本
- ニンジン……1/2本
- セロリ……1/3本
- オリーブオイル……大さじ1
- しょう油……大さじ1と1/2
- 白いりゴマ……少々

作り方

1 ゴボウ、ニンジン、セロリは千切りにする。
2 フライパンにオリーブオイルを熱し、1を加えてしんなりするまで炒め、いちごジャム、しょう油を加えて炒める。
3 器に盛りつけ、白いりゴマをふりかける。

育て方・収穫の仕方

雨に当たらないように育てる

メロンはつるが伸びて大きく育ちます。上に向けて伸ばしていく「立ち栽培」か、左右に伸ばしていく「地這い栽培」のどちらかで育てましょう。どちらも日光をたっぷり必要とし、雨から守るためビニールハウスやトンネルを作って育てます。

花が咲いたら雄花を雌花のめしべにつけて人工授粉（P214）を。実がこぶし大になったら、1つるに1個程度になるように摘果（P214）をしましょう。実が育ってきたら傷んだり落ちたりしないよう、実の下に枕になるものを敷いたり、実をひもで吊るしたりしておきます。

開花から約50日後、葉やつるが枯れ始めて全体が色づいたら収穫どきです。収穫してから1週間くらい室内に置いて、追熟（P16）してから食べましょう。

摘果したものは「摘果メロン」や「小メロン」ともよばれ、漬け物などに。自家栽培ならではの楽しみです。

完熟を待って収穫しますが、収穫適期を過ぎると実が発酵して食べると舌がピリピリします。食べても害はありませんが、おいしくありません。

保存早見表

常温保存	熟すまで（風通しのよい日陰で）
冷蔵保存	約2日（丸ごと袋に入れて）
冷凍保存	約1カ月（グラニュー糖をかけて）
乾燥保存	なし
漬け保存	摘果メロンのピクルス▶約2カ月、摘果メロンのビール漬け▶約1週間
加工保存	コンポート▶約2日、摘果メロンのつくだ煮風▶約10日
果実以外の利用法：なし	

※保存期間は目安。地域や保存環境によっても異なります。「なし」は本書では紹介していないもの。

果実の仲間たち

メロン

そのまま食べても、デザートにしても特別感があるメロン。摘果したものもおいしく食べられます。

収穫カレンダー（月）

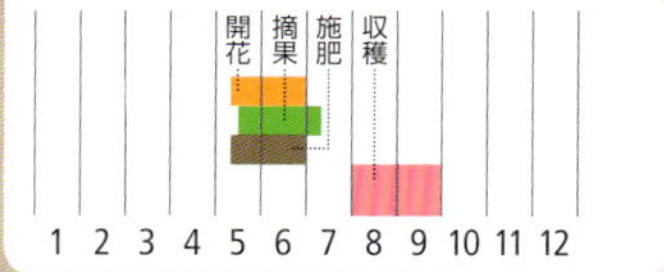

おいしい保存法

常温保存
熟すまで

熟すまでは常温で

冷蔵庫では追熟が進みません。まだ熟していないときは、風通しのよい日陰で保存を。お尻の部分を指でかるく押してみて、やわらかくなっていれば食べごろです。

冷蔵保存
約2日

種とわたを取って

熟してもすぐに食べられないときには、丸ごとの状態ならポリ袋に入れてしっかり口を結んでから野菜室へ。カットしたものは種とわたを取り、切り口にラップを密着させて冷蔵庫へ。

冷凍保存
約1カ月

グラニュー糖をかけて

果肉を角切りにし、皿に並べ、メロンの1割の量のグラニュー糖をふりかけて冷凍庫で凍らせます。

半解凍したものをそのままシャーベットとして食べたり、ミキサーにかけてP114・左の2点のジュースにも。

漬け保存
約1週間～2カ月

漬け保存 1
約2カ月

摘果メロンとズッキーニのピクルス

メロンとズッキーニは、切って一日天日干ししたものを漬けると食感が楽しめます。

材料

- 摘果メロン ････ 300g（約3個）
- ズッキーニ ････････････････ 1本

ピクルス液
- 米酢（穀物酢でも）････ 200cc
- 砂糖 ････････････････････ 50g
- 塩 ･････････････････････ 7g
- 水 ･････････････････････ 100cc

作り方

1 メロンとズッキーニは厚さ1㎝に切り、保存びんに詰めてひと煮立ちさせたピクルス液を注ぐ。

漬け保存 2
約1週間

摘果メロンのビール漬け

手がるにできる漬けレシピ。アルコールは漬けている間にほぼとびます。

材料

- 摘果メロン ････ 500g（5～6個）
- 塩 ･････････････････････ 15～20g
- 砂糖 ････････････････････ 50g
- ビール ･･････････････････ 50cc
- 和からし ･･･････････ 好みで少々

作り方

1 メロンを12等分くらいに切って塩とともに袋に入れ、かるくもむ（種が大きくて気になるときは取り除く）。
2 1に砂糖、ビールを入れ、よく混ぜ合わせる。
3 好みで和からしを入れる。ひと晩おけば食べられる。

加工保存

約2日〜10日

加工保存1 約2日

メロンのコンポート

メロンの甘みが少ないときに最適。ジューシーさはそのままです。

材料

- **メロン**……………………1/2個
- グラニュー糖……………大さじ3
- レモン汁……………………小さじ1/2

作り方

1 メロンは半分に切り、小さじスプーンで球体にくり抜き、残った果汁と一緒に鍋に入れる。

2 残った果肉はスプーンでかき出し、ふきんをかけたボウルに移す。

3 2をしぼって果汁をとり、1の鍋に移してグラニュー糖を入れ、火にかけ沸騰したら火を止め、レモン汁を入れて冷ます。

4 完全に冷めたら容器に移して、冷蔵庫で保存する。

加工保存2 約10日

摘果メロンのつくだ煮風

甘辛い味つけの常備菜に。ニンニクを入れることでコクが出ます。

材料

- **摘果メロン**…**500g**
- ショウガ…………50g
- 唐辛子……………1本
- ニンニク…………少々

調味料

- しょう油………100cc
- 穀物酢…………80cc
- 砂糖……………50g
- みりん…………50cc

作り方

1 メロンは12等分にし、1㎝くらいの厚さに切る。

2 ショウガは千切り、唐辛子はぶつ切り、ニンニクは薄切りにし、調味料とともに鍋に入れて火にかける。煮立ったら1を入れ、ときどき混ぜながら水分が1/3くらいになるまで、中火で煮詰める。

ドリンク

メロンとヨーグルトのジュース

材料

- **メロン**……………**1/4個**
- 無糖ヨーグルト…大さじ1

材料をミキサーにかけて飲む。

メロンと抹茶のジュース

材料

- **メロン**…**1/4個**
- 抹茶粉……少々

材料をミキサーにかけて飲む。

メロンとわたのジュース

材料

- **メロンをカットしたときに出る果汁や種のわたの汁**……適宜
- サイダー…汁の量の4倍

果汁やわたの汁にサイダーを注いで飲む。

デザートレシピ

メロンゼリー

材料 ゼリーカップ4個分

- **コンポートにした果肉** ……………… **10個**
- **コンポートのシロップ** ……………… **250cc**
- 粉ゼラチン ……………… 5g

作り方

1 シロップを鍋に入れて火にかけ、粉ゼラチンをふり入れ沸騰させせないように溶かし、火を止めて粗熱を取る。

2 メロンの果肉を容器に入れ、1を注いで冷蔵庫で冷やし固める。

料理レシピ

摘果メロンの炒めもの

材料 3人分

- **摘果メロン** …… **2個**
- 豚こま切れ肉 … 200g
- キャベツ ………… 4枚
- ニンジン ……… 1/3本
- タマネギ ……… 1/2個

調味料

- 塩 ……………… 小さじ1
- 砂糖 ………… 小さじ1½
- 酒 ……………… 小さじ1
- コショウ ………… 適宜
- 油 ……………… 適宜

作り方

1 肉と野菜をひと口大に切る。フライパンに油を熱し、豚肉を炒める。

2 メロン、ニンジン、タマネギ、キャベツの順に入れて炒めたら、すべての調味料を入れて味を調える。

摘果メロンの塩もみ

材料

- **摘果メロン** ……………… **適量**
- 塩 ……………… メロンの重さの2%

作り方

1 1㎝幅程度のくし切りにしたメロンを保存袋に入れ、塩を入れて混ぜ、冷蔵庫に入れる。しんなりしたら食べられる。

すいか

ミネラルたっぷりで夏の水分補給に最適です。実がぐんぐん大きくなるのを見守るのもわくわくする時間ですね。

収穫カレンダー（月）

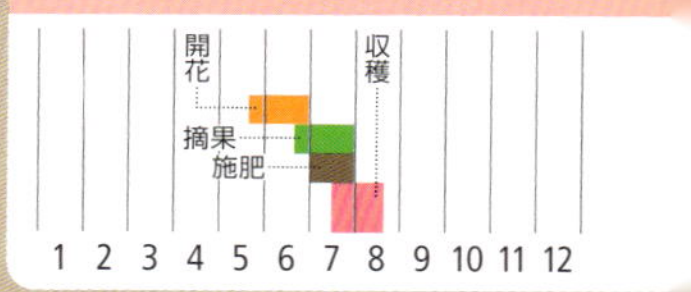

育て方・収穫の仕方

日当たりがよいところで のびのびと育てる

すいかは日当たりがよく、乾燥して風通しのよいところで育てましょう。つるがどんどん伸びていくので広いスペースが必要です。花が咲いたら、雄花を摘んで雌花のめしべにこすりつけ、授粉（P214）をしましょう。授粉した日をメモしておくと、収穫日の目安になります。

苗を植えつけたあと、わらを敷いておくと実を傷つけにくく、つるが巻きつく助けに。

実がついたあとは つるは動かさないで

実がついたあと、つるを動かすと急に枯れることがあるので、触らないでおきます。大玉なら授粉から45日くらいで、小玉なら35日くらいで収穫できます。熟したかどうかの判断は難しいため、授粉からの日にちが役に立ちます。はさみでつるを切って収穫しましょう。

実が地面に触れるところは傷みやすいのでマットを敷くか、収穫まで1～2回向きを変えます。

保存早見表

常温保存	約1週間（風通しのよい日陰で）
冷蔵保存	約3～4日（食べる前に数時間だけ）
冷凍保存	約1カ月（グラニュー糖をまぶして）
乾燥保存	なし
漬け保存	皮の甘酢漬け▶約3日、皮の浅漬け▶約3日
加工保存	シロップ▶約3日
果実以外の利用法：なし	

※保存期間は目安。地域や保存環境によっても異なります。「なし」は本書では紹介していないもの。

おいしい保存法

常温保存 約1週間

丸ごと保存は常温で

冷やし過ぎると甘みが落ちるので食べるまでは風通しのよい日陰で保存を。

冷蔵保存 約3〜4日

食べる少し前に冷やす

食べる前に数時間冷やすとおいしく食べられます。カットしたものは切り口にラップを密着させて冷蔵庫へ。

漬け保存 約3日

漬け保存1 約3日 すいかの皮の甘酢漬け

暑くて食欲がないときにもさっぱり食べられるエコな漬けものです。

材料
- すいかの皮……………1/6玉分

調味料
- 酢……………大さじ2
- 砂糖…………大さじ1
- 塩………… 小さじ1/4
- 塩昆布……………2g

作り方
1. すいかの皮は外皮を切り落とし、赤い部分を少し残して1㎝幅くらいに切る。
2. 調味料をすべて保存袋に入れ混ぜ合わせてから1を加え、冷蔵庫に入れる。半日ほどで食べられる。

冷凍保存 約1カ月

グラニュー糖をまぶして

食べやすい大きさにカットし、すいかの1割の量のグラニュー糖をまぶして保存袋に入れ、冷凍します。

グラニュー糖をまぶすと、くっつきにくくなります。そのままシャーベットとしても。

漬け保存2 約3日 すいかの皮の浅漬け

ひと手間でおかずが一品。赤い部分を少し残すときれいです。

材料
- すいかの皮………適量
- 塩……すいかの重さの1%

作り方
1. すいかの皮の外皮(緑色の部分)を取り除く。
2. 塩をまぶし、保存袋に入れて冷蔵庫に半日置く。

すいかのグラニテ

材料 写真のグラス6個分
- 冷凍すいか‥ 500g
- レモン汁…………20cc
- 粒コショウ………少々

作り方
1. すいかとレモン汁を合わせて、ミキサーにかける。
2. 容器やボウルに移して冷凍庫に入れ、シャーベット状に固まったら、スプーンでそぐようにして器に盛り、粒コショウをのせる。

スティック状に

1 すいかを横に半分に切り、切った上半分の皮側を上にして縦に切る。

2 まな板を90度回転させて縦に切る。縦横に切ることになる。

3 スティック状に切れる。アウトドアでのパーティーなどに重宝する切り方。

甘い部分を平等に

1 横方向に包丁を入れ、輪切りにする。

2 切ったところ。横方向の断面になる。

3 半分に切る。

4 切ったものをさらに半分に切る。

5 4で切ったところ。

6 5を食べやすい大きさに切り分ける。中心部に近いおいしい部分が平等に分けられる。

加工保存 約3日

加工保存 1 約3日

すいかシロップ

すいかの果汁はそのままでは味がうすく、シロップになりにくいので、煮詰めて糖度を増します。甘みが足りないときは砂糖を加えて煮詰めましょう。

材料

- すいか…………好みの量

作り方

1. すいかは赤い部分をざく切りにし、ミキサーにかける。
2. ふきんや手ぬぐいでこし、鍋に入れる。
3. 中火で半分以下の量になるまで煮詰める。かき氷などにかけて。

MEMO
すいか割りのコツ

すいか割りをしたあと、せっかくですからおいしく食べたいものです。そのためのコツがあります。ヘタを下にして置くと、ひびが真下まできれいに入りやすくなります。すいかに隠し包丁を入れておくと、さらに美しく割れます。冷えたすいかを使えば、おいしく食べられます。

デザートレシピ

すいかキューブ

材料 写真のグラス10個分

- すいかシロップ……………………500cc
- 粉寒天……………………………………4g
- 水…………………………………………40cc

作り方

1. 粉寒天に水を入れ、2分ほど煮溶かす。
2. 1の鍋に、すいかシロップを混ぜながら少しずつ入れる（シロップが冷たいときはムラになるので、常温にもどしておく）。
3. 型に入れ、冷蔵庫で冷やし固める。角切りにしたクリームチーズと串に刺して盛りつけると美しい。

ドリンク

すいかのソルティードッグ

材料

- すいか………………150g
- ジン（ウォッカ、ラム酒でもよい）…………………………15cc
- レモン汁………………10cc
- シロップ………10cc
- 塩………ひとつまみ

コップの縁を水で少しぬらしておく。小皿に広げた塩にコップを逆さまにしてつけ、かるくふって余分な塩を落としておく。材料をすべて合わせて混ぜたら、コップに注ぐ。

すいかのキャラメリゼ

材料 4人分

- すいか……400g
（およそ1個の16分の1）
- グラニュー糖……30g
- バニラアイス……適量

作り方

1 すいかは皮を取り除き、2㎝角に切り、楊枝などでなるべく種を取り除く。
2 フライパンにグラニュー糖をふり入れて火にかける。うすいキャラメル色になったらすいかを入れ、全体に手早くキャラメルをからませる。
3 クッキングシートを敷いたバットに取り出し、冷蔵庫で冷やす。
4 バニラアイスの上にのせて食べる。

料理レシピ

すいかのピザ

材料 3人分

- **中玉すいか**（厚さ2㎝の輪切り）……**1枚**
- カッテージチーズ
（パルメジャーノ、クリームチーズでもよい）……100g
- バジル……適量
- 好みの野菜（ベビーリーフやタマネギなど）……適量

ソース
- オリーブオイル……40cc
- バルサミコ酢……10cc
- 塩……少々
- 黒コショウ……少々

作り方

1 すいかの種は楊枝などでなるべく取り除く。
2 すいかは6〜8等分にカットし、チーズ、バジル、好みの野菜を飾る。
3 ソースの材料を混ぜ合わせ、上からかける。

すいかの皮の中華和え

材料

- **すいかの皮**……**1/6玉分**

調味料
- 酢……大さじ3
- しょう油……大さじ3
- 砂糖……大さじ3
- ゴマ油……小さじ1/2
- 白いりゴマ……大さじ1
- ショウガの千切り……少々

作り方

1 すいかの皮は外皮を切り落とし、白い部分を食べやすいサイズに切る。
2 調味料をすべて保存袋に入れて混ぜ合わせたあと1を加え、冷蔵庫に入れる。30分後くらいから食べられる。

秋・冬の果樹

◆梨……122
◆すだち……128
◆かぼす……132
◆ゆず……135
◆栗……142
◆プルーン……150
◆柿……154
◆りんご……162
◆キウイフルーツ……170
◆西洋梨……176
◆レモン……178
◆温州みかん……186
◆きんかん……190
◆ぽんかん……193
◆はっさく……196
◆いよかん……198
◆ネーブルオレンジ……200

梨

梨は品種によって収穫時期が異なります。冷凍保存にも向かないので、旬のときに味わい尽くしましょう。

収穫カレンダー（月）

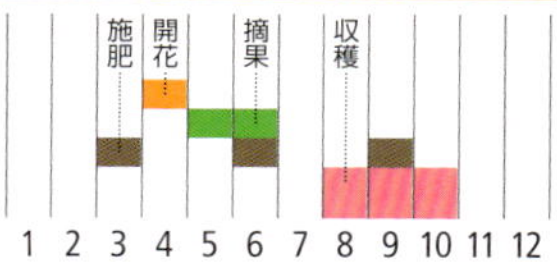

育て方・収穫の仕方

袋かけをして病害虫から実を守る

西洋梨に対して、日本で育てられてきた梨を和梨として区別しています。和梨には豊水・幸水などの赤い実のものと、二十世紀など緑色の実のものがあります。緑色の実は梅雨どきに病気が発生しやすく、赤い実のもののほうが育てやすいでしょう。大きくておいしい実をならせるためには、5月ごろに摘果（P214）をします。実が病害虫被害にあったり、強風などで枝とこすれて傷ついたりしないよう、摘果のあと、早めに袋かけ（P215）をしておきましょう。

収穫適期になると、皮の色が濃くなってきます。袋を少しめくって確認してみましょう。収穫前の1週間は袋をはずして、実に日光を当てましょう。さらにおいしくなります。実を上に持ち上げるように収穫します。

〈 相性のよい組み合わせ 〉

実をならせたい品種	一緒に植えるとよい品種
幸水	豊水、長十郎、二十世紀
豊水	幸水、長十郎、二十世紀
秀玉	長十郎、豊水
二十世紀	幸水、豊水、長十郎
新高	長十郎、豊水、幸水

相性が悪い組み合わせの場合、人工授粉（P214）をしても実がならないことがあります。

鉢植えで育てる場合は、枝が上向きにならないように（実つきが悪くなる）ひもで誘引を。

保存早見表

常温保存	約1～2日（冷暗所に）
冷蔵保存	約1週間（ペーパーで包んで袋へ）
冷凍保存	不向き
乾燥保存	なし
漬け保存	なし
加工保存	コンポート▶約3日、焼肉のたれ▶約5～6日、ドレッシング▶約5日

果実以外の利用法：なし

※保存期間は目安。地域や保存環境によっても異なります。「なし」は本書では紹介していないもの。

おいしい保存法

常温保存 約1～2日

冷暗所へ

梨は追熟しません。収穫後は実が自身の糖分や水分を使って呼吸するので急速に味が落ちます。できるだけ早めに食べましょう。すぐに食べる場合は冷暗所に。

冷蔵保存 約1週間

ポリ袋に入れて

キッチンペーパーなどで包み、袋に入れ、口をしばります。皮のざらつきがなめらかになってきたら食べごろです。カットしたときは変色防止のため切り口に砂糖水をつけて、ラップをかけて冷蔵庫へ。

加工保存 約3～6日

加工保存❶ 約3日

梨のコンポート

甘みが足りない梨でも、おいしく変身。そのまま食べるほか、ヨーグルトにかけたり、お菓子作りに使ったりすることもできます。冷蔵庫で保存を。冷凍保存はできません。

材料

- 梨……2個
- グラニュー糖……80g
- 白ワイン……60cc（入れないときは水の量を増やす）
- 水……400cc
- レモン汁……小さじ1

作り方

1. 梨は皮をむいて8等分のくし形に切り、芯を取る。
2. 鍋にグラニュー糖、白ワイン、水を入れ強火にかける。煮立ったら梨を入れてそのまま5分ほど煮て、中火にしてアクを取りながら15分煮る。
3. レモン汁を加え粗熱が取れたら、冷蔵庫で冷やす。

MEMO

食べられる？ 食べられない？

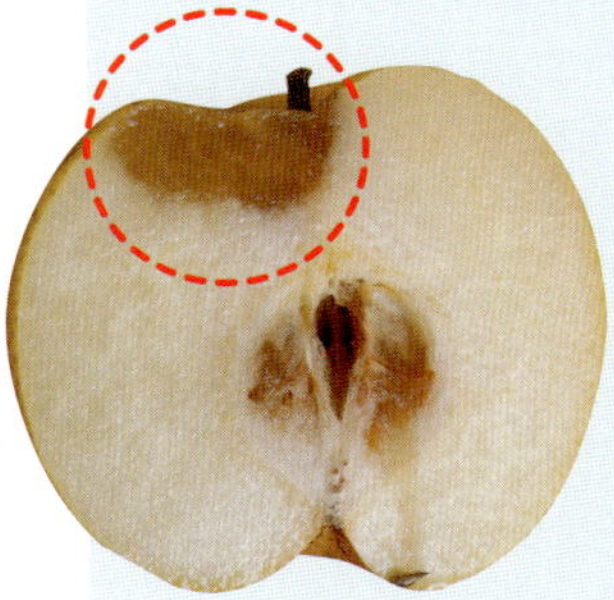

果肉に水が入っているかのように透明な状態になることを「蜜《みつ》症《しょう》」をいいます。食べられないわけではないのですが、食感が悪くおいしくないので、その部分を切り落として食べましょう。

加工保存 2
約5～6日

梨の焼肉のたれ

梨にはたんぱく質を分解する酵素が含まれているので、肉をやわらかくして風味のよいたれに。冷蔵なら5～6日、冷凍すれば約1カ月保存が可能です。

材料

- **梨……1個**
- しょう油……90cc
- 白ワイン……大さじ1
- ざらめ……10g
- りんご酢……小さじ1強
- すりおろしタマネギ……30g

作り方

1. 梨は、皮をむいて実の部分をすりおろす。
2. すべての材料を混ぜ合わせて、ざらめが溶けるまで泡立て器で混ぜる。
3. 密閉容器に入れて保存する。

たれに肉を漬け込んでおくと、肉がやわらかくなります。

焼肉

焼肉のたれを使って

材料 4人分

- **梨の焼き肉のたれ……100cc**
- スライス肉(豚・牛肉)……400g

作り方

1. 密閉袋に肉とたれを入れてよくもみ、冷蔵庫に入れ、ひと晩置く。
2. フライパンに油(分量外)を熱し、肉とたれを一緒に入れて焼く。

ドリンク

梨のカクテル

材料

- **梨……1/2個**
- ジン……20cc
- レモン汁……10cc
- はちみつ……10g
- 炭酸水……160cc
- ミントの葉……1枚

作り方

1. 梨の半分はすりおろし、もう半分は粗いみじん切りにする。
2. 大きめのグラスに、梨のすりおろし、ジン、レモン汁、はちみつを入れ、ハンドミキサーで混ぜる。
3. さらに**1**を入れ、炭酸水をそっと注ぎ、かるく混ぜる。

MEMO

とろみが足りないときはペクチンを

梨やメロン、柿などはペクチンというとろみがつく性質の食物繊維が少ない果物です。ペクチンが少ない果物でジャムを作るときは、様子を見ながら市販のペクチンを加えるとよいでしょう。

加工保存3 約5日

梨のドレッシング

梨の果肉のみずみずしさが、野菜によく合います。しゃぶしゃぶのたれにも使えます。冷蔵庫なら約5日、冷凍すれば約1カ月保存できます。

材料

- 梨 …… 1個
- タマネギ …… 1/2個
- オリーブオイル …… 大さじ3
- りんご酢 …… 小さじ3/5
- 塩 …… 少々

作り方

1 タマネギはみじん切りにして水にさらしておき、梨は皮をむいて粗くみじん切りにする。
2 タマネギの水気をよく切り、ほかの材料と混ぜ合わせる。

ドレッシングを使って

梨のドレッシングサラダ

材料

- **梨のドレッシング** …… 適量
- サニーレタス、ミズナ、ゆでたカボチャ、パプリカ …… 適量

作り方

1 野菜を盛りつけ、ドレッシングをかける。

MEMO 梨の品種

梨の起源になった植物は、7000万年前に中国西部で生まれました。その後、東へ広がったものが中国梨・日本梨に、西に広がったものが西洋梨となったといわれています。日本梨の二大品種といわれる「長十郎」と「二十世紀」のほか、今では甘くてジューシーな「幸水」や「豊水」がおなじみ。果樹栽培には、病害虫被害の少ない「ゴールド二十世紀」や「豊華」がおすすめです。

ゴールド二十世紀

豊華（ゆたか）

知っトク情報

キムチと相性抜群

日本では生で食べることの多い梨ですが、韓国では「冷麺」でも使用されているように、梨が料理にうまく取り入れられています。よく食べられているのは「梨キムチ」。キムチに角切りの梨を混ぜ合わせるだけで、キムチの辛さが和らぎ、フルーティーな味わいに。

デザートレシピ

梨の丸ごとデザート

材料

- **梨** ………… **1個**
- ショウガ ……1片
- はちみつ …………大さじ1
- 水 ………大さじ1
- レーズン ……5粒

作り方

1 梨の上の部分がふたになるように切り、中の芯をスプーンでくり抜く。
2 千切りにしたショウガ、はちみつ、水、レーズンを中に入れ、梨のふたをする。
3 汁の受け皿になるよう深めの皿に 2 を入れて、蒸し器で 20〜30 分蒸し、皮に1本 ひびが入ってきたら火を止める。切り分けて食べる。

梨のコンポートの揚げ菓子

材料 4人分

- **梨のコンポート**（生の梨でもよい）… **3切れ**
- ぎょうざの皮 …………………………… 6枚
- クルミやシナモン ……………………… 好みで

作り方

1 梨のコンポートを半分のくし形に切る。
2 1 とクルミやシナモンをぎょうざの皮に包み、180 度の油（分量外）で揚げる。

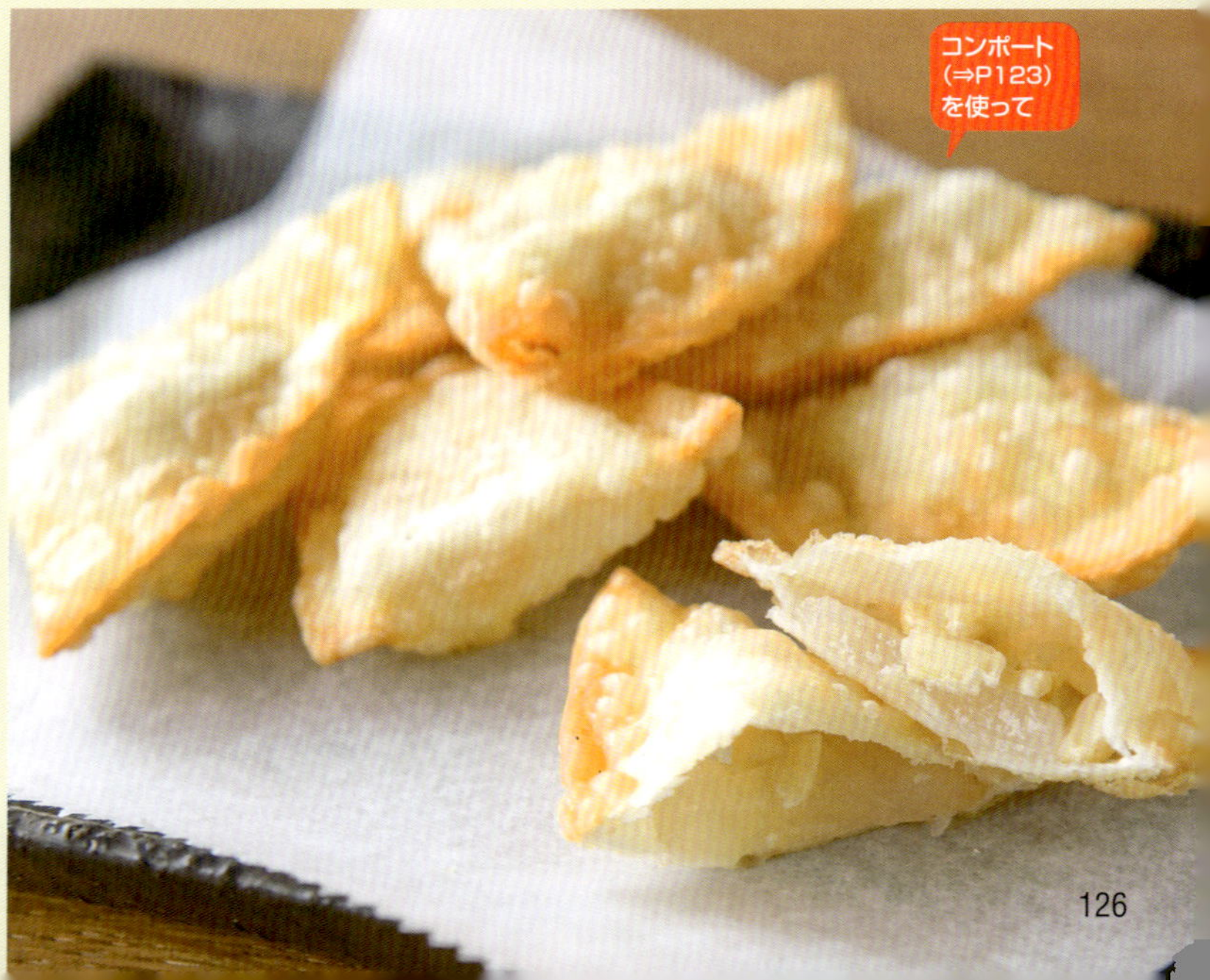

【香《こう》酸《さん》柑《かん》橘《きつ》類《るい》】

柑橘類の中でも特に香り高い柑橘たち。酸味が強いので
ほかの柑橘のように果肉は食べませんが、薬味などに。

色によって使い分けを

ゆずやレモンなど、皮の香りや果汁を使うことを主な目的とする果実のことを、柑橘類の中でも「香酸柑橘」と区別してよんでいます。

このほか、すだちやかぼすも同類です。香酸柑橘は、皮が緑色のうちに使えばフレッシュな香りに、黄色になって使えばフルーティな香りとなり、料理やデザートなどに活かせます。

[すだち] ▶ P128

徳島県の特産。果汁は酸味が強く、料理の風味づけとして古くから使われています。

[かぼす] ▶ P132

大分県の特産。すだちよりは酸味がまろやか。酢の代わりにしたり、風味づけに使われます。

[ゆず〈青〉] ▶ P135

中国原産で、日本に渡来したのは奈良時代前後。緑色の実もすだちなどと同様に使えます。

[ゆず〈黄〉] ▶ P135

ゆずの皮や果汁を使った料理は、日本でも古くから工夫されています。

[レモン] ▶ P178

明治時代に日本に渡来。ゆずやすだちよりもさらに際立った酸味が特徴です。

果汁も皮もそのまま使えます

香りと酸味を最大に活かすためには、丸ごと使うのがおすすめです。

果汁をしぼって料理に

半分に切って、手でぎゅっと果汁をしぼって、直接料理に。

皮をおろして薬味に

よく洗って、皮ごとおろし、薬味として利用します。

すだち

徳島県が特産ですが、ほかの地域でも栽培できます。1本でも実がつく育てやすい果樹。さわやかな風味を味わって。

収穫カレンダー（月）

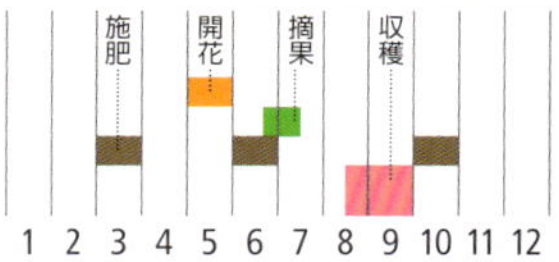

育て方・収穫の仕方

関東以北では冬の防寒対策を行う

ゆずの仲間で、育て方はゆずとほぼ同じです。寒い地域でも育てられますが、関東以北の場合は、冬の防寒対策が必須です。ゆずに比べて木の内側のほうに実がつくので、枝が込み合わないように陰を作る枝や弱い枝は落としておくようにします。

摘果をすると残った実が大きく育ち、味もよくなります。

摘果（P214）は7月上旬ごろと8月上旬ごろの2回に分けて行います。2回目は葉5～10枚につき1個になるよう、実を取り除きます。摘果したものは皮をすりおろして薬味に。8月から9月にかけて緑色の状態で収穫をします。完熟したやわらかな酸味を利用したい場合は、そのまま実が黄色になってから収穫します。あまり長く木にならしたままでいると、寒さに当たって傷むので注意しましょう。

MEMO

すだちご飯

特産地徳島で親しまれている食べ方です。白飯にしらす干し、かつおぶし、青ネギなどの薬味をのせ、上からすだちの果汁をしぼってかけまわします。

保存早見表

常温保存	約10日（新聞紙に包んで）
冷蔵保存	約20日（袋に入れて）
冷凍保存	くし切り・輪切り▶約3カ月、丸ごと▶約6カ月、果汁▶約8カ月
乾燥保存	なし
漬け保存	はちみつ漬け▶約1カ月
加工保存	ポン酢▶約2カ月

果実以外の利用法：なし

※保存期間は目安。地域や保存環境によっても異なります。「なし」は本書では紹介していないもの。

おいしい保存法

常温保存 約10日

新聞紙に包んで

緑色の状態で収穫したものは、新聞紙に包んで冷暗所に。黄色になったものは熟しているので、冷蔵庫へ。

冷蔵保存 約20日

ポリ袋に

長くもたせたいときは緑色のものもポリ袋に入れて、冷蔵庫の野菜室へ。黄色くなったものは酸味が抜けてマイルドになります。

冷凍保存 約3～8カ月

用途に合った形で

使用用途に応じて冷凍を。丸ごと冷凍したものは、凍ったまますりおろして薬味に使えます。解凍してしぼれば果汁もとれます。くし切りにしたものはしぼりやすく、自然解凍し料理などに添えます。輪切りはそのまま飲み物などに。半分に切ってしぼった果汁はポン酢やドレッシングなどに。酎ハイに入れてもよいでしょう。くし切り、輪切りは3カ月、丸ごとなら6カ月、果汁は8カ月保存可能です。

果汁

くし切り

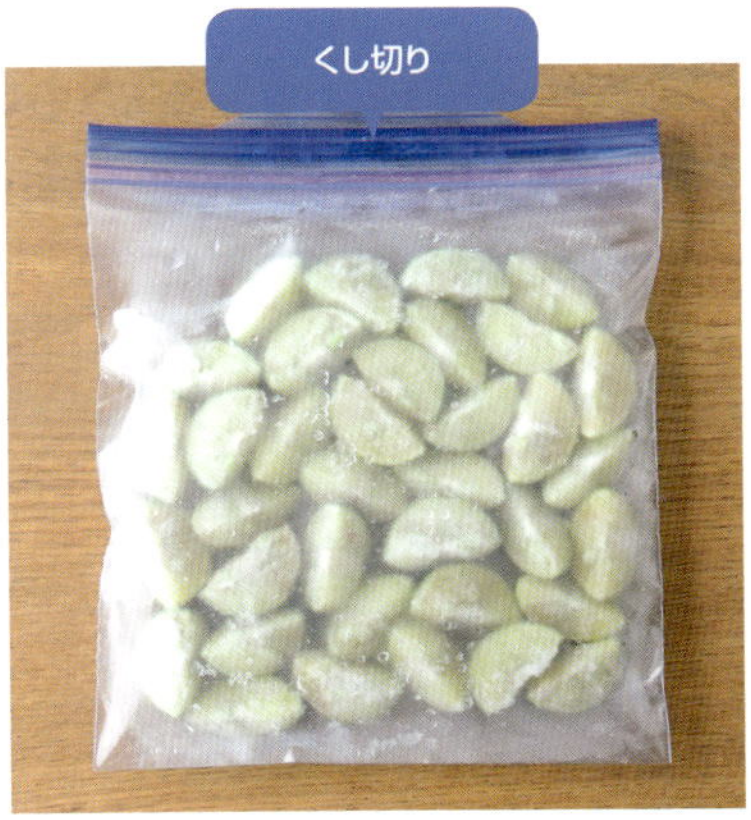

輪切り

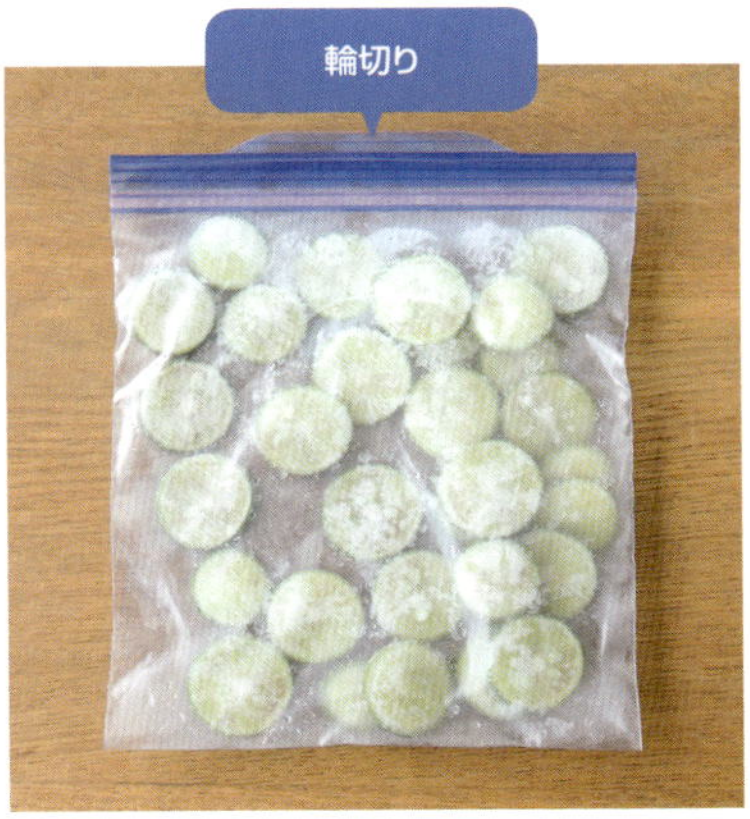

丸ごと

漬け保存

約1カ月

漬け保存❶ 約1カ月

すだちのはちみつ漬け

ドリンクに入れたり、料理やデザートのトッピングに使ったりできます。漬けたときに出てくる汁も美味。冷蔵庫に入れれば約1カ月保存できます。

材料

- **すだち**……5個
- はちみつ……適量

作り方

1 すだちはうすい輪切りにし、容器に敷き並べて、すだちがかくれるくらいのはちみつを入れる。

2 ときどき上下を入れかえてはちみつを浸透させながら、ひと晩置く。

すだちソーダ

すだちのはちみつ漬けを使って

材料

- **すだちのはちみつ漬け**……5～6枚
- **すだちのはちみつ漬けの漬け液**……少々
- ソーダ水……150cc

作り方

1 すだちのはちみつ漬けと漬け液少量をコップに入れ、ソーダ水で割って飲む。

ドリンク

すだちのハイボール

材料

- **すだち** スライス2枚
- ウイスキー……30cc
- 炭酸水……120cc
- **氷**……適量

グラスに氷を入れ、ウイスキーと炭酸水でハイボールを作り、すだちを入れる。

加工保存

約2カ月

加工保存❶ 約2カ月

すだちのポン酢

さわやかな酸味が際立つ手作りポン酢。冷蔵庫で保存しましょう。

じっくりねかせたほうが、旨みがしみ出て、酸味も抜けてまろやかに仕上がります。写真はこす前の状態のもの。

材料

- **すだち果汁……100cc**
- しょう油………100cc
- みりん………20cc
- 酒………10cc
- かつおぶし………20g
- 昆布………7cm角

作り方

1 みりんと酒を鍋に入れ、さっと煮切り、冷ます。
2 1とほかの材料を清潔なガラス容器に入れ、ふり混ぜる。
3 2〜5日たったら布でこししぼり、別の清潔なびんで冷蔵保存する。

焼き魚のポン酢がけ

すだちのポン酢を使って

材料

- **すだちのポン酢………適量**
- サンマなどの魚………適宜

作り方

1 魚を焼き、ポン酢をかけながら食べる。

料理レシピ

すだち鍋

材料 3人分

- **すだち(輪切り)……3〜5個分**
- 豚肉(しゃぶしゃぶ用)………300g
- 豆腐………1丁
- ミズナ、長ネギ、モヤシ、ハクサイ、きのこなど好みの野菜………適宜
- だし汁………600cc

調味料

- しょう油………40cc
- 酒………40cc
- みりん………40cc
- 塩………少々

作り方

1 鍋にだし汁と調味料を入れて火にかけ、沸騰したら火の通りにくい材料から入れ、最後にすだちを並べ入れる。すだちは火を通し過ぎると苦くなるので注意する。

秋・冬の果樹

かぼす

大分県が原産ですが、ほかの地域でも栽培できます。おもに、薬味や果汁を利用します。

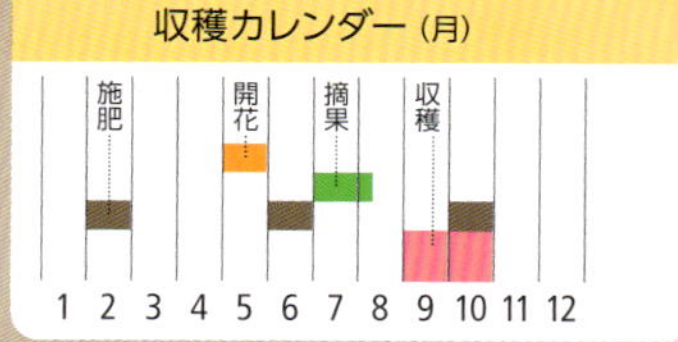

育て方・収穫の仕方

内側まで日が当たるよう枝を落とす

日当たりがよく、風通しのよい場所に植えましょう。別の品種がそばになくても1本でよく実をつけます。すだちと同じように、木の内側に実がなるので、日陰になりそうなところは、枝を落としておくようにします。

〈かぼすとすだちの違い〉

	かぼす	すだち
収穫時期	9〜10月	8月下旬〜9月
大きさ	すだちより ふたまわり大きい	ピンポン玉大
味	酸味はマイルド	酸味が強い

見た目は似ているが、特徴は異なっている。

摘果は2回に分けて

摘果（P214）はすだちと同じころの7月上旬と8月上旬の2回に分けて、最終的には葉5〜10枚に1個になるよう、実を取り除きます。摘果した実も皮をすりおろして薬味として使えます。9月上旬〜10月に、緑色の実を収穫します。霜に当たらない時期までに収穫を終えましょう。

6カ月冷凍した実。やや黄色になるものもあるが、解凍するとジューシーなまま。

保存早見表

常温保存	約10日（紙に包んで）
冷蔵保存	約2カ月（袋に入れて）
冷凍保存	輪切り・くし切り▶約3カ月、果汁▶約8カ月
乾燥保存	なし
漬け保存	シロップ▶約2週間
加工保存	ドレッシング▶約5日
果実以外の利用法：なし	

※保存期間は目安。地域や保存環境によっても異なります。「なし」は本書では紹介していないもの。

おいしい保存法

常温保存 約10日

風通しのよい冷暗所へ

紙に包んで風通しのよい冷暗所へ。薬味などで香りを楽しむなら、緑色のうちに使うとよいでしょう。黄色くなったものは完熟したもので、食べたり使ったりすることはできます。

冷蔵保存 約2カ月

袋に入れて

黄色に熟したものはポリ袋に入れて、冷蔵庫の野菜室で保存しましょう。青いものも同様に野菜室に入れておけば、２カ月くらいは使えます。

冷凍保存 約3～8カ月

用途に応じた切り方で

切り方を変えて冷凍すると、いろいろな用途に使え、長く保存できます。輪切りのものはそのままドリンクに浮かべて。くし切りのものは自然解凍させて料理に。ともに３カ月保存可能です。半分に切って果汁をしぼったものは製氷皿か保存袋に入れると、約８カ月保存できます。

漬け保存 約2週間

漬け保存1 約2週間

かぼすシロップ

火を使わずに手がるにできます。水や炭酸水を加えて飲んだり、温かい紅茶に入れたりしても。漬けるときにショウガを少々入れてもよいでしょう。

材料

- **かぼす**……6個（果汁200cc）
- グラニュー糖……大さじ5
- はちみつ……大さじ3

作り方

1 かぼすは半分に切り、果汁をしぼる。
2 材料をすべて混ぜ合わせて保存びんに入れ、冷蔵庫で保存する。

ドリンク

かぼすホットドリンク

材料

- **かぼすシロップ** ……………**20cc**
- お湯 …………60cc
- 飾り用の かぼす半月切り ……………2〜3枚

かぼすのシロップをお湯で割る。

かぼすカクテル（カイピリーニャ）

材料

- **かぼす** …**2個**
- ラム酒 …70cc
- グラニュー糖 ……小さじ2
- クラッシュドアイス …適量

グラスにラム酒とグラニュー糖を入れ、横に2等分、さらに8等分したかぼすとクラッシュドアイスを入れる。

加工保存 約5日

加工保存 1 約5日

かぼすドレッシング

冷凍しておいた果汁を使えば、季節を問わずに作ることができます。作ったドレッシングは冷蔵庫で保存し、早めに使いましょう。

材料

- **かぼすのしぼり汁** ……………………**100cc**
- 薄口しょう油 …………50cc
- オリーブオイル ………50cc
- 米酢 …………………30cc
- 塩 ……………… ひとつまみ

作り方

1 材料をすべて混ぜ合わせる。

料理レシピ

かぼすうどん

材料 1人分

- **かぼす** ……………**1個**
- うどん（そうめんでも） ……………………1玉
- だし汁 ……………200cc
- しょう油 ………大さじ1
- 削りかつおぶし ……適宜

作り方

1 うどんをゆでて冷水で洗い、水気を切る。

2 だし汁にしょう油を入れて温め、うどんつゆを作る。

3 器にうどんを盛り、つゆをかけ、スライスしたかぼすと削りかつおぶしを盛る。冷たいめんにするときは、キュウリ、ミョウガ、長ネギ、大葉などを薬味に。

ゆず

緑色の実も黄色になった実もそれぞれ使い方が豊富。庭に1本あるだけで薬味、料理、スイーツと大活躍です。

収穫カレンダー（月）

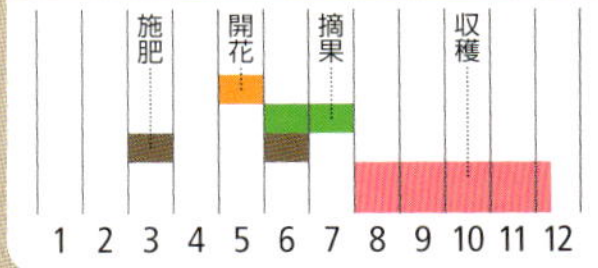

育て方・収穫の仕方

鋭いトゲは実が小さいうちに切っておく

ゆずは柑橘類の中でも寒さ、乾燥、多雨に強く、1本でも実をつけるので、庭に1本あると重宝します。植えたままにしておくと葉ばかり茂って実がならないことがあるので、3月ごろに枝先が下に向くようにひもで引いておくと、翌年の花がつきやすくなります。鋭いトゲが果実を傷めやすく、収穫時にも危険なため、実がまだ小さいうちに実の近くのものを切り取っておきましょう。摘果は6～7月に行い、葉10枚につき1個にします。黄色の実を収穫するなら11月に、青いゆずなら8～10月に収穫します。薬味としてなら直径2cm以上で使えます。

MEMO

青ゆずと黄ゆず

自家栽培なら、用途に応じてそれぞれの時期に収穫して使えます。

青ゆず

8～10月にかけての実。おもに薬味として利用できます。さわやかな酸味が特徴です。

黄ゆず

青ゆずをそのまま木にならしておくと11月ごろに黄色に完熟。ほかの柑橘のように実も使えます。

保存早見表

常温保存	約10日（紙に包んで冷暗所に）
冷蔵保存	約20日（紙に包んで袋へ）
冷凍保存	丸ごと（青）▶約8カ月、同（黄）▶約2カ月、皮をきざむ▶約2カ月、果汁（青）▶約8カ月、同（黄）▶約10カ月
乾燥保存	約1カ月（天日かオーブンで）
漬け保存	ゆずダイコン▶約3日
加工保存	シロップ▶約1年、ゆずみそ▶約2カ月、ピール▶約6カ月、ゆずとりんごのジャム▶約6カ月、ゆずわたの甘露煮▶約10日、ゆずコショウ▶約3カ月、ゆず七味▶約1カ月

※保存期間は目安。地域や保存環境によっても異なります。

おいしい保存法

常温保存 約10日

紙に包んで

青ゆず、黄ゆずともに、乾燥を防ぐため、新聞紙などに包んで冷暗所に置き、早めに使いましょう。

冷蔵保存 約20日

紙に包んで袋に入れて

青ゆず、黄ゆずとも、新聞紙に包んでポリ袋に入れて野菜室へ。香りがとびやすいので早めに使います。

乾燥保存 約1カ月

天日かオーブンで

乾燥させるときは皮をなるべくうすくそぎ、1cmくらいの千切りにします。乾燥したゆずの皮は紅茶やお吸いものに浮かべたり、煮物や漬けものにかけたりすると、香り豊かになります。

冷凍保存 約2～10カ月

用途別に形を変えて

丸ごと冷凍すれば青ゆずで約8カ月、黄ゆずで約2カ月保存できます。凍ったまますりおろして薬味に。わた(白い部分)を残して皮をきざんだものは約2カ月保存可能。ジャムや煮ものの風味づけなどに。果汁は青ゆずで約8カ月、黄ゆずで約10カ月保存できます。

オーブンを100度に予熱して40分加熱します。

ざるに並べて3～4日干します。

乾燥したものは、すり鉢ですったりミルにかけたりすると、さらにこまかな粉に。ゆずコショウにしたり、料理に加えて香りを楽しんでも。

漬け保存 約3日

漬け保存 ① 約3日

ゆずダイコン

形の異なる2種類のゆずダイコン。冷凍の皮でも作ることができます。ダイコンを干すことで食感をよくし、水分が抜けるために保存期間が長くなります。

巻いたもの

材料

- **ゆずの皮** ‥‥ 10g
- ダイコン ‥‥350g(薄切り40枚)
- 酢 ‥‥‥‥‥‥‥‥60cc
- 砂糖 ‥‥‥‥‥‥‥60g
- 塩 ‥‥‥‥ひとつまみ

作り方

1. ダイコンは皮をむいてうすさ1〜2㎜の輪切にし(スライサーでも可)、ざるに並べて天日で半日干す。
2. ゆずの皮をなるべくうすくむき、千切りにする。
3. 2を1のダイコンで巻き、容器にすき間なく並べる。
4. 酢、砂糖、塩をよく混ぜたものを3の容器に流し入れ、冷蔵庫で保存する。1日たったら食べられる。

拍子切りに

材料

- **ゆずの皮** ‥‥‥‥‥1個分
- ダイコン ‥‥ 300g
- 酢 ‥‥‥‥‥‥100cc
- 砂糖 ‥‥‥‥‥100g
- 塩 ‥‥‥ひとつまみ

作り方

1. ダイコンは拍子切りにし、ざるに並べて天日で半日干す。
2. ゆずの皮をなるべくうすくむき、千切りにする。1と一緒に保存容器に入れる。
3. 酢、砂糖、塩をよく混ぜたものを2の容器に流し入れ、冷蔵庫で保存する。3時間後から食べられるが、半日たったころがおいしい。

加工保存 約10日〜1年

加工保存 ① 約1年

ゆずシロップ

ゆずと同量の砂糖または氷砂糖で漬けるだけのシロップは、冷蔵庫で2〜3カ月程度の保存しかできませんが、この作り方なら長期保存ができて便利。

材料

- **ゆず** ‥ 250g(約10個)
- グラニュー糖 ‥‥‥320g

作り方

1. ゆずはよく洗い皮をむいて千切りにし、たっぷりの水で3回ゆでこぼし、水につけてひと晩置く。
2. 実は果汁をしぼっておく。
3. 皮を水切りし、グラニュー糖と2を入れ、半日置く。
4. 3を鍋に入れ強火にかけ、アクを取りながら半分量くらいになるまで煮詰め、消毒したびんに入れて脱気する。

ドリンク

ゆず茶

シロップを使って

材料

- **ゆずシロップ** ‥‥‥‥‥‥適量
- お湯 ‥‥‥‥‥‥シロップの5倍量

ゆずシロップを湯でうすめて飲む。同じ割合で水や炭酸水でうすめても。

加工保存2
約2カ月

ゆずみそ

青ゆずでも黄ゆずでも作ることができます。おでんや湯豆腐、ゆで野菜、焼き魚にかけたり、同量のマヨネーズを混ぜてドレッシングにも。皮はなるべくうすくすりおろし、わたを入れないようにすると雑味が抑えられます。

材料

- **ゆず**……………………**青ゆずの場合は2個、黄ゆずの場合は1個**
- みそ……………………100g（青ゆずの場合は赤みそ、黄ゆずの場合は白みそがおすすめ）
- みりん……………………100cc
- 砂糖……………………30g

作り方

1 みそ、みりん、砂糖を鍋にかけ、とろみがつくまで煮る。

2 粗熱が取れたら、すりおろしたゆずの皮（黄ゆずの場合はしぼり汁も）を入れる。

青ゆずのみそ（焼きナスなどに）

黄ゆずのみそ
（ゆでたダイコンやコンニャクに）

加工保存3
約6カ月

ゆずピール

ビタミンCたっぷりの皮もムダにしたくありません。そのままおやつにおいしく、ヨーグルトなどのトッピングに便利なピールがおすすめです。ゆでこぼす手間はかかりますが、これで苦みやえぐみが抜けておいしくなります。密閉容器に入れれば、常温で保存できます。

材料

- **黄ゆず**‥6個（ゆず皮90g、ゆず果汁20g）
- グラニュー糖‥‥70g（仕上げ用10gを含む）

作り方

1 ゆずは縦に4等分し、実と皮をはがす。

2 皮を5㎜幅の千切りにし、実をしぼって果汁をとっておく。

3 鍋に皮とたっぷりの水を入れて強火にかけ、沸騰したらすぐ止め、ざるにあける。

4 3の作業をあと2回くり返し、たっぷりの水に浸して半日置く。

5 浸しておいた皮をざるにあけ、しっかり水気を切ったら鍋に入れ、グラニュー糖60gと果汁を加えて中火にかけ、焦げないように混ぜながらできるだけ水分が少なくなるまで煮詰める。

6 オーブンの天板にクッキングシートを敷き、1本ずつくっつかないように並べ、100度に予熱しておいたオーブンに入れ、60分加熱する。

7 熱いうちに残りのグラニュー糖10gをふりかけ、そのまま冷ます。

加工保存4 約6カ月

ゆずとりんごのジャム

ジャム

同じ時期に収穫できる組み合わせのジャム。ゆずの酸味とりんごの甘さがマッチしています。

材料

- **黄ゆず**‥100g(約4個)
- りんご …160g(約1/2個)
- グラニュー糖 ……150g

作り方

1 ゆずは皮をむいて千切りにし、たっぷりの水で3回ゆでこぼし、水につけてひと晩置く。
2 ゆずの実は果汁をしぼっておく。
3 りんごは皮をむき、実は1㎝の角切りにし、皮は2㎝ほどの千切りにする。
4 1を水切りし、2と3とグラニュー糖を加え1時間置き、強火でアクを取りながら半分の量になるまで煮詰める。

加工保存5 約10日

ゆずわたの甘露煮

取り除いて不要品扱いされることの多いゆずわたですが、ゆでこぼすことで苦みやえぐみが抜けます。保存袋に入れて密閉すれば、冷凍で約6カ月保存できます。

材料

- **黄ゆず**‥150g(約6個)
- グラニュー糖 ……80g

作り方

1 ゆずの表皮をなるべくうすくむき、縦に6等分に切って実とわたをはがす(表皮は使わないのでほかに利用する)。
2 実をしぼり、果汁を20ccとる。
3 鍋にわたとたっぷりの水を入れて強火にかけ、沸騰したらすぐ止め、ざるにあける。
4 3の作業を2回くり返し、たっぷりの水に浸して半日置く。
5 浸しておいたわたをざるにあけ、しっかり水気を切ったら鍋に入れ、グラニュー糖と果汁20ccを加えて中火にかけ、焦げないように混ぜながら煮詰め、わたがすき通ったら火を止める。

5

6 ゆずが熱いうちに保存容器に丸めて並べる。粗熱が取れたら、冷蔵庫に保存する。

加工保存6 約3カ月

ゆずコショウ

焼いた肉に添えたり、おでん、鍋の薬味に。パスタやバニラアイスにも。冷凍すれば約1年保存できます。青唐辛子は刺激が強いため、扱うときは手袋をしましょう。

材料

- **青ゆず**……………180g(約5個)
- 青唐辛子 ……………30g(約10本)
- 粗塩 ……………………12g

作り方

1 青ゆずはナイフで白わたも少し一緒に表皮をむく。

2 青唐辛子はヘタを切り、縦半分にして種を取り、小口切りにする。

3 1と2、塩をフードプロセッサーで混ぜ合わせる。

加工保存 7
約1カ月

ゆず七味

市販の七味唐辛子に加えるだけで手がるに。できるだけこまかくすると香りが豊かになります。

材料

- **乾燥させたゆず**……………………**適量**
- 市販の七味唐辛子……乾燥させたゆずと同量

作り方

1 乾燥させたゆずの皮(P136)をすり鉢でこまかくなるまですり、七味唐辛子に混ぜる。

MEMO
庭で五味唐辛子をつくろう!

材料

- **ゆず皮**……………………**5個分**
- 温州みかんの皮……………5個分
  (どちらも竹串に刺し、軒下などに1カ月半ほど干しておく)
- 白いりゴマ……………大さじ4
- 青のり……………大さじ3
- 赤唐辛子……………2本
  (焼く前に串に刺しておく)

1 竹串に刺したゆず・みかんの皮、唐辛子をたき火のまわりで約3時間乾かす。

2 ゆずとみかんの皮はミルで細かくしたあと、粗いものはふるいにかける。

3 皮以外の材料もそれぞれミルにかけて、粉末状にする。

4 すべての材料を混ぜ合わせる。密閉容器に入れれば、1年間冷蔵保存できる。

デザートレシピ

ゆずもち

材料

- **ゆず皮**
  ‥**もち1個につき1/2個分**
  (飾り用に少し残してすっておく)
- 市販のもち……………適宜
- 湯……もち1個につき大さじ1

作り方

1 耐熱容器にもち1個と大さじ1の湯を加えてラップをし、もちが全体にやわらかくなるまで1～2分ほどレンジにかける。
2 1にゆず皮を木ベラなどで混ぜ込み、手水をつけながら丸める。
3 残しておいたゆず皮を千切りにしてもちの上にのせる。

※もちをつくときに、もち米1kgあたりすりおろしたゆず皮20個分を入れても作ることができる。

ゆずのパウンドケーキ

材料 24×8×6.5㎝型

- **青ゆず**（皮すりおろし）……1個分
- A
  - 小麦粉……175g
  - ベーキングパウダー……小さじ1と1/2
  - 塩……ひとつまみ
- B
  - 太白ゴマ油または菜種油……44cc
  - きび糖シロップ……70cc
    （きび糖シロップはきび砂糖110gと水50gを鍋に入れ、煮溶かしたもの）
  - 豆乳または牛乳……120cc
  - りんごジュース……30cc

作り方

1 Aをふるって泡立て器で混ぜ、中央をへこませておく。

2 別のボウルにBを合わせ、ゆずをすりおろす。

3 2を泡立て器でよく混ぜる。

4 3を1に混ぜながらゆっくり流し入れる。

5 中心から外に向かって泡立て器で混ぜていく。

6 粉っぽさが見えなくなってきたら、ゴムベラで底からさっくり混ぜる。

7 型に入れて表面をならし、170度に予熱しておいたオーブンに入れ20〜25分焼く。

料理レシピ

いわしのゆう庵焼き

材料

- **青ゆずスライス**…1/2個
- **青ゆず果汁**……1/2個分
- いわし（おろし身）……4切れ
- しょう油……小さじ1
- みりん……小さじ1
- 酒……小さじ1

作り方

1 青ゆず果汁、しょう油、みりん、酒を合わせ混ぜる 。
2 いわしの水分をよく切って平らな容器に入れ、1のたれに漬け込んで30分置く。
3 グリルや網で焼くときは、片面が焼けたら裏返して魚の上に青ゆずスライスをのせ、もう片面を焼く。オーブンで焼くときは、7分目ほど焼けたら青ゆずスライスをのせる。

栗

日当たりのよいところでぐんぐん育つ栗。食欲の秋にふさわしいバラエティ豊かな味わいを楽しみましょう。

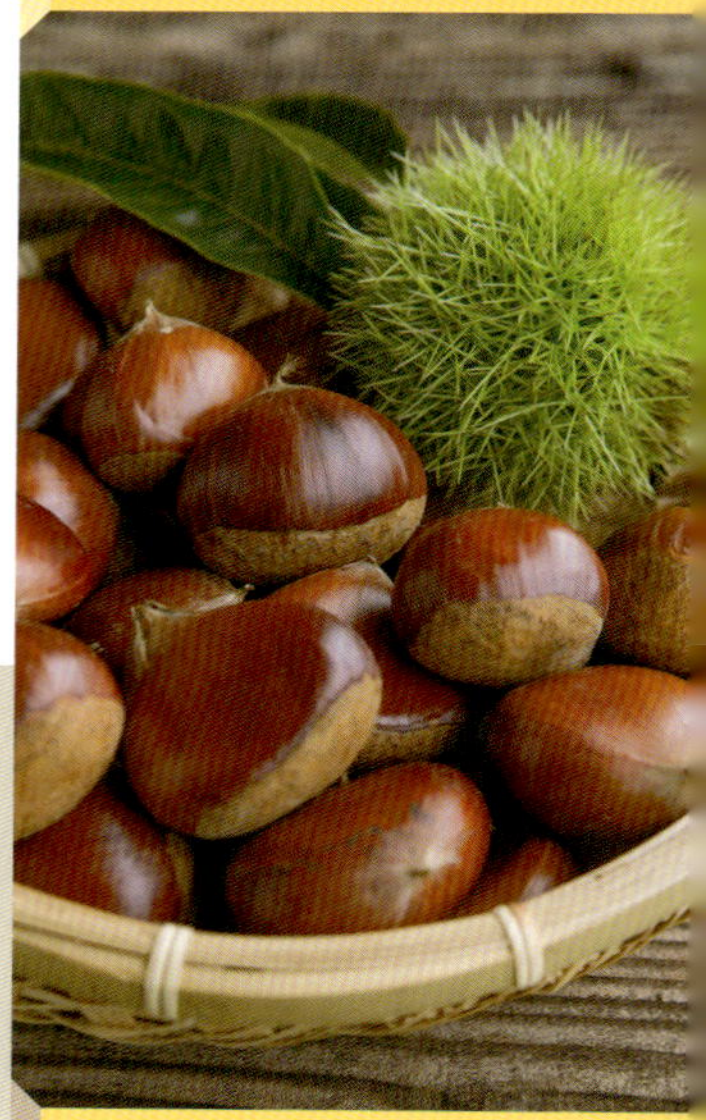

収穫カレンダー（月）

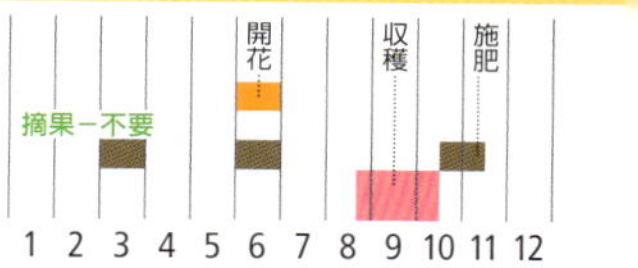

育て方・収穫の仕方

生長が早いので、大きくなり過ぎないよう注意する

1本でも実はつけますが、実の数が増えない場合は近くに異なる品種のものを植えましょう。栗は植えてから3年目から実をつけるほど、よく生長する木ですがその分数年で大きく広がり、高木にもなりやすいので、木が若いうちに主幹の生長を止めておきましょう。日当たりが悪いと実つきが悪くなるので、枝が込み合わないように注意します。イガが裂けて、中の色が茶褐色になってきたら収穫時期。自然に落果したものを拾います。未熟な実は味が悪く貯蔵していても糖分は増えません。日もちも悪いことから、未熟な実を棒でつついてまで収穫することはありません。

大きくなり過ぎないように主幹（中心の太い幹）を切っておきましょう。

成熟してくるとイガが緑色から茶褐色へと変化していきます。

保存早見表

常温保存	約2〜3日（水につけて）
冷蔵保存	約1週間（水につけて干して袋へ）
冷凍保存	丸ごと▶約6カ月、ペースト状・砂糖入り▶約10カ月
乾燥保存	約3カ月（ゆでて吊るす）
漬け保存	ラム酒漬け▶約6カ月
加工保存	栗ようかん▶約1週間、渋皮煮▶約3カ月、甘露煮▶約1週間、マロンクリーム▶約4カ月

果実以外の利用法：なし

※保存期間は目安。地域や保存環境によっても異なります。「なし」は本書では紹介していないもの。

おいしい保存法

常温保存 約2～3日

水につけておく

収穫した栗はなるべく早く水につけ、1日に1回水をかえ、涼しいところに置いておくと、2～3日保存できます。

冷蔵保存 約1週間

2～3日で食べきれない場合は、まず水につけて浮いたゴミを取り除き、丸1日ざるに上げて干したあと、ポリ袋などに入れて冷蔵庫へ。カビがはえてしまったときは、有害な場合もあるので、その栗は捨てましょう。

MEMO

低温貯蔵すると甘くなる

栗は低温にさらされることでデンプンが糖に変わり、甘くなります。1週間程度で食べきれない場合は、収穫後新鮮なうちに冷凍をしておきましょう。

冷凍保存 約6～10カ月

調理しやすい形で

皮ごと冷凍することも可能ですが、自然解凍をすると水っぽくなってしまうので、あとで調理しやすい形にしておくとよいでしょう。

ゆで栗をつぶし、栗の量の40％のきび砂糖と10％の量の水で練って棒状にします。

ゆで栗を半分に切ってスプーンでかき出して保存袋へ。約10カ月保存可能。

生またはゆでた栗の渋皮をむいて保存袋に。約6カ月保存できます。

乾燥保存 約3カ月

吊るして乾燥させる

皮のままゆで（P147）、栗のとがっている部分に糸を通してつなげ、軒下などに吊るします。ふるとカラカラと音がするまで乾燥させましょう。そのまま食べても、水にもどして料理に使っても。

漬け保存

約6カ月

漬け保存1 約6カ月

栗のラム酒漬け

甘いものが苦手な人でも、栗をおいしく味わえます。好みでラム酒とメープルシロップの量を調整するとよいでしょう。そのまま食べても、パウンドケーキに入れたりしても。

材料

- 栗 …… 500g
- メープルシロップ …… 250cc
- ラム酒 …… 30cc
- 塩 …… 少々

作り方

1 栗をひと晩水につけておく。
2 鍋に1と塩を入れて40分ゆで、冷めるまでそのままにしておく。
3 渋皮を残してむき、びんに入れる。
4 メープルシロップとラム酒を注ぐ。冷蔵庫で保存。1週間後から食べられる。

加工保存

約1週間～4カ月

加工保存1 約1週間

栗ようかん

小豆あんを使わない栗100％のようかんです。食べきれない分は冷蔵庫で保存を。冷凍すれば約3カ月保存できます。

材料

- 栗のペースト …… 500g
  (P143「冷凍保存」参照、生でも冷凍でもよい)
- 砂糖 …… 200g(甘さは好みで)
- 棒寒天 …… 1/2本
- 水 …… 200cc

作り方

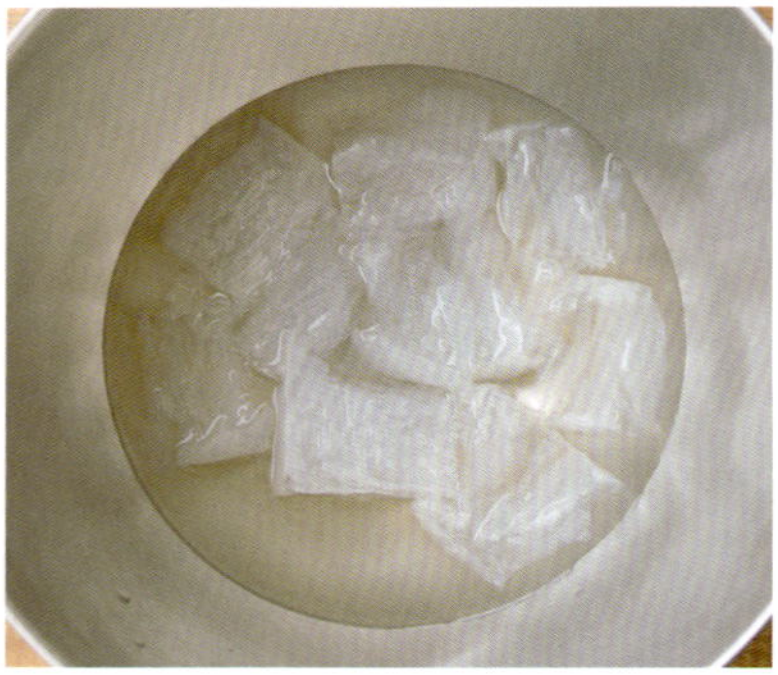

1 棒寒天はちぎってしっかり浸るくらいの水に30分以上浸しておく。

2 かるくしぼった1と水、栗のペースト、砂糖を鍋に入れて火にかける。

3 中弱火で焦げつかぬようにかき混ぜながら、半分ほどの量になる目安で、もったりするまで30～40分くらい煮詰める。

4 バットに平らにならし、粗熱が取れたら冷蔵庫に入れて冷やし固める。

加工保存2
約3カ月

渋皮煮

煮汁に浸したまま保存袋で冷蔵庫へ。冷凍すれば3カ月保存できます。渋皮にはコレステロール値や血糖値を下げるなど体によいタンニンが含まれています。渋皮ごと食べて栄養も香りもアップ。

材料

- 栗 …………………… 500g
- 砂糖 …………………… 500g
- 重曹 …………………… 小さじ3
- ブランデー … 大さじ4（好みで）

作り方

1 栗は渋皮を傷つけないように気をつけながら鬼皮をむく。
2 1を鍋に入れ（アルミ鍋はアクが取れにくいので注意）、ひたひたの水と重曹小さじ1を加えて中火にかけ、沸騰したら弱火にしてアクを取りながら、10分ゆでる。
3 火から下ろし、鍋の湯を静かに捨て、同量の水を注ぐ。
4 渋皮の筋（矢印）を竹串を使ったり指でやさしくこするようにして、こまかいものも残さないように取る。

5 2、3の作業をさらに2回くり返す。最後に、水のみで5分間煮て水をかえ、重曹を抜く。
6 栗が1〜2段で並べられるような鍋を選び、栗を入れたらひたひたの水と砂糖の半量を入れる。
7 中央に穴をあけたクッキングシートで落としぶたをして中火にかけ、煮立ったら弱火にして5分間煮る。さらに残りの砂糖を加えて、再びシートをのせ10分間ほど弱火で煮る。
8 火を止め、ブランデーを加えて混ぜる。そのまま冷ましてから保存する。

マロンジャム

渋皮煮を使って

材料

- 栗の渋皮煮 …… 200g
（煮くずれたものでよい）
- 渋皮煮を作ったときの煮汁
（渋皮煮7、8のときのもの）
…………………… 100cc
- 牛乳 …………………… 500cc

作り方

1 栗の渋皮煮をこまかくきざむ。なめらかに仕上げたいときはすり鉢でする。
2 材料をすべて鍋に入れ、沸騰後は弱火にしてとろみがつくまで煮詰める。

加工保存3
約1週間

甘露煮

そのまま食べてもおいしい、やさしい甘さの甘露煮です。おせち料理に使う場合は、冷凍しておいた栗を使いましょう。

材料

- 栗 …………………… 1kg

蜜の材料

- 砂糖 ……………… 350g
- 水 ………………… 600cc
- 塩 ………………… 少々

作り方

1 栗の鬼皮をむき、水に浸してかるく汚れを取ったら、渋皮が残らないように厚めにむく（P147）。

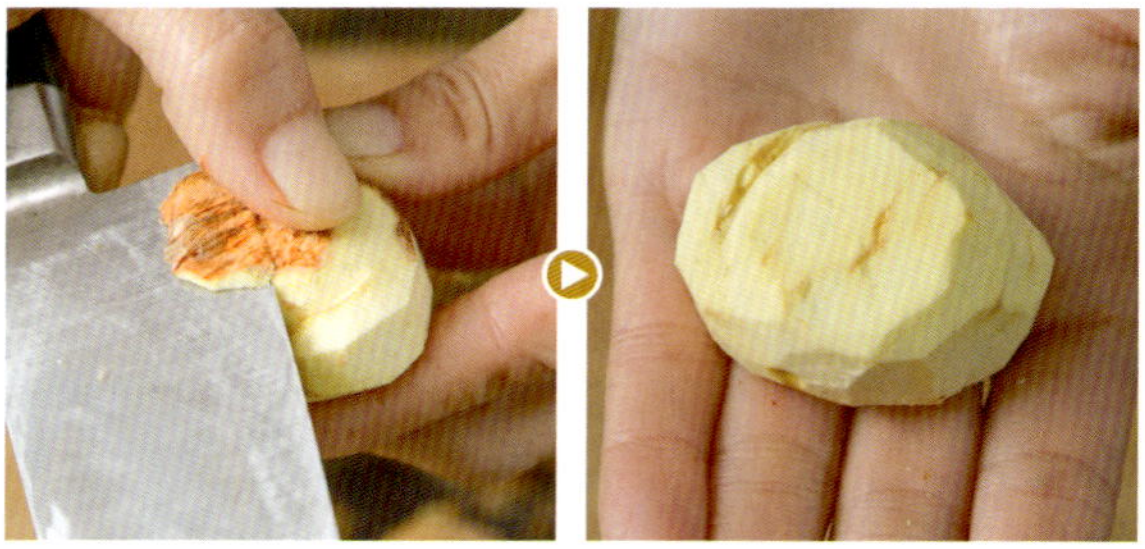

2 鍋に栗がしっかりつかるくらいの水を入れて火にかけ、沸騰したら弱火にして10分ゆでる。

3 栗が1〜2段で並べられるような鍋を選び、蜜の材料を入れて弱火にかけ、砂糖が溶けるまでかき混ぜる。

4 3の鍋に栗をひとつずつ並べ入れ、中央に穴をあけたクッキングシートで落としぶたをして火にかけ、煮立ったら竹串がすっと通るくらいまで弱火で15分煮る。火を止め、そのまま冷ます。

甘露煮を使って

栗きんとん

材料 4人分

- 栗（甘露煮） ………………… 15個
- サツマイモ（金時、紅あずまなど） ………………… 500g

A
- 甘露煮シロップ …… 大さじ4
- みりん ……………… 60cc
- 砂糖 ………………… 60g
- 塩 …………………… 適量

作り方

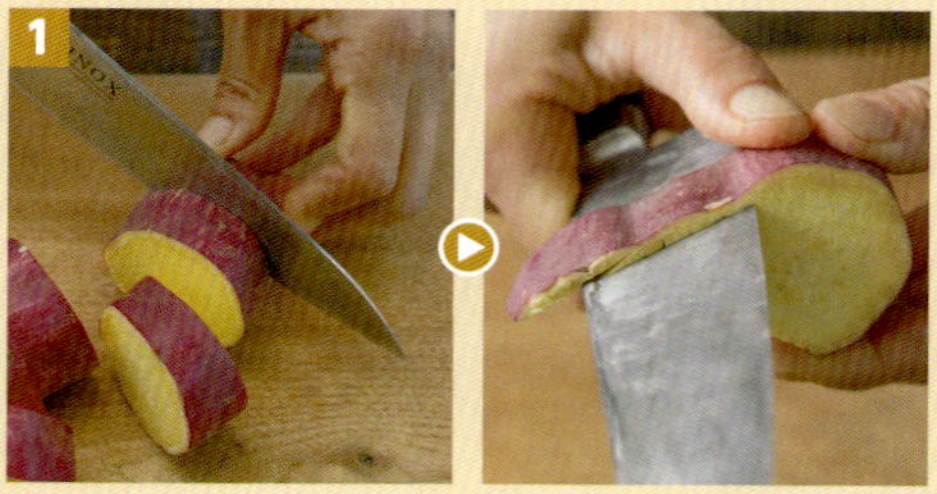

1 サツマイモは2cm厚さの輪切りにし、皮の内側の輪の部分まで厚くむき、水にさらす。鍋にサツマイモとたっぷりの水を入れて中火にかけ、やわらかくなるまでゆでる。

2 サツマイモを取り出し、熱いうちに裏ごししたら鍋に入れ、Aを加えて弱火にかけて練り混ぜる。

3 2を木ベラでこすって鍋底がみえるくらいのかたさまで練り上げたら、栗を加えて混ぜ、火を止める。バットに広げてうちわであおぎ、手早く冷ましテリを出す。

マロンクリーム

加工保存4 約4カ月

モンブランケーキにも使える甘いクリームです。クッキーの生地に練り込んだり、コーヒーに入れても。まとめて作り、小分けにして冷凍しておくと便利です。冷凍すれば約4カ月保存できます。

材料

- **ゆでた栗** ……300g（正味）
- 牛乳 …………300cc（栗と同量）
- きび糖 …………75g（栗の25%）
- ラム酒 ………小さじ1（好みで）

作り方

1 ゆでた栗と牛乳を鍋に入れ、木ベラで混ぜながら中火で煮る。
2 とろっとしてきたらきび砂糖を加え、水気がなくなるまで煮る。
3 フードプロセッサーでなめらかにする。裏ごしならなおよい。最後にラム酒を加え、混ぜる。

皮のむき方

上手なむき方

水につける

1 栗はアクが強く変色しやすいので、調理前に水なら数時間〜ひと晩、熱湯なら30分程度、つけておきましょう。

鬼皮をむく

2 座（ザラザラした部分）から包丁を入れます。

3 とがったほうへ引っ張るようにして鬼皮をむきます。

渋皮をむく

4 続いて渋皮も座の方からむいていきます。

知っトク情報

栗の加熱法

ゆで栗

事前に熱湯に30分つけ、栗がつかるくらいたっぷりの水でゆでる。水1000ccにつき大さじ1の塩を入れる。中弱火に10分くらいかけ、沸騰したら弱火にして40分ゆで、煮汁の中でそのまま冷ます。しっとりしていて、塩気が栗の甘みを引き立てる。

蒸し栗

事前に熱湯に30分つけ、蒸し器に並べる。中弱火で50分蒸す。ホクホクとした仕上がりで、水っぽさがない分、栗の味や甘みがしっかり濃くなる。

焼き栗

事前に熱湯に30分つけ、皮の両面に包丁で切れ込みを入れる。切れ込みが甘いと破裂するおそれがあるので注意を。魚焼きグリルに並べて強中火で15分焼く。片面グリルの場合は10分ずつ焼く。蒸し栗よりもホクホクした仕上がりになる。

デザートレシピ

簡単モンブラン

マロンクリーム
(⇒P147)
を使って

材料 4人分

- **マロンクリーム …… 200g**
- 市販のスポンジまたはカステラなど …… 100g
- 生クリーム …… 100cc
- きび砂糖 …… 10g

作り方

1 生クリームにきび砂糖を入れて8分立てに泡立て、ホイップクリームを作る。
2 グラスに一口大に切ったスポンジを入れ、その上に生クリームをしぼり入れる。
3 さらに上にマロンクリームをしぼり入れて、好みで栗の甘露煮やナッツを飾る。

マロンアイス

材料

- **ゆで栗をむくときにくだけた栗 …… 適量**
- アイスクリーム …… 適量
- 好みでラム酒 …… 少々

作り方

1 アイスクリームにくだけた栗を混ぜる。
2 ラム酒をかける。

栗茶巾

材料

- **ゆで栗 …… 適宜**
- きび砂糖 …… ゆで栗の40%の量
- 水 …… ゆで栗の10%の量

作り方

1 ゆで栗をつぶし、きび砂糖と水で練る。
2 ひとつ20g程度になるようにラップで包み、口をしぼる。

ラップの口をしっかり閉じ、保存袋に入れれば冷凍できます。

料理レシピ

栗と鶏肉の中華炒め

材料 4人分

- **ゆで栗……200g**
- 鶏もも肉……200g
- ニンジン……1/4本
- ピーマン……1個
- シイタケ……4枚
- コマツナ……少々
- サラダ油……大さじ1
- 鶏ガラスープ……100cc
- ニンニク(みじん切り)……1/2片分

A
- 塩……少々
- 黒コショウ……少々
- 卵白……1/2個分
- 片栗粉……大さじ1/2
- サラダ油……少々

B
- オイスターソース……大さじ1
- 塩……少々

作り方

1 鶏肉はひと口大に切り、Aで下味をつける。
2 ニンジン、ピーマン、シイタケは乱切りにし、ニンジンは下ゆでする。コマツナはざく切りにする。
3 鍋にサラダ油とニンニクを入れて熱し、1を加え炒める。鶏ガラスープを入れ、煮立ったらBとほかの材料を加えて煮込む。

栗ご飯

材料

- **栗(渋皮をとったもの)……350g**
- 米……2合
- 塩……小さじ1
- 酒……大さじ1/2

作り方

1 米をとぎ、通常の水加減にして30分ほど浸したあと、塩と酒を加えかるく混ぜる。
2 栗を上にのせ、炊飯する。

栗ポタージュ

材料 6人分

- **栗のペースト**
  (冷凍でもよい)……240g
- タマネギ……50g(大1/4個)
- きび砂糖……5g(小さじ2)
- 牛乳……400cc
- バター……18g(大さじ1と1/2)
- 塩……少々

作り方

1 栗ペーストは冷凍してあれば常温にもどしておく。タマネギはラップに包み、電子レンジで4分間加熱し、やわらかくする。
2 栗のペースト、タマネギ、きび砂糖、牛乳をボウルに入れ、ハンドブレンダーでなめらかにする。ミキサーでもよい。
3 2を裏ごしして鍋に入れ、バターと塩を加え、ひと煮立ちしたら器に盛る。好みで黒コショウ(分量外)をかける。

プルーン

花も実も美しく、見ても楽しい果樹です。生で食べてもドライにしてもおいしいプルーン。完熟でならではの味を。

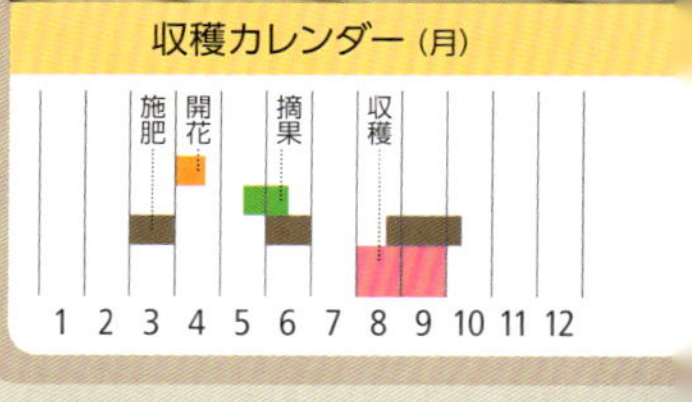

育て方・収穫の仕方

完熟まで待って手で摘み取って収穫を

プルーンといえばドライフルーツがおなじみですが、春に咲く白い花、美しい紫色の実がなった姿は格別。庭木としても四季を楽しめるものです。日本スモモの多くは1本では実がつきませんが、プルーンは1本でも実がつきます。ただ、確実に実をならせたいときは、筆や綿棒などを使って人工授粉（P214）をするとよいでしょう。5～6月には10～15cm間隔になるように摘果（P214）を。8～9月に実が色づいてきたら収穫です。触ってみてやわらかくなっていたら熟した証拠。市販されているプルーンは未熟なうちに収穫したものが多く、かためですっぱいイメージを抱く人も多いのですが、完熟まで待って収穫したものはとても甘くてジューシーです。手で摘み取って収穫を。

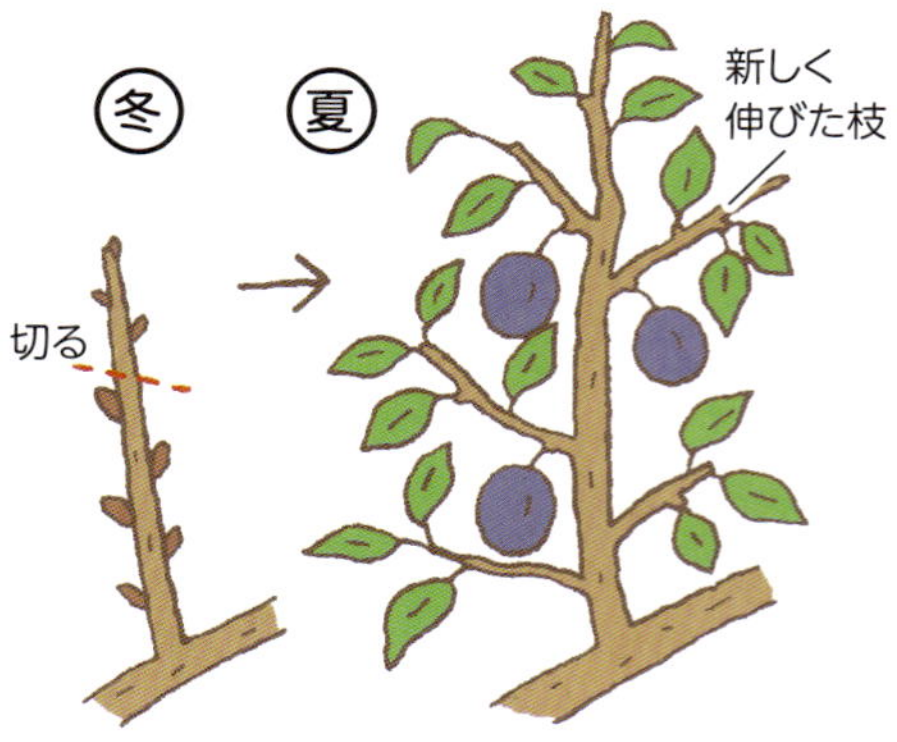

冬の間に枝の先を切り落としておくと、実がつきやすい短い枝がたくさん出てきます。

日本すももと同じ仲間。種のまわりに金色に輝く果肉があります。

保存早見表

常温保存	熟すまで
冷蔵保存	約3日（袋に入れて）
冷凍保存	約2カ月（水分をふいて袋へ）
乾燥保存	約1カ月（オーブンで）
漬け保存	紅茶漬け▶約3日
加工保存	なし
果実以外の利用法：なし	

※保存期間は目安。地域や保存環境によっても異なります。「なし」は本書では紹介していないもの。

おいしい保存法

常温保存
熟すまで

追熟を

やわらかさが出てきて、表面にしわが出てきたら熟した証拠。それまでは常温で追熟（P16）させましょう。

冷蔵保存
約3日

ポリ袋に入れて

熟したものはポリ袋に入れて冷蔵庫の野菜室へ。冷やし過ぎは味が落ちるので早めに食べましょう。

冷凍保存
約2カ月

水分をふき取って

さっと水で洗い、表面の水分をふき取ってから重ならないように保存袋に入れて冷凍します。

乾燥保存
約1カ月

オーブンで

プルーンを縦半分に切って種を取り、クッキングシートを敷いた天板に並べ100度で3時間半加熱します。保存袋かびんなどに入れ、冷蔵庫で保存しましょう。

皮ごと冷凍を。半解凍して水につけると、皮がきれいにむけます。

漬け保存
約3日

ドライプルーンがやわらかくなり、子どもにも食べやすくなります。

漬け保存❶
約3日

プルーンの紅茶漬け

材料

- **プルーン**（乾燥）……**8個**
- 紅茶（ティーパック）……1個
- グラニュー糖……大さじ1

作り方

1. 100ccのお湯で濃い目の紅茶を入れる。
2. 保存容器にグラニュー糖を入れ、紅茶を注いでプルーンを入れる。
3. 粗熱が取れたら冷蔵庫に入れる。1日以上たつと香りがついておいしくなる。

デザートレシピ

フレッシュプルーンのクラフティ

材料 4人分

- **生プルーン** ………… **120g**(小5個)
- 薄力粉 ………………… 20g
- 無塩バター（常温にもどしておく）‥ 20g
- グラニュー糖 ……… 45g
- 卵 ……………………… 1個
- 牛乳 ………………… 120cc

作り方

1 オーブンを170度に予熱しておく。
2 耐熱皿にバター（分量外）をぬる。
3 プルーンは半分に切って種を取り、断面を下にして耐熱皿に敷き詰める。
4 ボウルにバター、グラニュー糖、溶き卵を混ぜ合わせたら、薄力粉をふり入れ、最後に牛乳を入れて混ぜる。
5 プルーンを並べた皿に4を流し込み、予熱しておいたオーブンで30〜35分焼く。

料理レシピ

プルーンのピューレソース

材料 3人分

- **プルーン** …… **4個**(240g)
- レモン汁 ………… 小さじ1
- 水 ……………………… 100cc
- 鶏もも肉 ……………… 適宜
- 飾り用の野菜 ……… 適宜

作り方

1 プルーンの皮に切れ込みを8本ほど入れる。鍋にプルーンと水を入れ中火で10分煮る。
2 粗熱が取れたら種を取り出し、ハンドミキサーでピューレ状にする。
3 鍋にもどし、とろみがつくまで5分ほど煮詰めて、最後にレモン汁を入れ、火を止める。
4 ソテーした鶏肉に3をかける。

プルーンのベーコン巻き

材料 3人分

- **生プルーン**(ドライでもOK) ……………… **2個**
- ベーコン ……………………………… 4枚
- オリーブオイル ……………………… 少量

作り方

1 プルーンは皮つきのまま縦に4〜6つ割りに切る。
2 プルーンの大きさに合わせ、ベーコンを切る。
3 ベーコンでプルーンを巻き、熱したフライパンにオリーブオイルを入れ、まわしながら焼く。

実のなり方に波があるのはなぜ？

果実のみのりのはなし

「なり年」「不なり年」がある

果実が多くなる年、あまりならない年があるのは、経験上ご存じでしょう。たくさんなる年を「なり年」または「表年」と、あまりならない年「不なり年」または「裏年」と呼んでいます。

なぜこんなことが起こるのか、理由はいろいろと考えられています。最大の理由は養分の問題です。果実を実らせ、大きくするにはたくさんの養分が必要です。1本の木にたくさん実がついていれば、その分、たくさんの養分が必要になり、木は疲れ、翌年は実をつける力が残らないと考えられるからです。

ただ、これだけが原因なら、「なり年」「不なり年」は、その木だけで交互に現れるはず。ところが、近くに植えられている木、ご近所の木も同じ波になっていることが多いものです。これらは、異常気温、異常乾燥、大雨や大風などで大きな被害を受けた年が一斉に「不なり年」となり、その波が続いていくと考えられています。

対策は実の量の調整をすること

果樹栽培を生業としている人は、こうした波は収益の波にもつながりますから、どんな環境下でも一定の収穫があげられるよう、育て方の工夫をしています。実がなり過ぎるのを防ぐための摘果だけでなく、花やつぼみも適正量に調節したり、冬に適した剪定をしたりします。あえて木ごとに「なり年」「不なり年」の役目を固定して、毎年いずれかの木には実がなるようにすることもあります。

実の数を調節しても毎年一定量の収穫を望むのか、ある程度は自然にまかせ、「なり年」「不なり年」もサイクルとして受け取るのかは、それぞれの人の判断によるところでしょう。

害虫被害との関係も

ただ、こんなサイクルの影に、実は害虫との関係も見られます。

毎年「なり年」が続いていれば、害虫はいつもごちそうにありつき、その木は丸裸になりかねません。「不なり年」があることで、その年の害虫は減り、虫の被害は減らせます。こうした自然のしくみを感じながら果樹を見守っていくこともまた、果樹との暮らしの一部であるのかもしれません。

木ごとに「なり年」「不なり年」を割り当てて育てている例。左の木は「なり年」なのでたくさんの実をつけていますが、右の木は「不なり年」のため、ほとんど実をつけていません。

柿

今も昔も庭の果樹の王様。渋柿でも渋抜きをすればおいしく食べられます。授粉や摘果でより充実した実に。

育て方・収穫の仕方

秋に渋が抜けて甘くなる寒冷地は防寒対策を

柿には甘柿と渋柿があります。甘柿は秋に渋が抜けて甘くなるため、その時期に低い気温にさらされたり、日照不足になったりすると、渋が抜けきらないことも。関東以北で甘柿を育てたいときは、鉢植えにして秋は室内に移動するなどの防寒対策を。充実した実にするなら、7月に摘果（P214）を。ひとつの枝に1個残して摘み取ります。

きれいなオレンジ色になったら、はさみでヘタのつけ根を切って収穫します。干し柿を作るときは、ヘタのつけ根の枝をT字状に3cmくらいつけるようにして収穫しましょう。実をつけたままにしておくと翌年の実つきが悪くなるので、落葉前にはすべて収穫しておきましょう。

甘柿 完熟柿は鳥も好物です。鳥害対策をしましょう。

渋柿 渋抜き（P158）が必要。収穫して1日おいて渋抜きをすれば防カビに。

保存早見表

常温保存	約5日（熟すまで紙に包んで袋へ）
冷蔵保存	約5日（必ず袋に入れて）
冷凍保存	丸ごと・カット・ペースト状▶約2カ月
乾燥保存	約6カ月（皮をむいて天日干しに、皮も天日干しに）
漬け保存	葉の塩漬け▶約3カ月
加工保存	柿酢▶約1カ月、柿酢みそだれ▶約1週間

果実以外の利用法：葉の塩漬け、葉の天ぷら

※保存期間は目安。地域や保存環境によっても異なります。

収穫カレンダー（月）

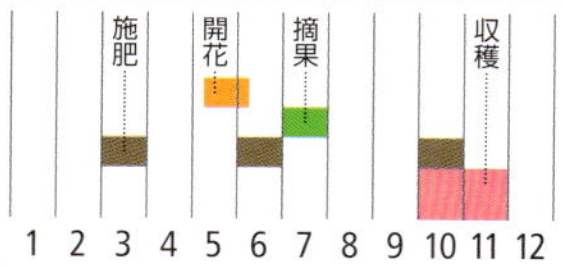

おいしい保存法

常温保存
約5日

ひとつずつ紙に包んで

ヘタが乾燥しないよう下にして、ひとつずつ新聞紙に包み、ポリ袋に入れて冷暗所に置いておきましょう。熟したものは常温保存ではなく、冷蔵保存にします。

冷蔵保存
約5日

必ず袋に入れて

熟してきたものは、ヘタを下にしてポリ袋などに入れ、冷蔵庫の野菜室へ。柿からはエチレンガスが出て、ほかの野菜や果実が熟すのを促してしまうため、必ず袋に入れるようにします。

冷凍保存
約2カ月

熟し具合によって

丸ごと冷凍する場合は、皮やヘタをつけたまま保存袋に入れます。袋の中にはできるだけ空気が入らないようにします。カットして冷凍する場合は、皮をむいて種も取っておきましょう。食感が落ちることもあるので半解凍のまま調理しましょう。かなり熟している柿はつぶしてペースト状で保存を。皮をむいて種を取り除き、ミキサーにかけ、保存袋に平らに入れて冷凍庫に入れます。

ペーストは砂糖を少量加えて煮詰めてジャムにしたり、生クリームに混ぜて「柿クリーム」にしてお菓子作りにも使えます。

乾燥保存
約6カ月

皮を干す

柿の皮には実以上に栄養があり、ビタミンC、βカロチン、食物繊維やミネラルが多く含まれています。むいた皮は捨てずに、カラカラになるまで天日干しにしてみましょう。きざんで煮ものに入れれば、甘みがつくので砂糖の使用を減らせます。白菜漬けに入れて風味づけにしたり、お湯を入れてほんのり甘い「柿の皮茶」にも。乾燥したものをすり鉢やミキサーで粉にすると、ヨーグルト、お菓子作りに使えます。

乾燥保存❶
約6カ月

干し柿

お茶請けにするほか、きざんでお菓子作りにも。お湯に浸すと栄養が溶け、風邪のひき始めによい飲み物に。渋柿で。

1 ヘタをつけたまま、皮をほそく残しながらむく。

2 ヘタの反対側までむいていく。

3 残した枝のつけ根をひもで結ぶ。

4 20cmくらいあけてつぎの柿を結びつける。

5 風通しのよいところに吊り下げる。柿同士がぶつからないよう注意を。

6 好みのかたさになるまで、1カ月～1カ月半ほど干す。白い粉は柿の糖分が結晶化したもの。食べても問題ない。

1㎝幅のくし切りにして干すと失敗が少なく、約1週間でできる。

皮のむき方・切り方

柿の切り方

横に切る 線のように包丁を入れる。

断面から種を取り出しやすくなる。

縦に切る 葉の切れ目に包丁を入れる。

切り口が種にぶつかる可能性は低い。

四等分にして皮をむく方法

1 ヘタを下にして切る。

2 線のとおりにヘタ直前まで切れ込みを入れていく

3 手で4つに割る。

4 ヘタのところから皮をむいていく。

漬け保存

約3カ月

漬け保存1 約3カ月

柿の葉の塩漬け

柿の葉にはタンニンが含まれ、防腐作用があります。その効果を利用して、柿の葉ずしなど葉を使って食品を保存する方法が古くから行われてきました。6月ごろのタンニンがより多い渋柿の葉を摘んで作ります。葉に虫やその卵、ゴミなどがついていないかよく確認して、きれいに洗ってから使いましょう。塩漬け用に摘んだ葉が余ったときは、カラカラになるまで天日干しし、こまかくきざんでお茶にして飲むとよいでしょう。ただし、柿の葉を摘み過ぎると、実がつかなくなってしまいます。柿の木の大きさをみながら、生長に影響のない範囲内で摘み取るようにしましょう。

作り方

1 若い葉を摘む。小さい葉は、料理のつけ合わせにもできる。

2 同じくらいの大きさの葉を10枚ずつ束ねる。

3 2を水を張ったバットに入れ、皿などで重しをする。

4 水の量の25%の塩をお湯に溶かして冷ます。3に冷ました塩水を注ぎ、酢を2〜3滴たらす(小さじ1/2)。

5 しんなりしたら使える(4日くらい)。

MEMO 柿の葉の天ぷら

新芽のころの葉にはほのかな甘みがあり、栄養も豊富なので、食するのにはベストです。せっかくですから、天ぷらで味わってみましょう。

材料

- **柿の若葉 ………… 適宜**
- 天ぷら粉 ………… 適宜
- 塩 ………… 適宜

作り方

天ぷら粉を水(分量外)で溶き、水気をふいた柿の葉に衣をつけて170度の油で揚げる。塩をふって食べる。

加工保存

約1週間～1カ月

加工保存❶ 約1カ月

柿酢

柿に含まれている糖分が柿についていた酵母によってアルコールに変わり、それが酢酸菌と結びつくことで酢に変化します。でき上がった柿酢はそのままソースとして温野菜や白身魚にかけたり、和えて酢のものにしたりしても。途中で取り出した果肉も料理やスイーツに使えます。水や炭酸水でうすめ、はちみつを加えてドリンクにも。渋柿でも甘柿でも作ることができます。

作り方

1 熟した柿の皮とヘタ、種を除き、煮沸消毒したびんに詰めてふたをする。
2 冷蔵庫に4日間、常温に3～4日間置くと気泡が出てくる。そのまま常温に3週間から1カ月置くと柿酢になる。
3 好みの酸味になったら果肉を取り出してこし、別のびんに移して冷蔵保存する。

果肉を取り出してこし、別のびんに移しかえたもの。

冷蔵庫から常温に移し、気泡が出始めたころのもの。

漬け保存❷ 約1週間

柿酢みそだれ

材料

●柿酢とみそ……1：1の分量

作り方

1 柿酢とみそをボウルに入れよく混ぜる。

柿酢とみそは、好みで味をみながら混ぜ合わせてもよいでしょう。みそを控えめにして、その分マヨネーズを入れるとサラダにもよく合います。

切ってゆでたカブなどによく合う。

知っトク情報

渋抜きの方法

渋柿はそのまま食べることができないので、渋抜きをする必要があります。十分熟してから収穫をして、以下のような方法を試してみましょう。渋抜きをしたあとに加熱すると再び渋くなることも。加熱が必要な調理に使う場合は、甘柿を使うとよいでしょう。

方法❶
渋柿を3%の塩水の中に漬け冷暗所に置いておくと、約20日で渋が抜けます。

方法❷
渋柿とりんごを同じポリ袋に入れ、口を結んでおくと、約1週間で渋みが抜けます。

デザートレシピ

柿ようかん

熟した柿でも
冷凍ペーストでも

材料 15×20㎝型・8人分

- **完熟柿** ····3個(500g)
- 粉寒天 ····················8g
- きび砂糖 ·····100〜120g
- 酒 ··················大さじ1
- レモン汁 ··········小さじ2

作り方

1 柿は皮をむき、種を出してミキサーにかけ、鍋にきび砂糖と粉寒天を入れて中火にかける。
2 沸騰したら弱火にし、約半量になるまでときどき混ぜながら煮詰め、最後に酒、レモン汁を加え、ひと煮立ちさせる。
3 水でサッとぬらした型に入れて、冷やし固める。

柿のチーズケーキ

熟した柿で

材料 5個分

土台
- ビスケット ······ 6枚(45g)
- 有塩バター ·············30g

クリーム用材料
- **完熟柿** ····**1個＋飾り用**
- 生クリーム ···········100cc
- クリームチーズ ······100g
- てんさい糖 ·············30g
- レモン汁 ··········大さじ1

- 牛乳 ·······················50cc
- 粉ゼラチン ·················5g
- ゼラチン用の水 ·······30cc

作り方

下準備
- クリームチーズは常温にもどしておく。
- ゼラチンを水でふやかしておく。

1 土台を作る。ビスケットをくだき、溶かしバターを加えて混ぜ、カップの底に敷き詰め、冷蔵しておく。
2 ボウルにクリーム用材料を入れ、ブレンダーで混ぜる(ミキサーや泡立て器でも)。
3 牛乳を温め、ふやかしたゼラチンを入れて溶かし、2のボウルに流して混ぜる。
4 3を1のカップに流し入れ、1〜2時間、冷蔵庫で冷やし固める。好みでカットした柿を飾って完成。

柿パイ

干し柿で

材料

- **干し柿** ·······**2個**
- パイシート(市販品) ·····················1枚

作り方

1 パイ皮を四角く伸ばす。
2 きざんだ干し柿をパイシートではさみ、カットして180度に予熱したオーブンで16〜18分焼く。

柿ヨーグルト

熟した柿で

材料

- **完熟柿** ·········**30g**
- ヨーグルト ·······100g
- きび砂糖 ·······好みで

作り方

1 柿は皮をむき種を取り除く。
2 ヨーグルトを器に盛り、柿をのせる。甘さが足りないときは柿にきび砂糖をふりかける。

干し柿とあんこの焼き菓子

材料 3人分

フィリング

干し柿 ……………… 60g
ラム酒 ………… 大さじ2
こしあん ……… 大さじ2

皮

薄力粉 ……………… 80g
小麦全粒粉 ………… 40g
塩 …………… ひとつまみ
サラダ油 ……… 大さじ3
牛乳 ………………… 70cc

※小麦全粒分を使わないときは薄力粉120gで

下準備 オーブンを180度に予熱しておく。

作り方

1 ボウルに薄力粉、小麦全粒粉、塩をふるい入れ、サラダ油をふり、指でつぶすようにして混ぜる。

2 1に牛乳を加えてゴムベラで切るように混ぜ、ひとまとめになるくらいのかたさにする。

3 生地を丸くまとめてラップで包み、冷蔵庫で30分ねかせる。

4 台に打ち粉(分量外)をし、3をめん棒で30×15cmの長方形に伸ばす。

5 こしあんと干し柿をよく混ぜ合わせ、4の上に短辺の両側を2cm残すようにのせる。

6 写真のようにあんを包み、予熱したオーブンで、うすく焼き色がつくまで30分焼く。網の上で冷まして粗熱が取れたら、幅2cmの輪切りにする。

料理レシピ

柿のチーズ春巻き

材料 4人分

- **柿**（中くらいの大きさ）……………………**1個（130g）**
- クリームチーズ ………… 60g
- 春巻きの皮（ミニサイズのもの）……………………………4枚

作り方

1. 柿は皮をむいて1cm角の拍子切りにし、チーズも同様に切る。
2. 春巻きの皮に柿、チーズを並べて巻き、水溶き片栗粉（分量外）で端をとめる。
3. 揚げ油（分量外）を熱し、皮がキツネ色になるまで揚げる。しょう油をつけて食べてもよい。

柿の葉ずし

材料

- **塩漬けした柿の葉 …8枚分**
- 酢飯 …………………… 1合分
- しめさば（たい、さけなどでもよい）………………………… 4切れ
- えび ………………… 4切れ

作り方

1. 柿の葉の表側にしめさばやえびをのせ、酢飯を重ねる。
2. 葉で巻いて形を整える。四角い容器に並べてかるく重しをのせると、きれいにできる。

柿の白和え

材料

- **柿 ……………… 1個**
- ホウレンソウ ………… 200g（1把ほど）
- しめじ …………… 100g
- ニンジン ………… 1/3本
- だし汁 ……… 1/2カップ
- 豆腐 ……… 1丁（280g）

調味料
- 白練りゴマ ….. 大さじ3
- 三温糖 …. 大さじ1と1/2
- しょう油 ……… 小さじ1
- 塩 ………… 小さじ1/2

作り方

1. 豆腐は重しをして、よく水切りしておく。
2. 柿はイチョウ切り、ニンジンは千切りにする。ホウレンソウはゆでて水気をしぼり、2cmの長さに切る。しめじはほぐしておく。
3. 鍋にだし汁を入れ、ニンジンとしめじをやわらかくなるまで煮る。
4. 豆腐をすり鉢ですりつぶし、ほかの具材と調味料を入れて和える。

柿のドレッシング

材料

- **柿 ……………… 1個（150g）**
- オリーブオイル ……… 60cc
- りんご …………… 小さじ2
- 米酢 ……………… 小さじ1
- 塩 ………………… 小さじ1

作り方

1. 柿はかたければみじん切りにし、やわらかい柿なら種を取ってフードプロセッサーなどにかける。
2. 材料を全部混ぜ合わせる。
3. ダイコンやキュウリなどにかけて食べる。

りんご

古くからなじみ深い果樹ですが、最近は新しい品種が続々と増えてきました。新品種を植えるときは特性の確認を。

収穫カレンダー（月）

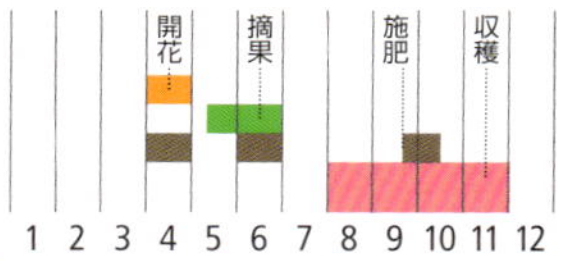

育て方・収穫の仕方

姫りんごの鉢を授粉樹にすると手がる

りんご栽培は寒冷地が適していると思われがちですが、最近では「つがる」「ふじ」「千秋」など暖かい地域でも育てられる品種が増えています。多くの品種は1本では実をつけないので、品種の異なるものを近くに植えて、人工授粉（P214）をしましょう。姫りんごとして知られる「アルプス乙女」や「クラブアップル」は花粉の量が多く、鉢植えで近くに置いておくと、よい授粉樹に。花を摘んだら、違う品種同士でこすり合わせます。5～6月には葉40～50枚につき1個に摘果（P214）を。摘果直後に袋かけ（P215）をすると、病害虫被害を防げます。品種によって異なりますが8～11月に収穫。手で簡単にとれるようになると、収穫どきです。

市販されている袋を使えば、簡単にしっかりとめられます。

品種によって収穫の1～3週間前に袋をはずして、日光に当てます。

保存早見表

常温保存	約2週間（1個ずつ紙で包む）
冷蔵保存	約1カ月（紙に包んで袋へ）
冷凍保存	丸ごと・すりおろし▶約1カ月
乾燥保存	約2週間～1カ月（天日干しかオーブンで）
漬け保存	なし
加工保存	シロップ煮▶約5日、たれ▶約5日、ドレッシング▶約3日、シャーベット▶約1カ月、ジャム▶約6カ月
果実以外の利用法：なし	

※保存期間は目安。地域や保存環境によっても異なります。「なし」は本書では紹介していないもの。

おいしい保存法

常温保存 約2週間

1個ずつ紙で包む

冬なら食べるまでの間、常温保存できます。できれば1個ずつ新聞紙などで包み、風通しのよい涼しいところに置いておきましょう。暖房の効いた室内に放置すると、早く傷みます。

冷蔵保存 約1カ月

袋の口を結んで

1個ずつ新聞紙などに包んで、ポリ袋に入れ、口をしっかり結んで冷蔵庫の野菜室へ。りんごから出るエチレンガスがほかの果実や野菜を熟成させてしまうので、注意しましょう。

冷凍保存 約1カ月

甘さが増す

冷凍することでシャキシャキした食感は失われますが、甘さが増してスムージーやスイーツに使いやすくなります。すりおろして冷凍しておくと、煮ものなどの隠し味にも使えます。

皮と種を除き、すりおろしてすぐにレモン汁を加えたものを保存袋に入れて冷凍する。スムージーにしたり、料理に使ったりできる。

洗って水分をふき取り、1個ずつアルミホイルで包んで保存袋に入れて冷凍する。食べるときは、5分ほど自然解凍して切り分ける。皮ごとでも食べられるが、皮がむけやすくなっているのでむいて使ってもよい。1カ月保存できる。

乾燥保存 約2週間～1カ月

旨みも栄養も凝縮

乾燥させることで旨みが凝縮され、栄養価も上がります。

材料

- **りんご**……適量
- 塩……つけ水の1%

作り方

1. りんごは切って塩水に5分くらいつける。
2. 板などに並べ、途中、何度か裏返して、天日に2日～2週間干す（好みの乾き具合で）。天気の悪い日は室内に入れておく。オーブンで作る場合は100度で60分以上（好みで）。

加工保存

約3日〜6カ月

加工保存1 約5日 りんごのシロップ煮

皮つきのりんごを混ぜることで色鮮やかな仕上がりに。冷凍したものを使ってもおいしく作ることができます。果肉をくずすとジャム代わりにも。チーズやヨーグルト、生クリームなどとの相性抜群です。

材料

- **りんご**‥**4個**(1kg強)
- グラニュー糖‥‥500g
- レモン汁‥‥大さじ2

作り方

1. りんご3個は、皮をむいてくし形に8等分にして芯を取り、1cmの厚さに切る。残り1個は皮つきのままで芯だけ取り、同様に切る。
2. 1のりんごをボウルに入れ、グラニュー糖とレモン汁をまぶしたらラップをかけ半日ほど置く。
3. 鍋に2を入れて強火にかけ、アクを取りつつかき混ぜながら、ヘラでこすって鍋底が見えるくらいまで煮詰める。

加工保存2 約5日 りんごのたれ（ポークソテーにかけて）

冷凍すれば2カ月保存できます。

材料

- **りんご**‥‥‥**1/2個**
- タマネギ‥‥‥‥1/3個
- 白ワイン‥‥‥‥30cc
- みりん‥‥‥‥‥30cc
- しょう油‥‥‥‥20cc
- ショウガ‥‥‥‥1かけ

作り方

1. タマネギはすりおろして、鍋でひと煮立ちさせる。
2. りんごは5mmのくし切りにする。
3. ショウガはみじん切りにする。
4. 1の鍋にすべての材料を入れ、弱火でゆっくりとろみがつくまで20分ほど煮詰める。

加工保存3 約3日 ドレッシング（サラダにかけて）

りんごの甘ずっぱさが食欲をそそります。冷凍すれば2カ月保存できます。

材料

- **りんご**‥‥‥‥‥‥‥‥‥‥**1/2個**
- オリーブオイル‥‥‥‥大さじ2と1/2
- りんご酢(米酢などでも)‥‥‥小さじ1
- 塩‥‥‥‥‥‥‥‥‥‥ひとつまみ

作り方

1. りんごは皮をむいて乱切りにする。
2. りんごとほかの材料をボウルに入れ、ハンドミキサーにかける。(りんごをすりおろしてほかの材料と合わせてもよい)。
3. 皮を少々きざんで、色どりに入れる。

加工保存4 約1カ月

りんごシャーベット

給食でもおなじみの味。くし切りにして作っても。

材料

- **りんご**（紅玉など皮のしっかりしたものがよい）……2個
- 水……500cc
- グラニュー糖……大さじ4
- レモン汁……1/2個分

作り方

1. 鍋に水とグラニュー糖を入れ、火にかけ煮溶かす。
2. りんごは縦半分に切り、芯を小さめのスプーンでくり抜く。
3. 1の鍋にりんごを切り口を下にして入れ、弱火で5分ほど煮たら裏返す。さらに2分ほど煮てレモン汁を加え、火を止める。
4. シロップにつけたままにして粗熱が取れたら、ひとつずつラップにくるみ、冷凍庫で冷やし固める。

加工保存5 約6カ月

りんごジャム

ジャム

酸味のある紅玉やジョナゴールドがおすすめ。シナモンが風味を引き立てます。

材料

- **りんご**……2個
- レーズン……5g
- きび砂糖……100g
- 水……300cc
- レモン汁……小さじ1
- シナモンパウダー……1ふり

作り方

1. りんごは皮をむいてすりおろす。
2. 鍋に1と、レーズン、きび砂糖、水を入れて、アクを取りながら、強火で半分量くらいになるまで煮詰める。
3. 火を止める前に、レモン汁とシナモンをふり入れる。

ドリンク

すりおろしりんごの葛湯

材料

- **りんご**……1個
- 葛粉……大さじ1
- 水……100cc

作り方

1. りんごは、半分を1cm厚さのイチョウ切りにし、半分はすりおろす。
2. イチョウ切りのりんごと水を鍋に入れ、りんごに透明感が出るまで煮る。
3. 葛粉を水大さじ2(分量外)で溶いて鍋に流し入れ、3分ほど煮て、ふつふつとしてきたらすりおろしりんごを入れ、温まったらでき上がり。

アップルティー

材料

- **りんご**……1/2個
- 紅茶葉……4g
- 熱湯……400cc

作り方

1. りんごは皮のまま5mmの厚さに切る。
2. ティーポットにりんごを入れ、熱い紅茶を注ぎ30分おいて、香りを移す。

デザートレシピ

簡単アップルパイ

材料 4人分

- **りんご**……………1個
- アーモンドパウダー……………大さじ1
- きび砂糖…………大さじ1
- ドライフルーツ‥大さじ4
- 冷凍パイシート20×20㎝……………1枚
- 卵黄……………1個

作り方

1 オーブンを180度に予熱しておく。りんごは皮と芯を除いてきざみ、アーモンドパウダーときび砂糖をまぶしてドライフルーツと混ぜ合わせる。
2 解凍したパイシートをめん棒でかるく伸ばし、正方形に4等分する。
3 2に1をのせ、水をつけながら三角形になるように折り合わせる。合わせたところをフォークでぴったりととめる。
4 卵黄を水少々で溶いたものを表面にぬり、ナイフで空気穴をあけ、予熱したオーブンで15分焼く。

※中に詰めるものは、りんごジャムでもおいしい。
※ドライフルーツは好みのものを。

焼きりんご(スライス)

材料

- **りんご**……………1個
- 有塩バター……………10g
- 砂糖……………大さじ2
- ブランデー(好みで)……………大さじ1
- シナモンパウダー……少々

作り方

1 りんごは皮ごときれいに洗い、水気を切って輪切りにし、芯をくり抜く。
2 フライパンにバターを溶かし、リンゴの両面をかるく焼いたら砂糖をふる。両面に焼き色がついたら、好みでブランデーをふり、煮切る。
3 最後にシナモンをふる。バニラアイスを盛り合わせてもおいしい。

丸ごと焼きりんご

材料

- **りんご**……………1個
- はちみつ…………大さじ2
- 有塩バター……………20g
- シナモンパウダー……少々

作り方

1 オーブンは220度に予熱しておく。
2 りんごはよく洗い、上の部分を1㎝ほど切り取り、スプーンで芯を上から2/3くらいくり抜く。
3 くり抜いたところに、はちみつとバターを入れ、オーブンで15分焼く。
4 最後にシナモンパウダーをかける。

料理レシピ

りんごのいなりずし

材料

- **りんご** …………………… **2/3個**
- ご飯 …………………… 2合
- 飾り用りんご …………………… 1/3個
- いなりずし用味つけ油揚げ ……… 6枚分

すし酢
- りんご酢(米酢でも) ……………… 40cc
- 砂糖 …………………… 20g(大さじ2)
- 塩 …………………… 10g(大さじ2)

作り方

1 ご飯とすし酢を合わせ、皮をつけたまま粗みじん切りにしたりんごを混ぜ合わせる。

2 味つけ油揚げの中に1を詰め、上にりんごのみじん切りを飾る。

MEMO いろいろな品種

シナノゴールド

ゴールデンデリシャス × 紅玉

収穫時期：8月～9月
みずみずしく、甘みもある。

秋映

千秋 × つがる

収穫時期：9月～10月
果肉はかためで
甘みや酸味は中程度。

ふじ

国光 × デリシャス

収穫時期：10月～1月
生産量No.1。
味のバランスがよい。

清明

ゴールデンデリシャス × ふじ

収穫時期：10～11月
歯ごたえがあり、甘みが強い。

紅玉

交配不明

収穫時期：10～11月
酸味があり、加熱調理向き。

コウトク

東光の自然交雑実生

収穫時期10～11月
全面に蜜が入っている。

皮と実の色の対比で美しく

パーティーやお弁当を華やかにしてくれる飾り切り。
切る前にうすい塩水やレモン水で変色予防をしておきましょう。

うさぎ、花びら

1 りんごを縦半分に切る。

2 さらに3等分にする。

3 V字形に切れ込みを入れる。

4 うさぎの耳部分を切らないように注意して皮をむく。

先に芯を落とさないで！

5 芯の部分を平らに切ると自立できる。

ちょうちょ

1 りんごを縦半分に切る。

2 さらに半分に切る。

3 割りばしを当てて、羽の間の部分の切れ目を入れる。

4 もう片側にも切れ目を入れ、間の部分を落とす。

カップの縁にとまらせて！

5 羽の形になるよう、写真のように切り落とす。

知っトク情報

りんごの効能

皮ごと食べたほうがよい

皮が赤いのは、抗酸化作用のある物質が集まっているから。果肉と比べると4倍以上の栄養価だといわれており、皮が気にならない調理法のときは一緒に食べてみて。

すっぱいりんご

最近では酸味の強い品種が減ってきました。りんごの酸味のもととなっているりんご酸やクエン酸には、疲労回復を促し、新陳代謝を高める働きがあります。

青いりんご

皮が黄緑色のりんごは香りが強く、これが気分をリラックスさせるといわれています。脂肪燃焼を促す成分も赤いりんごより多く含むともいわれています。

風邪のときはすりおろしりんごがいい

りんごにはたくさんの栄養が含まれていますが、すりおろすことで体内で吸収しやすくなるからです。食べやすいのもポイントに。

肌を美しくする

りんごのポリフェノールはしわやしみの大敵であるメラニン色素の生成を抑える働きが。低カロリーなのもうれしいところ。

腸を整えてくれる

りんごに多く含まれる水に溶けない食物繊維が腸に入ると、腸の調子を整える乳酸菌の繁殖を助けることで、下痢や便秘を改善します。

コレステロールを体外に排出

りんごに含まれる複数の成分には、血液中の余分な悪玉コレステロールを体外に排出する働きが確認されています。

木の葉

1 4分の1に切って芯を平らに切り落とし、両側に割りばしを当てて、端から3mm内側に切り込みを入れる。

2 反対側の端も同様に切れ込みを入れ、切れた部分をはずす。

3 2ではずした部分も同様に両端から3mm内側に切り込みを入れてはずす。これをくり返す。

4 ばすした部分をずらしながら重ねると、木の葉の形になる。

秋・冬の果樹

キウイフルーツ

成長が早く、基本的な手入れをするだけでたくさんの実をつけます。収穫後は追熟させてから食べましょう。

育て方・収穫の仕方

成木になると、1株で500個程度の実がなるように。

雌株と雄株の両方を近くに植える

5月ごろ花が咲いたあと、人工授粉（P214）をすると実つきがよくなります。実が大きくなり始めたら摘果（P214）をしましょう。長い枝には3個、短い枝には1個になるように減らします。10～11月に皮が茶色になったら、手で引っ張って収穫します。キウイフルーツは樹上で甘く熟すのではなく、収穫後に追熟（P16）することで甘くなる種類の果実です。霜に当たるとくさってしまうので、それまでに収穫を終えておきましょう。赤肉種は10月下旬から11月中旬にかけて、黄肉種は10月下旬から11月上旬にかけて、緑肉種は11月上旬から下旬にかけてが収穫期の目安になります。収穫後は実がやわらかくなるまで2週間程度、追熟します。

知っトク情報

消化を促す効果がある

キウイフルーツには、「アクチニジン」というタンパク質が含まれています。キウイをゼリーにしようとしても、この成分によってゼリーは固まりません。これは調理前に肉をやわらかくすることに役立ち、食べては消化促進をする働きもしてくれます。

収穫カレンダー（月）

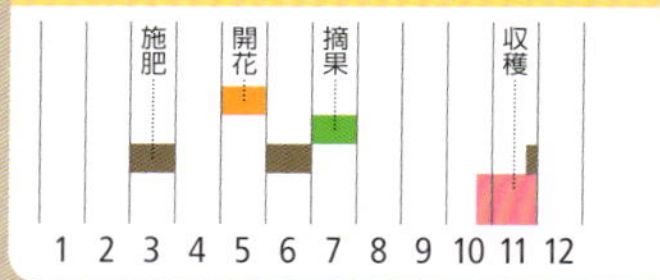

保存早見表

常温保存	熟すまで（りんごと袋に入れると早く熟す）
冷蔵保存	約2～3週間（袋に入れて）
冷凍保存	つぶす・輪切り▶約1カ月
乾燥保存	約1カ月（オーブンで）
漬け保存	はちみつ漬け▶約1週間、はちみつ酒▶約6カ月
加工保存	ジャム▶約2週間

果実以外の利用法：なし

※保存期間は目安。地域や保存環境によっても異なります。「なし」は本書では紹介していないもの。

おいしい保存法

常温保存
熟すまで

室温で追熟させる

キウイは追熟が必要な果実です。熟すまで冷蔵庫に入れず、冷暗所に保管を。熟化が遅いときはポリ袋にりんごと一緒に入れておくとよいでしょう。このとき袋の口は閉じなくてもOK。

冷蔵保存
約2～3週間

袋に入れて

熟したものは冷蔵保存します。ポリ袋に入れて冷蔵庫の野菜室へ。ただし、冷蔵庫でも追熟は進みます。冷蔵したからと安心せず、早めに食べきるようにしましょう。

冷凍保存
約1カ月

用途に応じた形で

冷凍すると生食のときの食感は失われますが、ジャムなど用途によっては気にならないこともあります。輪切りにしたり、つぶしたりと、形をかえて保存袋に入れて冷凍しておくと便利です。

つぶしたもの

皮をむいてめん棒の先などでつぶして保存袋に。出番の多いスムージー作りに便利。

輪切り

皮をむいて輪切りにして保存袋に。半解凍でシャーベットにしたり、デザートに添えて色合いよく。

乾燥保存
約1カ月

オーブンでセミドライに

キウイを1cm厚さの輪切りにし、100度で予熱したオーブンに入れて40分加熱し、裏返してもう40分加熱します。栄養も甘さも凝縮された手がるなおやつに。きざんでお菓子作りにも。

MEMO

グリーン&ゴールド

緑色が鮮やかなグリーンキウイはさわやかな酸味が特徴的。一方、果肉が黄色いゴールドキウイは糖度が高め。味や色で使い分けるのがおすすめです。

漬け保存

約1週間～6カ月

漬け保存1 約1週間

キウイのはちみつ漬け

甘みが足りないキウイのときに。そのままで、炭酸割り、お湯割り、パンやヨーグルトなどに。

材料

- **キウイ** …………… **2個**
- レモン ….スライス2切れ
- はちみつ………… 120g

作り方

1 キウイは皮をむいて輪切りにし、レモンと一緒に清潔なびんに入れ、はちみつを注ぐ。

2 ひと晩たったら清潔なスプーンでひと混ぜしておく。2～3日たつとさらにおいしくなる。

漬け保存2 約6カ月

キウイのはちみつ酒（ミント入り）

酒

熟し過ぎていないかためのキウイで漬けるのがおすすめ。

材料

- **キウイ** ………… **4個**
- レモン ……………2個
- ホワイトリカー ·300cc
- 氷砂糖 …………80g
- はちみつ ………20g
- ミントの葉 …… 12枚

作り方

1 キウイとレモンは皮をむき、7～8㎜の厚さの輪切りにする。

2 清潔な保存びんに1とミントを入れ、上から氷砂糖、はちみつ、ホワイトリカーの順に入れる。

※1カ月ほどでおいしく飲めるようになる。
3カ月ほどでキウイとレモンは取り出しておく。

加工保存

約2週間

加工保存1 約2週間

キウイの簡単ジャム（レンジで）

ジャム

電子レンジで簡単にできるので、食べる分だけ作ることができます。熟していないキウイのほうがとろみのもとであるペクチンが多く、作りやすいでしょう。冷蔵保存を。

材料

- **キウイ** …**正味200g**（2～3個分）
- グラニュー糖 ………………80g
- レモン汁…………………小さじ1

作り方

1 キウイは皮をむき1㎝ほどの角切りにする。

2 耐熱容器にキウイ、グラニュー糖、レモン汁を入れよく混ぜる（加熱中、泡が出てこぼれるのでなるべく深めの容器がよい）。

3 ラップはせずにレンジで3分加熱したら一度取り出し、アクを取り除く。

4 レンジで再び3分加熱してとろりとしたら、よく混ぜる。

デザートレシピ

知っトク情報

キウイの芯

キウイの上部には芯があります。ナイフを入れると芯に当たるのでキウイをくるりとまわしながら1周させ、上部を抜くように取り除きます。この部分を残していると異物感があり、食味も悪くなります。

キウイのフローズンヨーグルト

材料 写真のグラス6個分

- **キウイ**……………**2個**
- ヨーグルト……………100g
- グラニュー糖……大さじ5

作り方

1. キウイはひと口大に切り、グラニュー糖を混ぜなじませておく。
2. ヨーグルトを加え、ざっくりと混ぜ、保存容器に入れ冷凍庫で冷やし固める。

キウイとりんごのスムージー

材料

- **キウイ**(冷凍・つぶしたもの)……………………**1個**
- りんご(冷凍・カットしたもの)……………………1個
- はちみつ……………………………………大さじ1

作り方

1. ミキサーにりんごとはちみつを入れて撹拌し、最後にキウイを入れて1、2秒まわす(キウイの種がつぶれると苦くなるので注意する)。
(写真はトッピングに生のキウイを使用)

ドリンク キウイジュース

材料

- **キウイ**…………**小2個**
- リンゴ……………1/4個
- バナナ……………1/3本
- ヨーグルト……大さじ2
- 牛乳……………150cc
- はちみつ………大さじ1

材料をすべてミキサーにかけて撹拌する。甘い味が好みの場合は、はちみつの量を増やすとよい。

料理レシピ

キウイのサワークリームディップ

材料

- **セミドライキウイ ………大さじ5**
- 白ワイン ……………………大さじ2
- サワークリーム ………………90cc
- メープルシロップ
  ……………………大さじ1(好みの量)

作り方

1 セミドライキウイはひと口サイズにカットして、白ワインを混ぜ20〜30分置く。

2 サワークリームとメープルシロップを混ぜ合わせ、1をさっくりと合わせて器に盛る。クラッカーやクッキーにつけて食べる。

蒸し鶏のキウイソース

材料 3人分

キウイソース

- **キウイ ……………………………2個**
- オリーブオイル ………………20g
- 塩 ……………………ひとつまみ(2g)
- みりん ……………………………60cc

- 鶏むね肉 ……………………250g
- 肉用の塩 ……………………少々

作り方

1 キウイは皮をむいて乱切りにし、オリーブオイル、塩、煮切って冷ましたみりんと合わせ、キウイの種がつぶれてしまわない程度にブレンダーにかける。

2 鶏肉は両面に塩をまぶし、蒸し器に入れて火が通るまで15分くらい蒸す。

3 鶏肉を食べやすい大きさにさき、1のソースをかける。

飾り切り

パーティーやお弁当に

鮮やかな色のキウイは、飾り切りが映え、包丁で切りやすいかたさです。簡単にできるものばかりなので、パーティーに華やかさを添えてみましょう。型で抜いてお弁当の彩りにもおすすめです。

バラ

1 皮をむいて半分に切り、うすく切る。

2 キウイ2個を同様に切り、長く並べる。

3 包丁の先と指先を使いながら巻く。

4 バラの形に整える。

亀

1 皮をむかずに半分に切る。

2 甲の部分に切れ目を入れる。

3 頭と足を作るのに、切れ目を入れる。

4 切れ目に沿ってカットする。

5 頭と足の部分の皮をむく。

6 甲羅の模様を作る。縦方向に溝を入れる。

7 横方向に溝を入れる。

8 種で目をつけて、でき上がり。

西洋梨

舌触りがよく、豊かな香りをもつ西洋梨。追熟を待つ間も楽しみです。

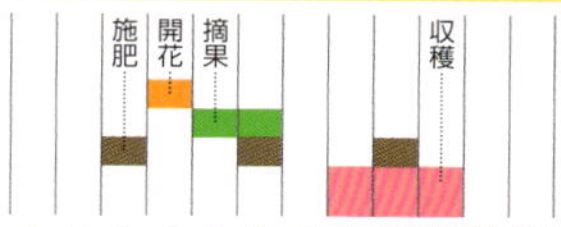

育て方・収穫の仕方

まだかたいうちに収穫して追熟させる

西洋梨は甘いので虫もよってきます。防虫のためにも袋かけ（P215）は効果的です。8～10月に果肉が緑色から黄緑色になってきて、点が浮き上がってきたら収穫し、果肉がやわらかくなり香りが出てくるまで追熟（P16）させます。木につけたまま完熟させてもおいしくなりません。追熟することで、なめらかな食感と豊かな風味が生まれます。完熟を遅くしたいときは、収穫後すぐに冷蔵庫に一週間入れてから、追熟させます。

写真は「オーロラ」。熟すと黄緑色から茶色へと色が変化します。

保存早見表

常温保存	熟すまで（りんごと袋に入れると早く熟す）
冷蔵保存	約3日（袋に入れて）
冷凍保存	くし切り・すりおろし▶約1カ月

※保存期間は目安。地域や保存環境によっても異なります。

おいしい保存法

常温保存 熟すまで

室温で追熟を

完熟するまで室温で追熟させましょう。ポリ袋などに入れるか新聞紙に包んで、冷暗所に。追熟を早めたいときは、りんごと一緒に袋へ。触ってやわらかくなっていれば食べごろ。

冷蔵保存 約3日

袋に入れて

完熟後はポリ袋などに入れて野菜室へ。冷やすと甘みがなくなってくるので、3日を目安に早めに食べましょう。

冷凍保存

約1カ月

かたくならず食べやすい

冷凍する場合は、完熟したものを。西洋梨の頭のほそくなっている部分を切り落として下だけを冷凍しておけば、半解凍したときにスプーンですくってシャーベットとして手がるに食べられます。冷凍してもかたくならず、甘みも残ります。そのほか、くし形にカットしたり、すりおろしたりして保存袋に入れて冷凍しておく方法も。変色が気になるようならレモン汁をふりかけておいてもよいでしょう。

肉料理の下味用調味料やドレッシングに。

半解凍してシャーベットとして食べたり、コンポートにも。

料理レシピ

西洋梨のキッシュ

材料 4人分

- **西洋梨**……………**1個**
- カマンベールチーズ（好みのものでも）……50g
- 卵……………………2個
- 牛乳…………………100cc
- 塩……………ひとつまみ
- コショウ………ひとつまみ

作り方

1 ボウルに卵、牛乳、塩、コショウを混ぜ合わせ、耐熱皿に流し入れ、180度に予熱したオーブンで10分焼く。

2 一度取り出して、チーズをちぎって点々と入れ、スライスした西洋梨を並べる。

3 オーブンにもどし、よい焼き色がつくまで15分～20分焼く。

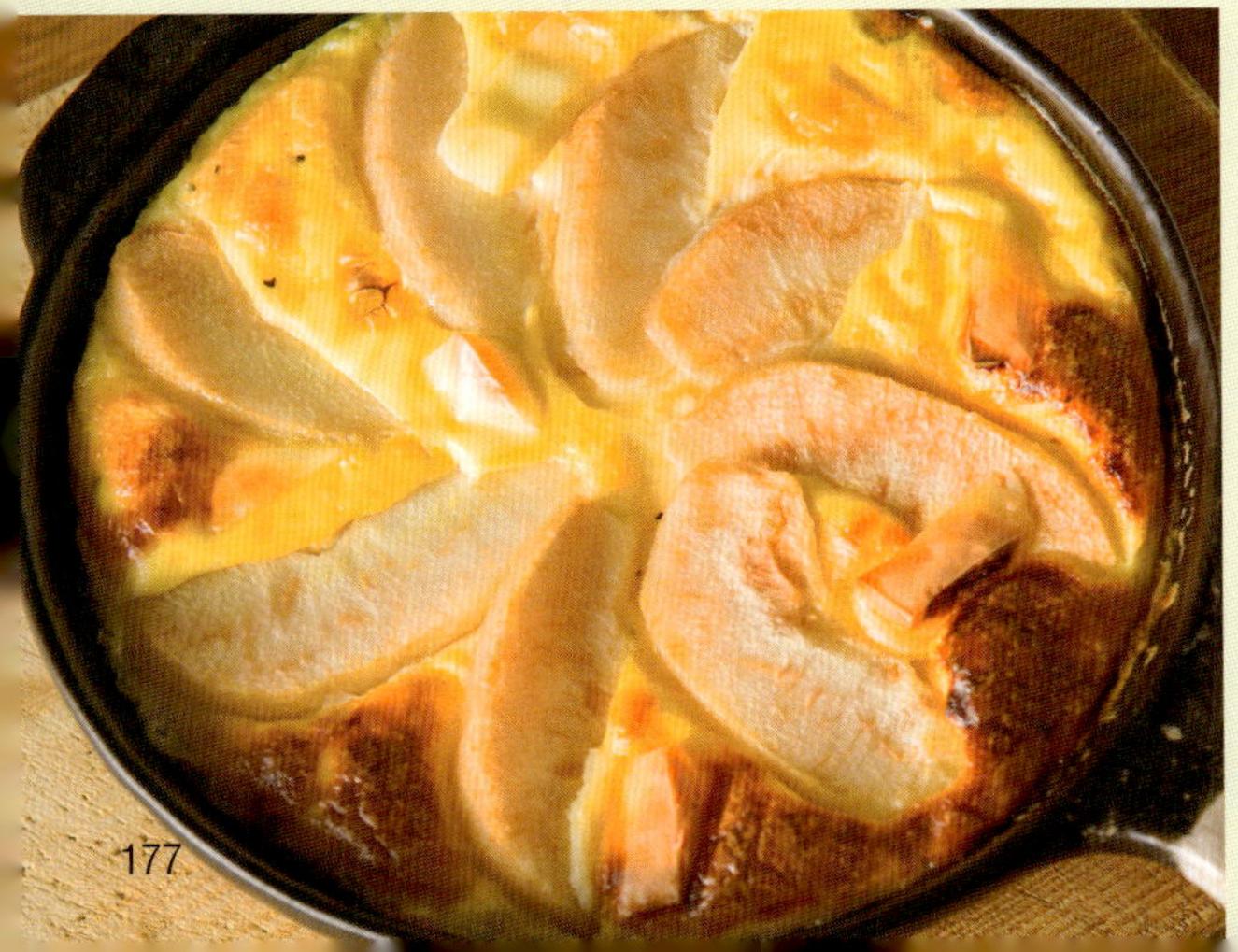

デザートレシピ

西洋梨のベイク

材料 4個分

- **西洋梨**……………**2個**
- ナッツ…………………10g
- ドライフルーツ………10g
- シナモンパウダー、有塩バター、はちみつ……………各適量

作り方

1 洋梨は皮をむいて縦半分に切り、芯を除き、スプーンで少しくり抜いておく。

2 ナッツとドライフルーツを合わせたものをくり抜いた穴に詰め、シナモンパウダーをふり、バターをのせて、はちみつをたらす。

3 アルミホイルで覆い、200度に予熱しておいたオーブンで10分、アルミホイルをはずし5分焼く。しみ出た焼き汁もかけながら熱いうちに食べる。

秋・冬の果樹

レモン

自分の庭でなら、無農薬で育てて、皮ごとたっぷり使えます。黄色くなる前の実も使ってみましょう。

収穫カレンダー（月）

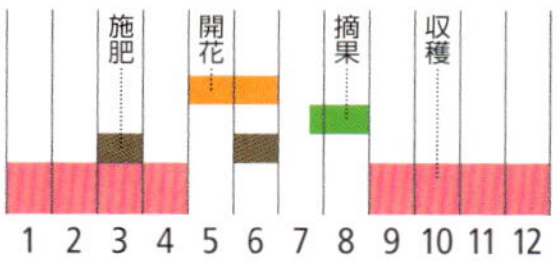

育て方・収穫の仕方

病害虫は少ないので無農薬栽培も可能

市販のものは農薬や防腐剤が心配ですが、自分で育てたレモンは皮ごと使う調理にも安心です。枝には鋭いトゲがあり、育つ間に自分の実を傷つけたり、作業をするときに危険なので見つけたらニッパーなどで取り除いておきましょう。

実が大きくなってくると、庭がさわやかな香りに包まれます。

実つきがよい分、なり過ぎてしまいます。せっかくなった実を摘果（P214）するのは惜しいですが、そのままにしていると翌年にあまりならなくなるため、葉25枚あたり1個を目安に摘果を。実の大きさが直径5cm以上になれば使えます。果汁は酸味が強いものの、たっぷりとれます。黄色になったものは酸味が和らいできます。好みのタイミングで、軸をはさみで切って収穫します。

1ヵ所で3本以上枝が出ているときは、冬に2本を残して枝を切っておくと、翌年よく実がつく。

保存早見表

常温保存	約4～5日（紙に包んで）
冷蔵保存	約10～20日（紙に包んで袋へ）
冷凍保存	果汁▶約10カ月
乾燥保存	約3カ月（オーブンで）
漬け保存	塩レモン▶約6カ月、はちみつ漬け▶約1カ月、レモン酒▶約6カ月
加工保存	レモンカード▶約1カ月、ジャム▶約1カ月、レモンクリーム▶約2カ月

果実以外の利用法：なし

※保存期間は目安。地域や保存環境によっても異なります。「なし」は本書では紹介していないもの。

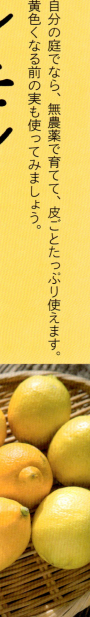

おいしい保存法

常温保存 約4~5日

1個ずつ紙に包んで

常温に置いておくときは、乾燥を防ぐため1個ずつ新聞紙に包んで冷暗所へ。常温保存はあまりむいていないので、すぐに使わないものは早めに冷蔵保存しましょう。

冷蔵保存 約10~20日

包んで袋に入れて

1個ずつ紙に包んでからポリ袋などに入れて冷蔵庫の野菜室へ。カットしたレモンはラップで切り口をぴったりと覆い、さらに全体を包み込むようにして冷蔵庫で保存します。

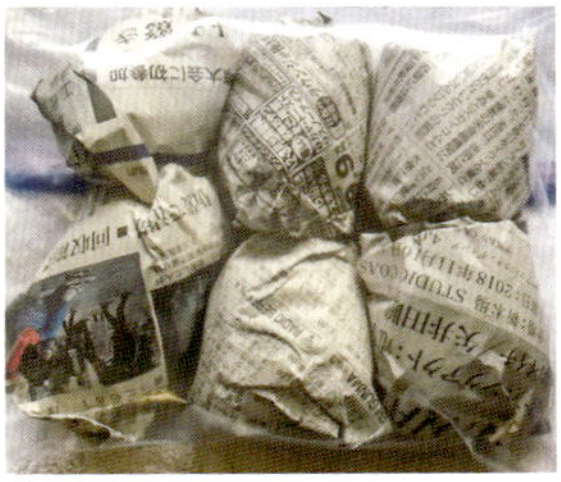

冷凍保存 約10カ月

果汁をしぼって冷凍

レモンを半分に切って、しぼり器でしぼった果汁を保存袋に入れて冷凍庫へ。果汁を製氷皿で凍らせ、完全に凍ったら製氷皿からはずして保存袋に入れておいてもよいでしょう。

果汁だけが必要な料理を作るときに便利。必要な分だけ割って使います。

乾燥保存 約3カ月

オーブンで

レモンをスライスし、クッキングシートを敷いた天板に並べて、100度のオーブンで片面20分ずつ加熱します。紅茶に入れると、生のままのスライスよりも酸味や苦みが和らぎ、やわらかくなったものはそのまま食べることができます。きざんでお菓子の材料にしてもよいでしょう。

切り方

たくさんしぼれるレモンの切り方

1 真横ではなく、やや斜めになるように包丁を入れる。

2 1で切った面を上にして、半分に切る。

3 2をさらに半分に切る。

4 薄皮が断面に出ず、余すことなく果汁をしぼることができる。

料理に添えるレモンの切り方

1 ヘタとお尻の部分をカットし縦半分に切る。

2 さら縦に半分に切る。

3 2を縦に半分に切る。

4 実の中央の部分を切り落とす。

5 つまんでしぼりやすい形になる。

漬け保存

約1～6カ月

漬け保存1 約6カ月

塩レモン

香りと旨みのある調味料です。酸味があると塩を感じやすく、塩の使用量を抑えられるため、塩分が気になる人におすすめ。肉や魚と一緒に煮込むと臭いを消し、料理をさわやかに仕上げます。パスタやドレッシングを作るときに加えても。

材料

- **レモン** ‥1個（100g）
- 塩 ……………………15g

※残った果肉はほかに利用する。

作り方

1. レモンの皮をみじん切りにする。
2. 消毒した保存びんにレモンと塩を交互に重ね入れる。
3. 冷暗所に置き、1週間毎日、ふたはあけずにびんをふって混ぜる。

漬け保存2 約1カ月

レモンのはちみつ漬け

ひと晩おいたら使えます。お湯や炭酸水を注げばレモネードに。冷蔵庫で約1カ月保存できます。

材料

- **レモン** ………… 2個
- はちみつ ………250g

作り方

1. レモンは7～8㎜ほどの厚さの輪切りにする。
2. 清潔な保存容器にレモンを入れ、はちみつを上から注ぐ。

漬け保存3 約6カ月

レモン酒

酒

わたの部分を入れないことで苦みのないすっきり味に。冷蔵庫で保存します。

材料

- **レモン** ……… **500g**（5、6個）
- 氷砂糖 ……………………100g
- ホワイトリカー（35度）‥900cc

作り方

1. レモンの表皮をよく洗い、厚めに皮をむき、2㎝幅の輪切りにする。
2. むいた皮のうち2個分の皮の白いわたの部分をきれいに取る。
3. 消毒したびんに、1、2と氷砂糖、ホワイトリカーを入れる。2～3カ月たったら皮だけを取り出す。

加工保存

約1～2カ月

加工保存1 約1カ月

レモンカード

クリーミーなのにさっぱりさわやか。トーストにぬったり、パンケーキに添えるほか、市販のタルト生地に入れればレモンタルトも。

材料

- **レモン汁** ‥100cc
- **レモンの皮**（すりおろし）‥**1個分**
- 卵 …………………2個
- 砂糖 …………100g
- 無塩バター……100g
- バニラエクストラ‥ 少々

作り方

1. 小鍋に卵を溶きほぐし、砂糖を加えてよく混ぜ、弱火で固まらないよう混ぜながら、3～4分加熱。
2. レモン汁と皮すりおろしを加え、とろみがつくまでヘラで混ぜる。
3. バターとバニラエクストラを加え、よく混ぜる。

加工保存 2
約1カ月

レモンジャム

ジャム

酸味があるので、ヨーグルトやチーズとも好相性。冷蔵庫で保存します。

材料

- **レモン …… 1個**
- きび糖 …… 150g
- ショウガ …… 40g
- 水 ………… 150g

作り方

1 レモンの皮はりんごの皮をむくようになるべくうすくむき、細切りにする。水に1時間漬けたあと、3回ゆでこぼし、再び水に5〜6時間漬けておく。

2 実は薄皮をむいて、ほぐしておく。ショウガは千切りにする。

3 材料をすべて鍋に入れて強火にかけ、アクを取りながら半量ほどになるまで煮詰める。

加工保存 3
約2カ月

レモンクリーム

ココナッツオイルの乳化を利用して作ります。上品なクリームなので、スポンジ生地と合わせてロールケーキ、クリームサンドケーキなどに使えます。カップケーキの上にのせてカラフルなトッピングをしても。

材料

- レモン汁 ………………………… 5cc
- てんさい糖 ……………………… 30g
- A 豆乳 ………………………… 20cc
- A 塩 ………………………… ひとつまみ
- ココナッツオイル ……………… 50cc
  （またはショートニング）

作り方

1 ボウルにてんさい糖を入れ、**A**を加えてよく混ぜ、てんさい糖を溶かし、レモン汁を加える。

2 ココナッツオイルを加えて泡立て器でよく混ぜる。

3 冷蔵庫で冷やし、固まりかけたらよく混ぜ乳化させる（ココナッツオイルは25度以下で固まる）。クリーム状になればでき上がり。保存は冷蔵庫で。

ドリンク

レモンジュース

はちみつ漬けを使って

材料

- **レモンのはちみつ漬け（P180） ……… 大さじ1**
- 水 ………………………… 200cc
- はちみつ漬けのレモンスライス ……… 1枚

グラスに氷、レモンのはちみつ漬けを入れ、水を注ぐ。よくかき混ぜ、はちみつ漬けのレモンスライスを浮かべて飲む。

米粉のレモンケーキ

材料 15cm角型または18cm丸型

- **レモンの皮のすりおろし……1/2個分**
- 米粉……120g
- アーモンドプードル……38g
- A
  - コーンスターチ……30g
  - ベーキングパウダー……小さじ1と1/2（6g）
  - 重曹……小さじ3/4（3g）
- B
  - 豆乳……130cc
  - レモン汁……30cc
  - てんさい糖……45g
  - 塩……ひとつまみ
  - 菜種油（または太白ゴマ油）……75g

作り方

1 オーブンを180度に予熱しておく。小さな器にAを入れて混ぜておく。
2 ボウルにBを入れ、泡立て器でよく混ぜる。
3 2に米粉とアーモンドプードルを加えてしっかり混ぜ、1とレモン皮すりおろしを加えて混ぜる。
4 すみやかに型に流し、予熱したオーブンで10分、160度に下げて20分焼く。冷めたら、好みでレモンクリーム（P181）や溶かしたチョコをかけても。

レモンアイス

材料 冷凍できる15cm角程度の容器 写真のグラス5個分

- **レモンカード……100g**
- 生クリーム……100cc
- 砂糖……大さじ1

作り方

1 ボウルに生クリームと砂糖を入れ8分立てにする。
2 レモンカードを加え、ゴムベラで混ぜる。
3 オーブンシートを敷いた容器に入れ、冷凍庫で1～2時間冷やし固める。好みでナッツをくだいて添える。

レモンカード（⇒P180）を使って

レモンキャンディー

材料

- **乾燥レモン……4枚**
- 砂糖……80g
- 水……40cc

作り方

1 乾燥レモンの端を切って竹串を刺し、切り込みを入れたアルミカップに置く。
2 鍋に砂糖と水を入れて中火にかけ、鍋をまわしながら加熱し、まわりに色がついてきたら火を止めてぬれふきんの上に置く。
3 1のアルミカップに2を注ぎ、固まるまで置いておく。

乾燥レモン（⇒P179）を使って

料理レシピ

レモンクリームパスタ

材料 2人分

- **レモン……1/2個**
- 飾り用レモン……少々
- パスタ……200g
- ベーコン……20g
- しめじ……50g
- アスパラガス……2本
- 生クリーム……100cc
- 牛乳……80cc
- 白ワイン……30cc
- 有塩バター（またはオリーブオイル）…20g
- 粉チーズ……大さじ2
- 塩・コショウ……各適量

作り方

1 アスパラガスはかたい部分をピーラーで削り、根元を切り落としてうすい斜め切りにする。ベーコンは8㎜幅に切り、しめじはほぐしておく。
2 レモンは果汁をしぼっておく。
3 フライパンにバターを入れ、ベーコン、アスパラガス、しめじを炒める。白ワインを加えて約半量になるまで煮詰め、生クリームと牛乳を加えてとろみがつくまで弱火で煮詰める。
4 塩を加えた熱湯でパスタをゆでる。
5 3にゆで上がったパスタを加えて混ぜ合わせ、粉チーズ、2、塩、コショウで味を調える。

飾り切り

料理を華やかにする切り方

ねじり切り
レモンを約5㎜の厚さの輪切りにし、中心まで切り込みを入れてねじる。2枚を組み合わせてよい。

花切り
レモンを約1㎝の輪切りにし、かつらむきの要領で皮とわたの部分を花のように切る。

レモンそば

材料 1人分

- **レモン汁**
  …小さじ1と1/2個分
- 輪切りレモン……2枚
- そば……1人分
- めんつゆ……適量
- ホウレンソウ、長ネギ
  ……各適量

作り方

1 めんつゆにレモン汁を入れる。
2 そばをゆでて、冷水で洗い、器に盛る。
3 2に1をかける。
4 レモン、ホウレンソウ、長ネギなどを飾る。

【柑橘類】

日本人の暮らしに密着している柑橘類。種類が多く、一年を通してさまざまな柑橘を利用することができます。

新品種が続々と誕生

温州みかんをはじめ、いよかん、はっさくなど、日本人になじみの深い柑橘類。ここ最近は急速に甘くておいしい新品種が登場しています。清見、はるみ、不知火《しらぬい》(でこぽん)、麗紅《れいこう》など、食卓でもすっかりおなじみのものとなりました。これらも含め、新品種の苗も多く出まわっていますから、食べておいしかったものは、庭で育ててみると楽しいものです。

柑橘類の種類と収穫カレンダー

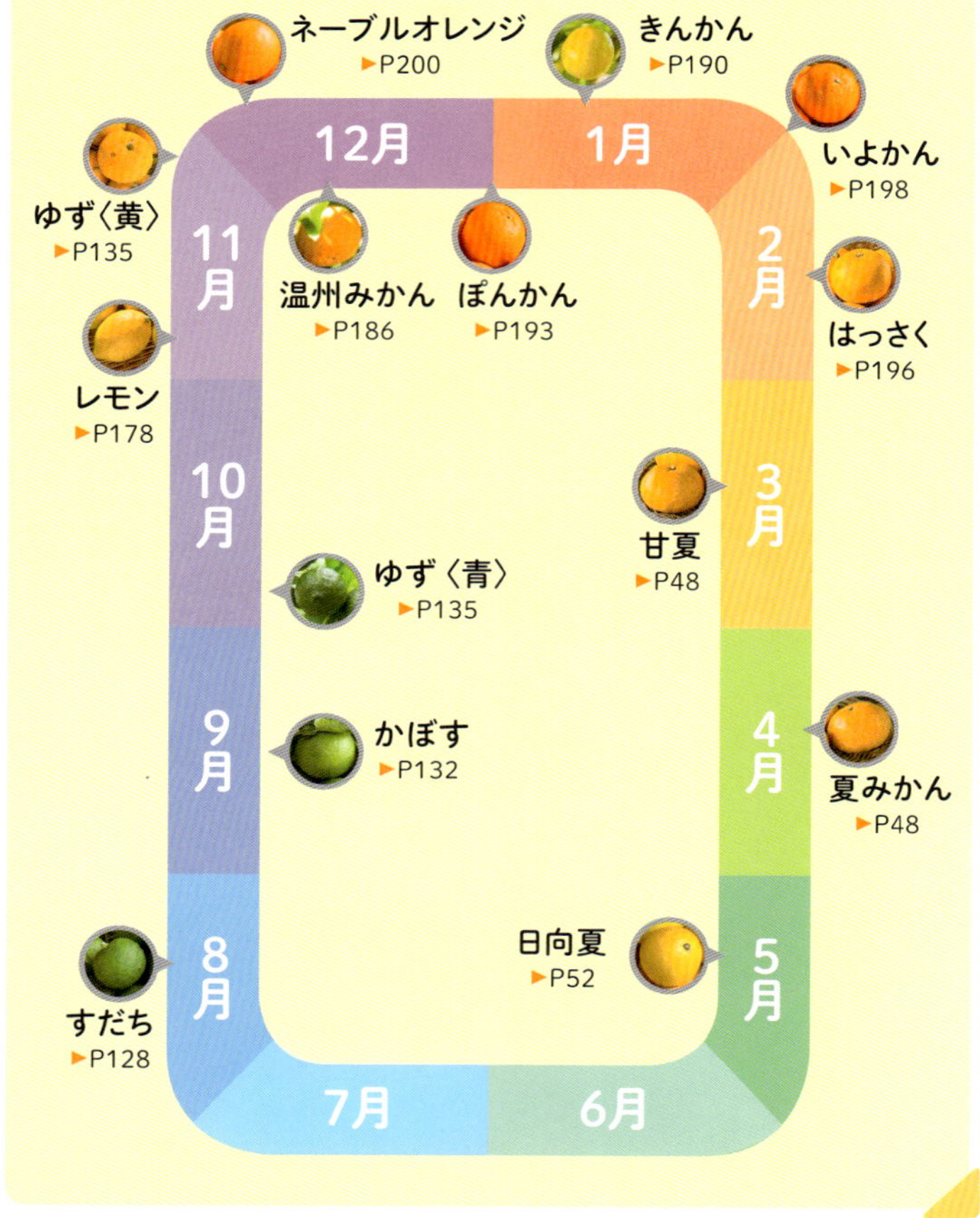

柑橘類の保存に最適な温・湿度

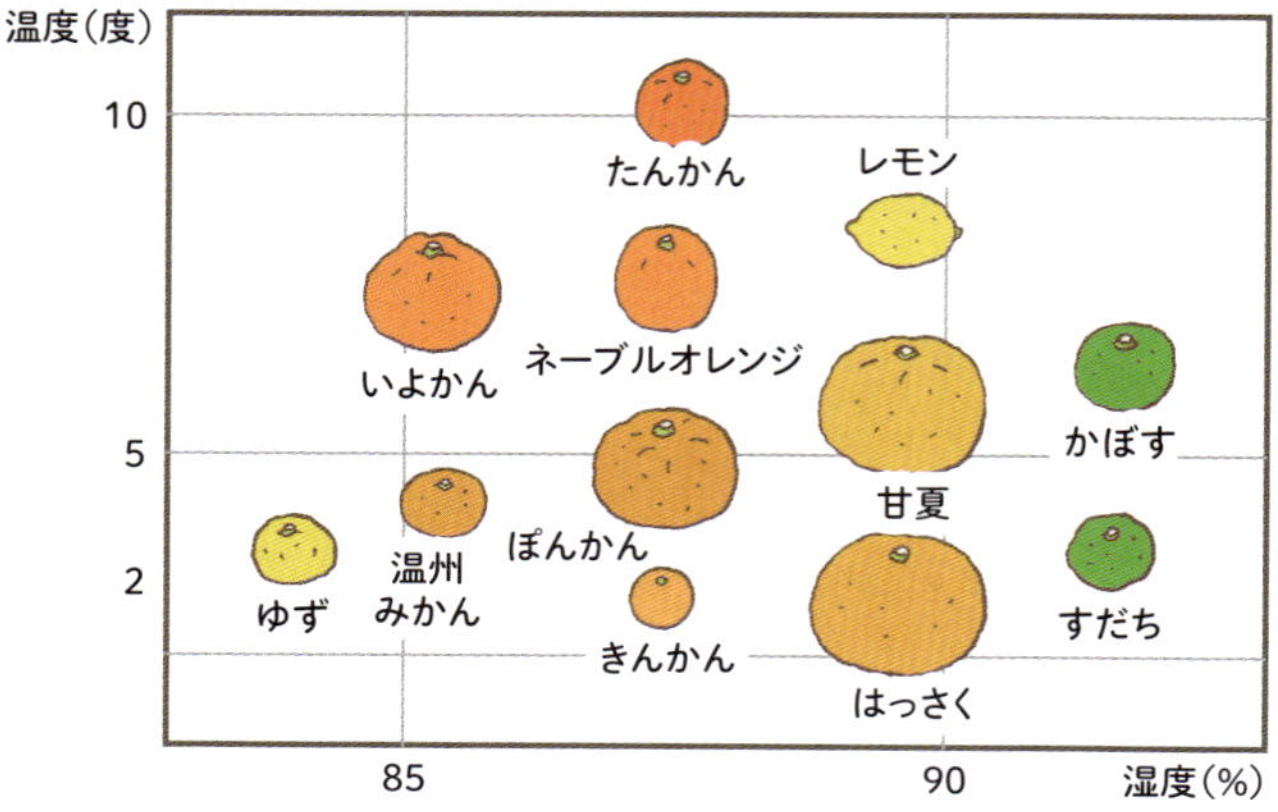

原図／伊庭慶昭

高湿度を好むもの、好まないもの、低温を好むもの、好まないものがあります。それぞれの適した温度、湿度を確認しておくと、保存をするときに役に立つでしょう。

庭木としてもすぐれもの

柑橘類は皮ごと使う場合が多く、その場合、市販のものでは農薬の使用が気になります。その点、家の庭で育てれば無農薬でも栽培が可能です。最低限の薬剤を使う場合でも、自分で使用量を調整することができます。

また、柑橘類は庭木としてもすぐれています。収穫した果実を味わうことはもちろん、白い花が咲きそろった光景、実が緑色の時期の光景、次第に黄色に色づいていく過程の光景など、四季折々の様子を楽しめます。常緑樹でもあるので、落葉樹の葉がなくなってしまった冬でも、庭に緑が残り、目隠しにもなります。

まだ実がならない時期でも、庭に出て、柑橘類の葉を手でもんでみましょう。柑橘の香りがその場に広がります。

上段左から甘夏、夏みかん、はっさく、中段左から日向夏、ネーブルオレンジ、いよかん、下段左からきんかん、温州みかん、ぽんかん。

MEMO
種を育ててみましょう

種から育てると、実がなるまでに８年はかかります。庭に直接まくよりは発根させてから鉢に植えてしばらく育て、ある程度まで育ってから地植えにするとよいでしょう。鉢に移してからも室温で育てます。

早く発芽させる方法（25度以上で管理）

①外側の皮をむく
②ぬれたティッシュペーパーの上で根を出す

柑橘類のQ&A

Q1 落ちた実も食べられる？

A 完熟して自然落果したものもあれば、傷んで落果したものもあります。落ちた直後のものは食べられますが、香りをかいでみて、くさったような臭いがするときは捨てましょう。風で未熟なうちに落ちたものなら、香酸柑橘のように果汁や薬味として使えるでしょう。

Q2 カビが生えたものはどうしたらいい？

A 柑橘類に生えたカビで命を落とすようなことはありませんが、カビが生えたものはその部分だけでなく、目に見えないカビが繁殖していることもあります。おいしくもありませんから、その果実は捨ててしまいましょう。１カ所にカビが生えると次々に移っていくので、こまめに観察し、カビが生えたものはすぐに取り除きましょう。

Q3 貯蔵している柑橘類はいつまでもつ？

A 温度や湿度に注意して（P184）うまく貯蔵していれば、貯蔵中に少しずつ酸が抜けていきます。冬場は、収穫から3カ月くらいは食べられます。

温州みかん

甘くて皮がむきやすく、手がるに食べられることが人気の温州みかん。寒さ対策をすれば多くの地域で育てられます。

収穫カレンダー（月）

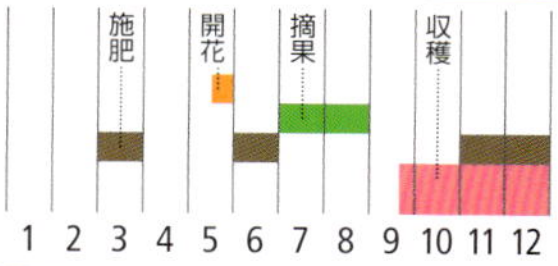

育て方・収穫の仕方

完全にオレンジ色になったら酸味も抜け、収穫できる

寒さにはあまり強くないので、防寒対策しながら育てるとよいでしょう。

1本で実がなるので人工授粉（P214）の必要はありません。葉30枚につき1個に摘果（P214）します。完全にオレンジ色になったら収穫期です。味見をしながらはさみで切ります。

MEMO 薄皮のむき方（柑橘類共通）

中心の白い部分を包丁で取り除く。

V字に切る。

上下ともV字に切ったところ。

真ん中もV字に切る。

手で筋を除き、薄皮をむいていく。

むき終わったところ。

※写真のむき方のほか、水500ccに対して重曹小さじ1を入れて沸騰させたところにみかんを入れ、5分放置してから水を2、3回かえることでも薄皮がつるりとむける。

保存早見表

常温保存	約2〜4週間（風通しのよいところで）
冷蔵保存	約2週間（紙に包んで袋へ）
冷凍保存	丸ごと▶約3カ月、房ごと▶約2カ月、果汁▶約3カ月
乾燥保存	なし
漬け保存	シロップ漬け（房で）▶約2週間、（丸ごと）▶約1週間
加工保存	みかんソース▶約2週間
果実以外の利用法：なし	

※保存期間は目安。地域や保存環境によっても異なります。「なし」は本書では紹介していないもの。

おいしい保存法

常温保存 約2～4週間

風通しのよいところで

収穫は寒い時期なので常温保存で大丈夫です。かごなどに入れて風通しのよいところに置いておきましょう。箱に入れておくとカビが生えやすいので、こまめに確認をしましょう。

冷蔵保存 約2週間

包んで袋に入れて

冷蔵庫に長く置いておくと甘みが落ちたり、水分が抜けたりします。気温が高くなってきて冷蔵庫に入れるときには1個ずつ新聞紙などに包んで、ポリ袋に入れて野菜室へ。

冷凍保存 約2～3カ月

一度水にくぐらせて

丸ごと冷凍する場合は、一度冷凍したものを水にくぐらせて再度冷凍すると、中の実の乾燥を防げます。約3カ月保存可能。手がるに食べたいときは房ごと冷凍を。約2カ月保存できます。

果汁をしぼって保存袋に入れて冷凍すると約3カ月保存できます。

漬け保存 約1～2週間

漬け保存1 約2週間

みかんのシロップ漬け（房にして）

みかんの缶詰でおなじみの味を自家製で。薄皮はP186の方法でむきます。冷凍すれば約2カ月保存が可能。

材料

- みかん……4個
- グラニュー糖……75g
- 水……200g

作り方

1. みかんは皮と薄皮をむく。
2. 鍋に分量の水とグラニュー糖を入れ、ひと煮立ちさせてシロップを作り、常温に冷ます。
3. 保存容器に1とシロップを入れ、冷蔵庫で保存する。

漬け保存2 約1週間

みかんのシロップ漬け（丸ごと）

酸味が強くてそのままでは食べにくいみかんはシロップ漬けに。冷凍すれば約2カ月保存できます。

材料

- みかん……3個
- グラニュー糖……120g
- 水……300cc
- ミントの葉……3枚

作り方

1. みかんは皮をむき、丸のまま薄皮をていねいにむくか、重曹を使ってむく。
2. 鍋に分量の水とグラニュー糖を入れ、ひと煮立ちさせてシロップを作り、常温に冷ます。
3. 保存容器に1とシロップを入れ、冷蔵庫で保存する。
4. 食べるときに、ミントの葉を飾る。

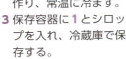

加工保存❶ 約2週間

みかんソース

ほんのり甘くて、とろみのあるソースです。冷凍すれば3カ月保存できます。ヨーグルトやホットケーキなどスイーツにかけるほか、鶏肉のソテーなどにもよく合います。

材料

- **みかん果汁**(冷凍果汁でもよい) ……………… **280g**(みかん4個分)
- はちみつ ……………… 15g
- 片栗粉 ……………… 3g

作り方

1. みかんは薄皮を取り(P186)、種も取ってミキサーにかけて鍋に入れ、弱火で半量になるまで煮詰める。
2. 片栗粉を同量の水で溶かしたものを入れ、混ぜたら火を止めて、はちみつを入れてよくかき混ぜる。

飾り切り

子どもが大喜び!

ゾウ

1 ナイフの刃先で、耳の形に切れ目を入れる。

2 反対の耳も同様にする。

3 鼻の部分に切れ目を入れ、しわと目をマジックで書き入れる。

車

1 ヘタを取り、皮をむかずに縦に半分に切る。

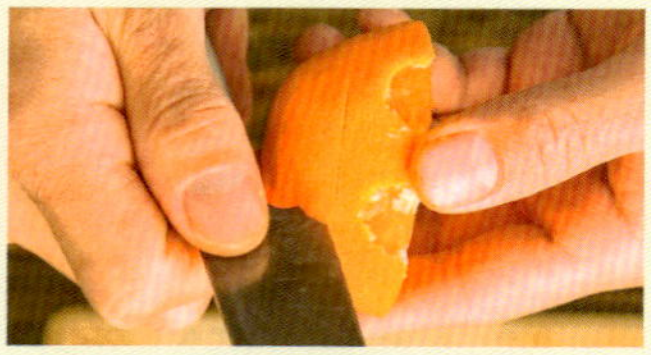

2 窓とタイヤの部分の皮をむく。

3 タイヤ部分でむいた皮を裏返してもどし、取ったヘタを上につける。

ドリンク

みかんシロップジュース

材料

- みかんシロップ漬けのみかん(P187) ……… 2個
- みかんシロップ漬けのシロップ(P187) …… 50cc
- 水 ……………… 50cc

材料を合わせる。炭酸で割ってもおいしい。

みかんジュース

材料

- みかん ……………… 2個

みかんは皮と薄皮を取る。ふきんで果汁をしぼるか、ジューサーにかける。好みで、はちみつや砂糖を加える。

料理レシピ

みかん鍋

材料 3人分

- **みかん**……**4個**
- たら切り身……3切れ
- いわしのつみれ……6個
- ハクサイ……3枚
- 長ネギ……1本
- シュンギク……3本
- しめじ……1株
- 木綿豆腐……1丁
- だし汁……600cc
- しょう油……適宜
- 青ゆずコショウ、七味唐辛子など……適宜

作り方

1 みかん3個の皮をむき、焦げ目がつく程度にトースターで焼く。みかん1個は果汁をしぼる。
2 鍋にだし汁とみかん果汁を入れて火にかけ、具材を食べやすい大きさに切って入れる。
3 しょう油で味を調え、青ゆずコショウを少しつけて食べる。

みかんのフレンチトースト

材料 4人分

- **みかん**……**2個**
- バケット……1本
  （または食パン4枚切りのもの2枚）
- 卵……2個
- 牛乳……60cc
- 砂糖……大さじ2
- 有塩バター……適量
- メープルシロップまたははちみつ……お好みで

作り方

1 みかん1個は外側の薄皮をむき、スライスしておく。もう1個は果汁をしぼる。
2 卵、牛乳、砂糖、みかん果汁をボウルに入れて混ぜ、浸し液を作る。
3 2をバットに入れ、切ったパンを浸してよく浸み込ませる。
4 フライパンに弱火でバターを温めパンを並べ、ふたをして5分間蒸し焼きにしたら裏返して、もう5分蒸し焼きにする。
5 フライパンからパンを取り出し、スライスしたみかんをかるく焼き、パンの上にのせる。好みでメープルシロップやはちみつをかける。

デザートレシピ

牛乳みかん寒天

材料 ゼリーカップ7個分

- **みかんのシロップ漬け（P187）**……**190g**
  （シロップ液90gを合わせた量）
- 牛乳……300cc
- 粉寒天……4g
- 水……200cc
- グラニュー糖……大さじ3

作り方

1 鍋に水、粉寒天を入れて火にかけ、沸騰したら弱火にしてグラニュー糖とシロップ液を入れ混ぜる。
2 温めた牛乳を加えてよく混ぜ、火を止める。
3 粗熱が取れたら、好みの型に流し入れる。
4 シロップ漬けのみかんをまんべんなく沈め、気泡をつぶし、冷蔵庫で3時間以上冷やし固める。

丸ごと焼きみかん

材料

- **みかん**……**4個**
- 卵白……1個分
- グラニュー糖……適量
- シナモン棒…4本（好みで）

作り方

1 ボウルに卵白を溶きほぐし、皮をむいたみかんのまわりにハケでうすくぬる。平皿にグラニュー糖を広げ、みかんを転がしてまぶしたら、中心にシナモン棒を刺す。
2 230度に予熱しておいたオーブンかオーブントースターでカリッと焼き色がつくまで10分ほど焼く。熱いうちに食べる。アイスやカスタードクリームを添えてもよい。

きんかん

果実が小さく、皮ごと食べられるきんかん。一本の木にたくさんなるので、いろいろな保存法を楽しんで。

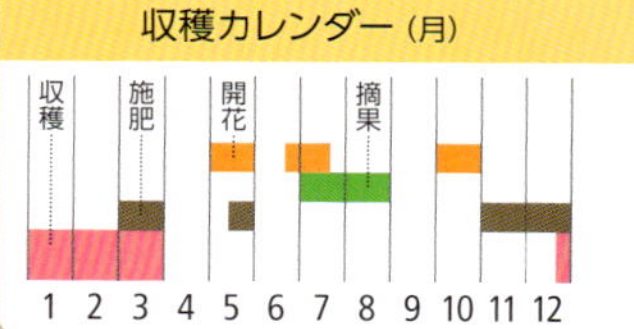

育て方・収穫の仕方

柑橘類に共通の白い花。きんかんは１年で３回花を咲かせます。

熟したら早めに収穫を

11月中旬から色づき始めるので、全体がつやのあるオレンジ色になったものから順に摘み取ります。きんかんはとても甘く、鳥たちの好物でもあります。実がついている部分はネットなどで覆って、被害を防ぐようにしましょう。翌年の春まで実が木に残りますが、木を疲れさせないためにも、早めに収穫し終えたほうがよいでしょう。

おいしい保存法

常温保存 約10日

まとめて紙に包んで

収穫期は寒い時期なので、しばらくは常温保存で大丈夫です。まとめて新聞紙などに包み、風通しのよい冷暗所に置いておきましょう。

冷蔵保存 約3週間

袋に入れて

食べるまでに時間がかかりそうなときは早めに冷蔵庫へ入れましょう。傷んでいるものがないかを確認し、乾燥を防ぐため、ポリ袋に入れて野菜室へ。

冷凍保存 約3カ月

輪切りにして

きんかんを洗ってヘタを取り、輪切りにし、種はとって保存袋に入れて冷凍庫へ。凍ったままでもシャーベット風に食べられます。

保存早見表

常温保存	約10日（まとめて紙に包んで）	乾燥保存	約6カ月（天日干しかオーブンで）
冷蔵保存	約3週間（袋に入れて）	漬け保存	シロップ漬け▶約6カ月 きんかん酒▶約1年
冷凍保存	約3カ月（輪切りにして）	加工保存	蜜煮▶約3週間

果実以外の利用法：なし

※保存期間は目安。地域や保存環境によっても異なります。「なし」は本書では紹介していないもの。

乾燥保存 約6カ月

乾燥後、冷蔵庫へ

輪切りにして種を取ったものを3～7日天日に干すか、110度のオーブンで40分加熱します。袋かびんに入れ、冷蔵庫で保存しておきます。

そのまま食べてもおいしく、きざんでヨーグルトやケーキの生地に入れても。

漬け保存 約6カ月～1年

漬け保存1 約6カ月 きんかんのシロップ漬け

ビタミンを丸ごとたっぷり取れることから、古くから風邪予防や咳止めにも使われています。そのまま食べたり、ヨーグルトなどに入れるほか、シロップとともにお湯で割っても。

材料

- **きんかん** …300g
- 氷砂糖 ……… 300g

作り方

1. きんかんはよく洗ってヘタを取り、縦に4等分する。楊枝で種を取っておく。
2. 消毒したびんに氷砂糖ときんかんを交互に入れる。氷砂糖が溶けるまでは、ときどきびんをまわしておく。約2週間で氷砂糖が溶けきったらでき上がり。発酵してしまうので、冷蔵庫で保存する。

漬け保存2 約1年 きんかん酒

酒

きんかんを味見してみて、苦みが強いときは、ひと晩水につけてから使いましょう。1カ月たって実を取り出したあとは、その実で蜜煮を作ることもできます。

材料

- **きんかん** …………… 1kg
- 氷砂糖 ……………… 300g
- 果実酒用ブランデー ‥1800cc
- レモン ………………… 1個

作り方

1. きんかんをよく洗い、ヘタを取って水分をふく。場合によってはひと晩水に漬けておく。
2. レモンの皮を厚めにむき、約5㎜の輪切り（びんの大きさによってさらに半分に切る）にする。
3. 消毒しておいたびんにきんかんと氷砂糖を交互に入れ、最後にレモンを入れる。
4. ブランデーを注ぎ入れる。漬けたあとは冷暗所に置き、氷砂糖が溶けるまで、ときどきびんをまわしておく。1カ月たったら実を取り出す。

加工保存 約3週間

加工保存1 約3週間 きんかんの蜜煮（甘露煮）

ビタミンCがたっぷり含まれているので、風邪のひき始めに。冷蔵庫で保存します。

材料

- **きんかん** ‥10個（150g）
- 三温糖 ……………… 150g

作り方

1. きんかんは洗って水気を切り、包丁で縦に4カ所切り込みを入れる（種を取り出してもよい）。
2. 鍋に1とたっぷりの水を入れ、中火にかけて沸騰したら水に取り、そのまま1～2時間漬けておく（苦みの少ないものであれば短時間でよい）。
3. 鍋に2を入れて三温糖の半量を加えたら、きんかんがかぶるくらいの水を入れ、中火で10分ほど煮る。
4. 残りの三温糖を入れて弱火にし、ときどき鍋をゆすりながら皮につやが出るまで煮る。

ドリンク ホットドリンク

材料

- **きんかん蜜煮** ………… 1個
- 蜜煮のシロップ …… 大さじ1

カップにきんかん蜜煮とシロップを入れ、130ccのお湯を注ぐ。

デザートレシピ

きんかんの蜜煮のどら焼き

材料 6個分

- **きんかんの密煮 …… 6粒**
- 卵 …… 1個
- 粒あん …… 150g
- A
  - 小麦粉 …… 70g
  - ベーキングパウダー …… 5g
- B
  - みりん …… 大さじ1
  - 砂糖 …… 20g
  - きんかん密煮のシロップ …… 大さじ2
  - 牛乳または豆乳 …… 大さじ1

作り方

1 Aはふるっておく。別のボウルに卵を割りほぐし、Bを入れ泡立て器で混ぜる。Aを加え、粉が見えなくなるまで混ぜる。
2 1にラップをかけ30分休ませる。
3 フライパンを弱火で熱し、サラダ油(分量外)をペーパータオルでなじませる。生地を直径6㎝ほどに丸く流し焼く。
4 表面に気泡ができたら返し、裏面をさっと焼く。12枚焼き、ざるにのせて冷ます。
5 6等分にした粒あん、半分に切った蜜煮をはさむ。

料理レシピ

骨つきチキンときんかんの甘辛煮

材料 4人分

- **きんかん …… 6個**
- 鶏手羽肉 …… 500g
- A
  - 塩、コショウ …… 各少々
  - 酒 …… 大さじ2
  - 酢 …… 小さじ2
  - しょう油 …… 大さじ1と1/2
  - みりん …… 大さじ2
  - 砂糖 …… 小さじ1
- タバスコ …… 少々
  (七味唐辛子でも)

作り方

1 鶏手羽肉は味が入りやすいように数カ所包丁の先でつついて、塩、コショウ(分量外)をかるくふっておく。Aをすべて合わせておく。きんかんは横4つに輪切りにしておく。
2 フライパンを熱してサラダ油(分量外)を入れ、鶏肉を転がすように焼き、色がついてきたら、Aをすべて入れて煮立たせる。
3 水分が少なくなったらきんかんを入れ、タバスコを3、4ふりしてからめる。

秋・冬の果樹

ぽんかん

温州みかんの仲間で大きくて甘い実が特徴。手で簡単にむけ食べやすいですが、乾燥しやすいので注意しましょう。

収穫カレンダー（月）

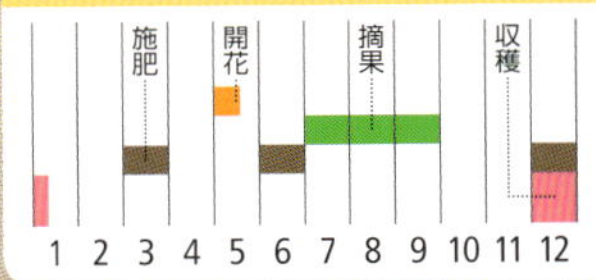

育て方・収穫の仕方

虫があまりこないところでは人工授粉を

ぽんかんは1本で授粉するので、虫がたくさんいるところでは人工授粉（P214）は必要ありません。都市部のマンションの3階以上で育てている場合は人工授粉をしないと実がつきません。実がたくさんついたときは、葉40～50枚に1個の実になるよう、摘果（P214）をします。12月ごろになると色づき、収穫できます。全体が完全にオレンジ色になったら、軸をはさみで切って収穫します。

薄皮がうすくて食べやすい。酸味は少なく、やさしい甘みが特徴。

知っトク情報

でこぽんとの違い

でこぽん（不知火《しらぬい》）は、ぽんかんと清見を交配してできたものです。デコを持つ特徴的な外観と良好な食味を持つことから、熊本県で本格的な栽培が始まりました。

保存早見表

常温保存	約1週間（紙に包んで風通しのよい冷暗所に）
冷蔵保存	約2週間（紙に包んで袋へ）
冷凍保存	約2カ月（房に分けて砂糖をまぶす）
乾燥保存	なし
漬け保存	なし
加工保存	ぽんかんみそ▶約2週間
果実以外の利用法：なし	

※保存期間は目安。地域や保存環境によっても異なります。「なし」は本書では紹介していないもの。

おいしい保存法

常温保存
約1週間

乾燥しないように

ぽんかんはほかの柑橘に比べて外側の皮がうすめなので、早めに食べることを心がけましょう。乾燥しないよう、新聞紙などに包んで風通しのよい冷暗所に置いておきましょう。

冷蔵保存
約2週間

紙に包んで袋に入れて

生のままでなかなか食べられないときは、早めに冷蔵保存にしましょう。そのまま入れると水分が抜け、酸味が増します。1個ずつ新聞紙などで包んでポリ袋に入れ、冷蔵庫の野菜室へ。

冷凍保存
約2カ月

房に分けて砂糖を

収穫量が多く、長くそのままになってしまいそうなときは、あらかじめ冷凍分を分けておいてもいいでしょう。皮をむいて房に分け、ぽんかんの半量の砂糖をまぶして保存袋に入れて冷凍を。

加工保存
約2週間

加工保存1 約2週間

ぽんかんみそ

ゆずなど酸味の強い柑橘を使って作ったみそに比べてマイルドです。焼いた油揚げやゆで野菜にかけて味わいます。

焼いた油揚げなどにかけて。

材料

- ぽんかんの果肉 ……………200g（約2個分）
- みそ ……………80g
- 三温糖 ……………30g

作り方

1 ぽんかんは薄皮と種を取り除き、ミキサーにかける。
2 鍋にみそ、砂糖を入れて練り混ぜ、1を入れ弱火にかけ、かき混ぜながらひと煮立ちしたら火を止める。冷めたら保存容器に入れ冷蔵庫で保存。

デザートレシピ

ぽんかんコブラー

材料 6個分

- **ぽんかん** …………………… **2個**
- 無塩バター
  (冷やして1㎝の角切りにしたもの)
  …………………………………… 30g
- 生クリーム ………………… 65g

A
- 小麦粉 ……… 100g
- ベーキングパウダー ………………… 4g
- きび砂糖 ……… 20g
- 塩 ……… ひとつまみ

B
- コーンスターチ ………… 大さじ1
- きび砂糖 … 大さじ1
- 無塩バター ….. 15g

作り方

1 オーブンを200度に予熱しておく。ボウルにAを入れ泡立て器で混ぜる。バターを加え、さらさらになるまで手ですり混ぜる。

2 生クリームを加えてさっくり混ぜ、ひとまとめにする。

3 台に小麦粉(分量外)をふるい、伸ばして折りたたむ作業を3回くり返す(この状態で冷凍も可)。

4 3を2㎝の厚さにし、型で抜く。

5 ぽんかんは皮をむいて耐熱皿に並べ、その上にBの材料を混ぜ合わせたものを入れる。

6 4の生地を5の上に並べ、予熱したオーブンで20分ほど焼く。生地が焼けたら完成。

ぽんかんゼリー

材料 2個分

- **ぽんかん**
  ‥**2個**(**果肉200g**)
- 粉ゼラチン ……5g
- グラニュー糖
  …… 小さじ1と1/2

作り方

1 ぽんかんは横半分に切り、皮を破らないように中身を取り出す。

2 中身は薄皮と種を取り除き、グラニュー糖とともに少し実が残る程度にミキサーにかける。

3 粉ゼラチンを湯(分量外)でふやかしておき、2と合わせ混ぜ、1の皮の器に静かに流し入れ、冷蔵庫で1時間ほど冷やし固める。

はっさく

果汁は少なめですが、果肉の食感がよく、甘みも強い柑橘類です。

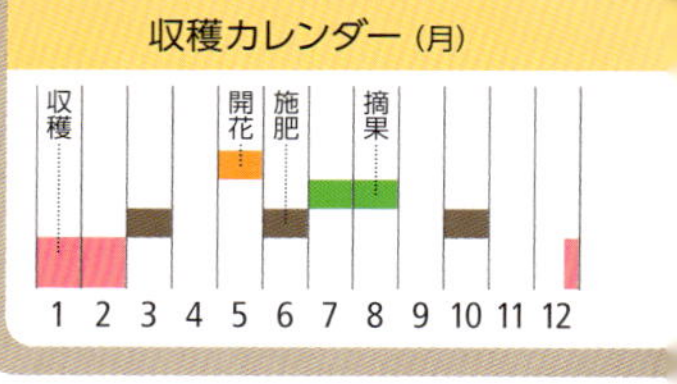

育て方・収穫の仕方

夏みかんなどほかの雑柑と植えると実つきがよくなる

はっさくは生長がよく広がりやすいため、広めのスペースを確保して植えましょう。1本だけでも実はなりますが、その場合、小さくて種もできません。実なりが悪いことが気になるなら、夏みかんなどほかの雑柑と一緒に植えてみましょう。大きくておいしい実がたくさんなります。

摘果（P214）は葉60～80枚につき1個に。12月くらいから収穫できますが、2～3月までそのままならせておくと、甘みが増します。

皮が厚くむきにくいが、歯ごたえある果肉は甘い。

保存早見表

常温保存	約10日（冷暗所に）	乾燥保存	約6カ月（皮・天日で）
冷蔵保存	約1～2カ月（まとめて袋に入れて）	漬け保存	はちみつ漬け▶約4日
冷凍保存	約2カ月（グラニュー糖をまぶして）	加工保存	ジャム▶約3カ月
果実以外の利用法：なし			

※保存期間は目安。地域や保存環境によっても異なります。「なし」は本書では紹介していないもの。

おいしい保存法

常温保存 約10日

日もちは長め

はっさくは外側の皮がかたく、房の皮も厚めで、ほかの柑橘よりは日もちがします。とはいえ、そのまま暖かい部屋に置いては早く傷むので、風通しのよい冷暗所に。

冷蔵保存 約1～2カ月

まとめて袋に入れて

まとめてポリ袋などに入れ、冷蔵庫の野菜室へ。皮をむくのに多少手間がかかるため、時間のあるときに皮をむいてすぐに食べられるようにしたものを保存袋で冷蔵しておいても。

冷凍保存 約2カ月

グラニュー糖をまぶして

はっさくは冷凍すると水分が抜けやすいので、糖分と一緒に保存して防ぎましょう。外側の皮と薄皮をむいて、はっさく1個当たり20gのグラニュー糖をまぶして保存袋へ。

乾燥保存 約6カ月

入浴剤として利用

加工や料理に使った残りの皮は、ほそく切ってカラカラになるまで乾燥を。ガーゼなどに包んで浴槽に入れてみましょう。皮には抗酸化作用のあるオーラプテンが多く含まれています。

漬け保存 約4日

漬け保存❶ 約4日

はっさくのはちみつ漬け

でき上がったものは冷蔵庫で保存を。

材料

- はっさく……1個
- はちみつ……大さじ2

作り方

1 はっさくは薄皮と種を取り除き、保存容器に並べる。
2 はちみつを上からかける。半日後からおいしくなる。お湯で溶いてドリンクにしてもよい。

加工保存 約3カ月

加工保存❶ 約3カ月

はっさくジャム

ジャム

さわやかな酸味が味わえるジャム。果肉だけを使ってなめらかに。

材料

- はっさくの果肉……500g
（大きめのはっさく2個分）
- グラニュー糖……200g

作り方

1 はっさくは薄皮と種を取り除き、2/3をミキサーにかけ、1/3は手でほぐす。
2 鍋に1を入れ、グラニュー糖をふり混ぜ1時間置く。
3 2を中火にかけ、アクを取りながら30分煮詰める。

ドリンク

炭酸割りジュース

はっさくジャムを使って

材料

- はっさくジャム……大さじ1
- ソーダ水……90cc

ジャムをコップに入れ、ソーダ水を入れてかるくかき混ぜる。

いよかん

原産は山口県ながら、愛媛で栽培が盛んになり「伊予柑」に。甘い果汁がたっぷりで飲んでよし、食べてもよし。

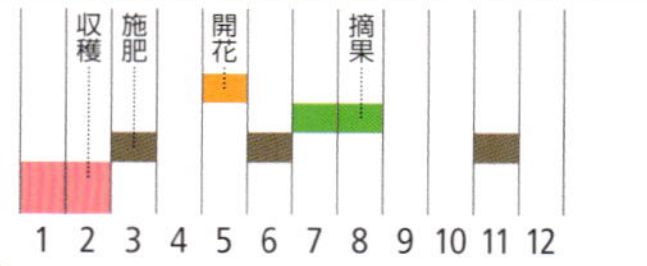

収穫カレンダー（月）

育て方・収穫の仕方

暖かい地方なら3月まで樹上で酸味を抜く

いよかんは生長の勢いはさほど強くないので、小さなスペースでも育てられます。ただ、温州みかんなどに比べると寒さに弱く、関東以南での栽培が適しています。1本でもよく実をつけるので授粉で神経質になる必要はありません。葉70～80枚につき1個になるように摘果（P214）を。翌年1月になって完全にオレンジ色になったら収穫できます。3月くらいまでそのまま木にならせておけば、酸味が抜けて甘くなります。寒い地方では、樹上で果汁が減って苦みが増すため、12月中に収穫して室内で貯蔵しましょう。

皮は厚いがむきやすい。果肉はやわらかくジューシーで味が濃い。

保存早見表

常温保存	約10日（風通しのよいところで）
冷蔵保存	約2週間（袋に入れて）
冷凍保存	約2カ月（房に分けてグラニュー糖をまぶして）

※保存期間は目安。地域や保存環境によっても異なります。

おいしい保存法

常温保存 約10日

食べごろを待つ

いよかんは収穫してから少し熟成させて甘みが増えてくるのを待ちましょう。外皮を触ってみて弾力を感じるようになってきたら食べごろ。それからさらに10日くらいはもちます。風通しのよいところで保存を。

冷蔵保存 約2週間

冷やし過ぎに注意

いよかんは、冷やし過ぎると苦みが出てきます。ポリ袋に入れて、冷蔵庫の中でもあまり低温にならない野菜室に入れ、早めに食べきりましょう。

デザートレシピ

冷凍保存 約2カ月

砂糖をまぶして

水分が失われるのを防ぐため、皮をむいて房に分けたら、薄皮はむかずに砂糖かグラニュー糖をまぶしておきましょう。いよかん1個につき20gが目安です。保存袋に入れて冷凍庫へ。

いよかんチーズケーキ

食べごろの甘みののったもので

材料 6人分

- **いよかん** ……………**2個**
- レアチーズケーキ …1ホール
- 砂糖 ………………… 大さじ1
- 粉ゼラチン ………………3g

作り方

1 ボウルに水大さじ1(分量外)を入れ、粉ゼラチンをふり入れふやかしておく。
2 いよかんマリネを作る。1と1/2個分の薄皮をむいたいよかんに、砂糖をふり入れ和える。
3 いよかん1/2個分は果汁をとり、足りなければ水を足して100cc用意し、レンジで1分加熱する。
4 1に3を加え、混ぜ溶かす。
5 4にいよかんマリネを加えて混ぜ、冷えて少し固まってきたら、型に入ったレアチーズケーキ(右記参照)にのせて、2時間冷蔵庫で冷やし固める。
6 温めたふきんで型のまわりを温め、型を抜く。

レアチーズケーキの作り方

材料 15cmホール1台分

- プレーンヨーグルト ‥ 400g
- グラニュー糖または好みの砂糖 ………… 50cc
- 牛乳 ………………… 100cc
- 生クリーム ………… 100cc
- 粉ゼラチン ……………… 5g
- レモン汁 ………… 大さじ1
- レモン皮すりおろし ‥ 1/2個分

作り方

下準備
・ヨーグルトを200gになるよう水切り(2～3時間)をする。
・ボウルに水大さじ1と1/2入れ、粉ゼラチンをふり入れてふやかしておく。

1 ボウルに水切りヨーグルト、砂糖を入れ、泡立て器でなめらかになるよう混ぜる。
2 耐熱ボウルに半量の牛乳を入れ、レンジで30秒温める。ふやかしたゼラチンに加えて溶かし、温かい状態で1に少しずつ加えよく混ぜる。
3 2に残りの牛乳、レモン汁、レモン皮を加え、混ぜる。
4 別のボウルで、生クリームを6分立てにする。
5 3に4を加えさっくりと混ぜる。
6 型に流し入れ、冷蔵庫で2時間冷やして完成。

料理レシピ

いよかん入りニンジンラペ

材料

- **いよかん** ……**1個**
- ニンジン …………1本

調味料
- りんご酢 ‥ 大さじ1弱
- 塩 ………… 2つまみ
- オリーブ油 ……… 適量

作り方

1 ニンジンはスライサーで皮ごと千切りにし、いよかんは皮と薄皮をむいてかるく実をほぐす。
2 調味料を加えて和える。冷蔵庫で2時間以上ねかせるとおいしい。

ネーブルオレンジ

柑橘類の中でもとりわけ糖度が高く、薄皮も食べられる人気の果物。多くの柑橘の親になっています。

収穫カレンダー（月）

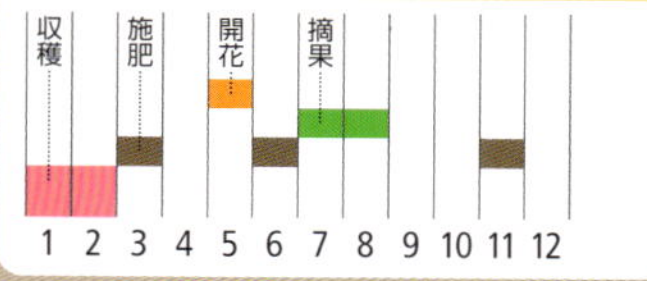

育て方・収穫の仕方

収穫してから追熟すると酸味が抜けて甘くなる

寒さに弱いため、関東以南での栽培に適しています。1本でもよく実をつけるので、7月ごろには葉50～60枚につき、1個の割合に摘果（P214）をしましょう。翌年1～2月に収穫できます。収穫してから しばらく追熟（P16）し、甘くなってから食べます。

MEMO

ネーブルとは

「nevel」とはへそのことで、お尻側のくぼみが特徴的であることから名づけられました。ここにもうひとつ小さな実が隠れています。

飾り切り

オレンジジュースのグラスに

ネーブルの皮はやわらかくてなめらかなので、飾り切りも楽しめます。子どもが集まるパーティーにおすすめです。

動物の顔

ヘタと周囲のくぼみが目と鼻に、飲み口用にあけた部分が笑っている口に。ネーブルの上1/3の皮をはずして、口に切り込みを入れ、耳の形に切り取ったものを楊枝に刺してつける。

ヨット

くし形に切った実の先を少し平らに切り、白いわたの部分と小さな皮で帆の形を作り、串で刺す。船底になる皮のところに切れ込みを入れ、コップにつける。

保存早見表

常温保存	約1週間（風通しのよいところで）	冷凍保存	約2カ月（房に分けて）
冷蔵保存	約2週間（紙に包んで袋に）	加工保存	マーマレード▶約10カ月
果実以外の利用法：なし			

※保存期間は目安。地域や保存環境によっても異なります。「なし」は本書では紹介していないもの。

おいしい保存法

常温保存 約1週間

風通しのよいところで

暑い時期でなければ、食べるまでの間は常温保存もできます。1個ずつ新聞紙などに包んで、風通しのよい冷暗所に置いておきましょう。湿度が高いところではすぐに傷み始めます。

冷蔵保存 約2週間

紙に包んで袋に

冷蔵庫に入れると水分が失われやすいので、1個ずつ新聞紙に包んでポリ袋に入れておきましょう。あまり温度が低くならない野菜室へ。紙に包む前に水分はよくふき取っておきます。

冷凍保存 約2カ月

房に分けて

皮をむいて房に分け、保存袋に入れて冷凍します。ネーブルは甘みが強いので砂糖をまぶさなくてもOK。袋に入れるときは、房がなるべく重ならないようにしましょう。

加工保存 約10カ月

加工保存1 約10カ月 ネーブルマーマレード

ジャム

夏みかんに比べて甘みのあるマーマレードに。びんに入れて冷蔵庫で保存。

材料

- ネーブルオレンジ……6個
- 砂糖……ネーブルの50%

作り方

1. よく洗ったネーブルを白いわたを残しながらりんごの皮をむくようにうすくむき、千切りにする。
2. 鍋にたっぷりの水と1を入れ、沸騰したら3分間ほど煮て、ざるにあける。これを3回くり返したら、皮をかるくしぼり、水にさらす。
3. 果肉の薄皮をきれいにむき、2の皮をしぼって合わせ、重さをはかる。
4. 3の重さの半量の砂糖を入れて強火にかけ、煮立ったら中弱火にし、アクを取りながら20分煮詰める。

ドリンク ネーブルジュース

材料

- ネーブルオレンジ……1個
- 水……50cc
- はちみつ……小さじ1

ネーブルの薄皮をむき、材料をすべてミキサーにかけて撹拌する。氷を入れたグラスに注いで飲む。

デザートレシピ

中華蒸しケーキ

材料 直径18㎝型

- **すりおろしたネーブルオレンジの皮**……1個分
- **ネーブル果汁**……1/2個分
- 卵……1個
- はちみつ……大さじ4
- サラダ油……大さじ2
- 牛乳……80cc
- 薄力粉……150g
- ベーキングパウダー……小さじ1½

作り方

1 ボウルに卵、はちみつ、サラダ油、ネーブルの皮を入れて泡立て器でよく混ぜ、ネーブル果汁に牛乳を足して120ccにしたものを加え、混ぜる。

2 薄力粉とベーキングパウダーを合わせたものを1にふるい入れ、さっくりと混ぜる。

3 クッキングシートを敷いた丸型に、2を流し入れ、蒸気の上がった蒸し器で25分間蒸す。

ショコラショー

材料

- **ネーブルオレンジの皮**……1個分
- 牛乳……200cc
- チョコレート（きざんでおく）……40g

作り方

1 小鍋にうすくきざんだネーブルの皮と牛乳を入れて中火にかけ、沸騰したら火からおろしてチョコレートを入れ、ふきんをかぶせて3分置く。

2 再び弱火にかけてチョコレートを混ぜ溶かし、茶こしでふるってカップに注ぐ。好みでホイップクリームをのせてもよい。

料理レシピ

オレンジチキン

材料 3人分

- ネーブルオレンジ
  ……………………薄皮をむいた果肉2個分
- 鶏むね肉 ……………………………………250g
- タマネギ(うすくスライス) ………………大1/2個
- 三温糖 ……………………………………………80g
- しょう油 …………………………………………90cc
- 小麦粉 ……………………………………………40g
- 塩・コショウ ……………………………………各少々
- ショウガ(千切り) ………………………………1片分

作り方

1 ビニール袋の中にひと口大に切った鶏肉、小麦粉、塩、コショウを入れてよく混ぜる。
2 熱したフライパンにサラダ油(分量外)を敷き、1をきつね色になるまで焼く。
3 鍋に焼いた肉、タマネギ、ショウガ、ネーブル、三温糖、しょう油を入れ、10～15分煮込む。ご飯にかけて食べてもよい。

ネーブルマーマレードの牛丼

材料 2人分

- マーマレード…**大さじ2**
- 牛肉（すき焼き用）……200g
- タマネギ……………………1/2個
- めんつゆ(つけづゆ程度の濃さで)
  ………………………………カップ1
- ご飯 ……………………丼2杯分
- 一味唐辛子 ……………………少々
- 赤ワイン(酒でも) …大さじ1
- ショウガ(千切り)…………1片

作り方

1 牛肉は食べやすい大きさに、タマネギは1cm幅に切る。マーマレードの中の皮はきざんでおく。
2 鍋にめんつゆとタマネギを入れて火にかけ、煮立ったら中火で2～3分煮て、牛肉、マーマレード、ワイン、ショウガを加え、牛肉に火が通るまで煮る。
3 ご飯に2を盛り、一味唐辛子をかけて食べる。

ネーブルのマスタードソース
（ホットドッグに）

材料

- マーマレード
  ……………**大さじ3**
- 粒マスタード…大さじ2
- しょう油………小さじ2
- 水…………………70cc

作り方

1 鍋に材料をすべて入れて中火にかける。混ぜ合わせながら、つやととろみが出てきたら火を止める。肉料理やソーセージなどに。

フルーツでおもてなし

Part.2

水にカットしたフルーツを入れると、さわやかな香りと味わいのフルーツウォーターに。
赤ワインを入れればサングリア。カラフルな見た目で、パーティーシーンを華やかにしてくれます。

フルーツウォーター

材料

- レモン……1個
- ネーブルオレンジ‥1個
- ショウガ……1片
- 水……1000cc

作り方

1 ポットにスライスした果物とショウガを入れる。
2 ポットに水を注ぎ、冷蔵庫に入れる。30分たつと飲める。

※作った当日に飲みきる。

こんな果実でも!

パイナップル、ブルーベリー、いちご、りんご、キウイフルーツ、レモン、柑橘類すべて

サングリア

材料

- レモン……1個
- ぽんかん……1個
- みかん……1個
- りんご……1/2個
- 赤ワイン……400cc
(残りもののワインでも可)
- はちみつ……30g

作り方

1 容器にカットした果実、はちみつを入れる。
2 ワインを注ぎ入れる。1時間たつと飲める。

こんな果実でも!

パイナップル、ブルーベリー、桃、バナナ、いちご、りんご、キウイフルーツ、レモン、柑橘類すべて

特別編
2

実のなる庭木

- ざくろ …… 206
- かりん …… 208
- ポポー …… 209
- フェイジョア …… 212
- ジューンベリー …… 212
- オリーブ …… 213
- あけび …… 213

ざくろ

国産ものはあまり流通していないので、庭で育てるざくろは貴重です。木の上で完熟させて、とれたてを味わいましょう。

育て方・収穫の仕方

条件が悪くても栽培しやすい

1本でも果実がつきますが、ちょうど梅雨時に受粉が重なるのでそれまで実つきがよくなかったという場合は、人工授粉を（P214）してみましょう。果実が赤く色づいたら収穫可能です。果実が割れ始めたら完熟。完熟まで待って収穫できるのが自家栽培の醍醐味です。

切り方・種の取り方

ざくろの切り方・種の取り方

1 ざくろのまわりに包丁で切れ目を入れ、半分に割る。

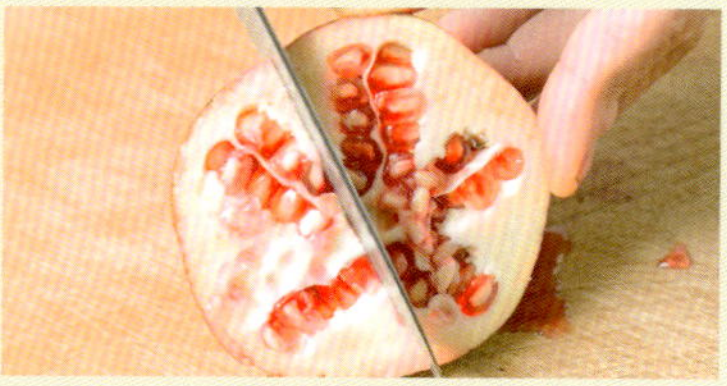

2 断面を上にして、もう半分に切れ目を入れる。

3 切れ目に沿って、手で割る。

4 ボウルに張った水の中で実を、手でほぐしながら皮から取りはずす。

5 実をざるに上げる。

保存早見表

常温保存	約5日（皮がついたままで）	乾燥保存	なし
冷蔵保存	約2カ月（袋に入れて）	漬け保存	砂糖漬け▶約1カ月
冷凍保存	約3カ月（袋に入れて）	加工保存	ざくろシロップ▶約3カ月
果実以外の利用法：なし			

※保存期間は目安。地域や保存環境によっても異なります。「なし」は本書では紹介していないもの。

収穫カレンダー（月）

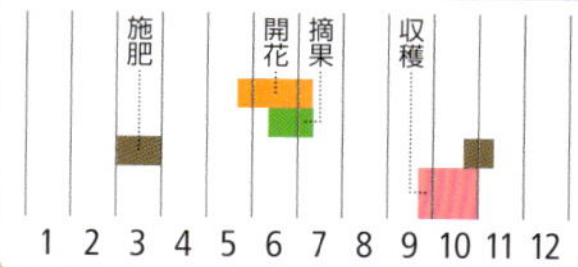

おいしい保存法

常温保存 約5日

皮がついたままで

皮がついたまま風通しのよい冷暗所に保存しておきます。この状態で保存したものは早めに食べきりましょう。

冷蔵保存 約2カ月

ポリ袋に入れて

皮をむかずに丸ごとポリ袋に入れて、野菜室で保存します。実をバラバラにしたものは保存容器で2～3日保存可。

冷凍保存 約3カ月

保存袋に入れて平らにする

P206の方法で取り出した実の部分の水気を切ってから保存袋に入れて、平らにして冷凍庫へ入れましょう。このまま食べるときは自然解凍で。加熱するときは半解凍で使います。

漬け保存 約1カ月

漬け保存❶ 約1カ月

ざくろの砂糖漬け

でき上がったものは冷蔵庫で保存します。古くから咳止めとしても利用されてきました。

材料

- ざくろ……1個(200g)
- グラニュー糖……100g

作り方

1 ざくろは実を取り出し、保存びんに入れる。

2 実の上からグラニュー糖を加え、グラニュー糖が溶けるまで常温に置き(約10日)、グラニュー糖が溶けて液状になったら、でき上がり。冷蔵庫で保存して、シロップとして使用する。

砂糖漬け活用法

水やソーダ水で割ってジュースに。

加工保存 約3カ月

加工保存❶ 約3カ月

ざくろシロップ

種が多くて食べにくいようなら、シロップに。冷蔵庫で保存しましょう。

材料

- ざくろ……3個(600g)
- グラニュー糖……300g
- 水……300cc

作り方

1 実を保存袋に入れ、空気を抜いて口を閉じ、つぶし残しがないように手のひらで押しつぶしていく。

2 袋から出してこし器に入れ、ヘラなどで押して果汁を出す。

3 果汁を鍋に入れて弱火にかけ、アクを取りながら2/3ほどの量になるまで10～15分煮詰める。

4 別の鍋に水300ccとグラニュー糖を入れて弱火にかけ、煮詰めた果汁と同じくらいの量になるまで煮詰める。

5 3と4をひとつの鍋に合わせ、もう一度火にかけて10分くらい煮詰める。粗熱を取って保存びんに入れ、冷蔵保存する。

シロップ活用法

- ソーダ水で割って飲む。
- カクテルやお菓子を作るとき、このざくろシロップをグレナデンシロップとよび使用する。

かりん

黄色い大きな実が目を引く、手がかからない果樹です。1年に1回の漬け作業も恒例の楽しみに。

収穫カレンダー（月）

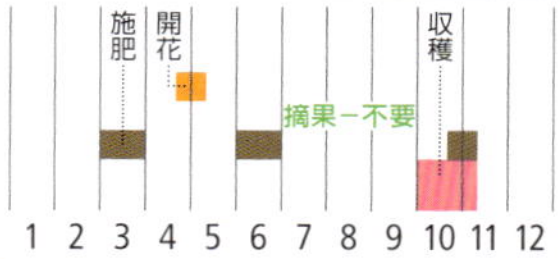

育て方・収穫の仕方

手をかけずとも実がつく

涼しい地域ではコンパクトに育ちますが、暖かい地域では大木になりがちなのでまめに切り詰めましょう。実の数は多くないので摘果（P214）は不要です。10〜11月に、実が黄色になって香りが出てきたら収穫できます。

おいしい保存法

生食できないので早めに加工を

収穫後、まだ熟していないものは常温で追熟（P16）します。新聞紙に包んで風通しのよいところへ。生では食べられないので、早めに加工をしましょう。エキスがたっぷり抽出されたはちみつ漬けもかりん酒も、風邪のひき始めやのどが痛いときにおすすめです。取り出した実は砂糖と煮詰めると食べられます。

切るときはまな板の下にふきんを敷いてすべらないように。

はちみつ漬け

漬け保存❶ 約6カ月

材料

- かりん‥1個（300g）
- はちみつ………600g

作り方

1 かりんは縦半分に切り、スプーンなどで種を取ったら厚さ1㎝のいちょう切りにする。

2 保存びんにかりんとはちみつを入れて冷暗所に保存し、ときどきゆすってなじませる。

※10日ほどで飲める。半年過ぎたら実は取り出す。のど痛、咳のときによい。

かりん酒

酒

漬け保存❷ 約1年以上

材料

- かりん …1個（300g）
- 氷砂糖 …80g
- ホワイトリカー ………600cc

作り方

下準備：かりんはぬるま湯で洗い、常温に3日置き、香りを引き出しておく。

1 かりんを皮がついたまま2㎝の厚さに切る。

2 保存びんに、氷砂糖、かりん、ホワイトリカーを入れる。

3 冷暗所に保存し、ときどきゆすってなじむようにする。

※2ヵ月ほどで飲める。半年過ぎたら実を取り出す。さらに置くとまろやかな味になってくる。

ポポー

古くからの庭によく植えられていますが、「幻のフルーツ」と人気が再燃。傷みやすくほとんど流通していない果物です。

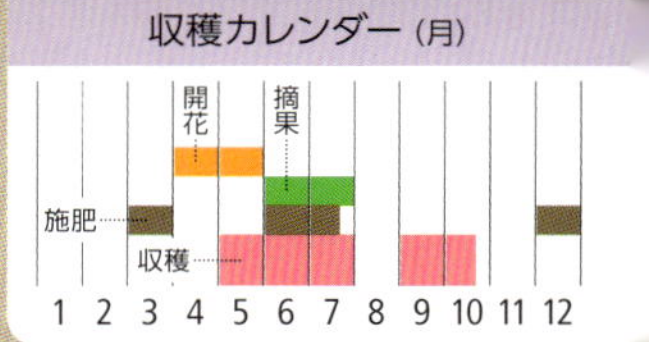

育て方・収穫の仕方

病害虫に強く育てやすい

実はほとんど市販されていませんが、苗木では多くの品種が入手できます。病害虫に強く、育てやすい果樹です。1本でも実をつけますが、雄花と雌花の開花時期が異なるので、人工授粉（P214）をするか異なる品種のものを近くに植えましょう。

茶色の部分が出てきても、傷んでいるわけではありません。

収穫した実は、縦半分か横半分に切って、スプーンですくって食べます。バナナやマンゴーに近いクリーミーな味わいです。

実がたくさんついたときは、1枝につき1～2個に摘果（P214）します。緑色がうすくなって茶褐色の部分が出てきたら収穫です。よく観察して落果直前のものを収穫しましょう。収穫後、2～3日追熟（P16）すると甘みが増します。

保存早見表

常温保存	熟すまで（紙袋に入れて）
冷蔵保存	約2日（袋に入れるかラップで包む）
冷凍保存	約1カ月（つぶして）
乾燥保存	なし
漬け保存	なし
加工保存	なし
果実以外の利用法：なし	

※保存期間は目安。地域や保存環境によっても異なります。「なし」は本書では紹介していないもの。

おいしい保存法

常温保存
熟すまで

紙袋に入れて

収穫時に熟していないものは、紙袋などに入れて冷暗所へ。数日ですぐに熟すので早めに使いましょう。

冷蔵保存
約2日

袋に入れるかラップに

熟したものはポリ袋に入れるか、ラップでぴったりと包んで冷蔵庫の野菜室へ。

冷凍保存
約1カ月

平らにして冷凍庫へ

皮をむき、種を取り出して、保存袋に入れ、つぶすように平らにして冷凍庫で保存します。

下記のおやつに使ったり、半解凍してヨーグルトやアイスクリームに混ぜてもおいしい。

デザートレシピ

ポポーのドーナツ

材料 12個分

- **ポポー……大2½個**(100g)(中サイズ1個分)
- 小麦粉……170g
- ベーキングパウダー……小さじ1
- 卵……1個
- きび砂糖……50g
- 牛乳……20cc
- サラダ油……大さじ1

ポポーの豆乳プリン

材料 ゼリーカップ4個分

- **ポポー……大1/2個**(40g)
- 豆乳……250cc
- 水……50cc
- 粉寒天……小さじ1/2(20g)
- きび砂糖……大さじ2

作り方

1 ポポーの皮をむいて裏ごししておく。
2 水に粉寒天を入れて溶かし、中火にかけて混ぜながら温めた豆乳ときび砂糖、1を入れる。
3 沸騰直前で火を止め、コップに入れて冷蔵庫で冷やす。黒蜜をかけてもおいしい。

ポポー

作り方

1 ポポーの皮をむいてざるに入れる。

2 ヘラでつぶしながら、裏ごしをする。

3 ボウルに卵を割り入れ、泡立て器でかき混ぜる。

4 3にきび砂糖を加える。

5 よく混ぜ合わせる。

6 5にサラダ油を少しずつ加えて混ぜ合わせる。

7 6に牛乳を少しずつ加えながら混ぜ合わせる。

8 2の裏ごししたポポーを7に入れて混ぜ合わせる。

9 小麦粉とベーキングパウダーをふるいながら加える。

10 ゴムベラでよく混ぜ合わせる。

11 なめらかになるまでよく混ぜ合わせる。

12 11をスプーンでまとめながら170度の揚げ油（分量外）に入れる。

13 片面がきつね色になったら裏に返す。

14 両面とも色よく揚げる。

15 油を切っておく。

でき上がり!!

実のなる庭木

フェイジョア

花、葉、実が楽しめることで庭木としても人気。苗木の品種も増えています。

収穫カレンダー（月）

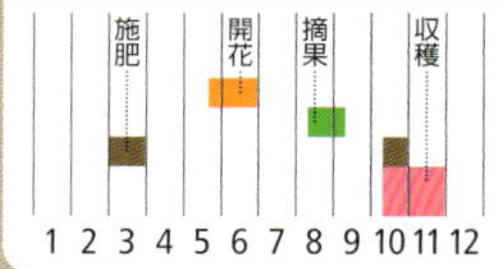

収穫と楽しみ方

花も食べられ、実も生食できる

実は熟しても皮は緑色のままですが、手で持ってぽろっと取れたものを収穫しましょう。その後香りが出るまで1週間程度追熟（P16）します。キウイのように真ん中で切ってスプーンですくったり、皮をむいて輪切りにします。種も食べられます。

エキゾチックな花を咲かせ、葉も美しく、庭木としても人気のある果樹です。

生食でき、西洋梨や桃のような味がします。花も食べられるので、サラダの飾りに。

フルーツ盛り

実のなる庭木

ジューンベリー

実ものではひと足先に、初夏の庭を彩ります。収穫は鳥との競争に。

収穫カレンダー（月）

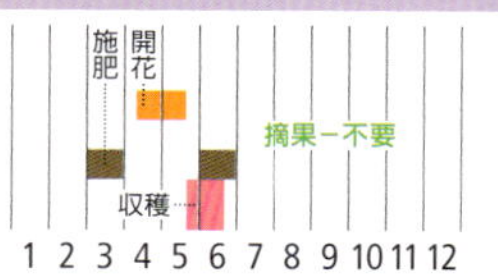

収穫と楽しみ方

収穫後はなるべく早く食べるか加工を

白い美しい花、甘い真っ赤な実、紅葉、季節の楽しみが豊富な庭木。手をかけなくても1本で小さな実がたくさんなります。梅雨どきに実が赤から深紅に変わったら収穫時期です。日もちがしないので、

収穫後はすぐに生でそのまま食べるか加工を。ジャムにするときは裏ごしして皮を取り除くと美味です。

込み合った枝や不要な枝を取り除く程度の剪定でも、自然に美しい樹形に。

実のなる庭木

オリーブ

地植えでも鉢植えとしても庭の風景のひとつになります。ピクルスやオイルに。

収穫カレンダー（月）

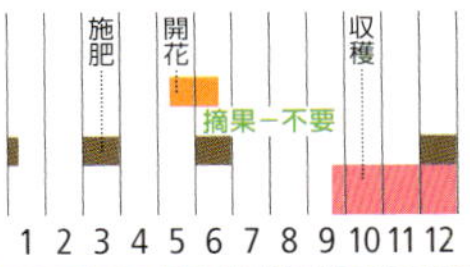

収穫と楽しみ方

渋抜きをしっかりと葉はお茶にも

2品種以上を植えて人工授粉（P214）をしないとなかなか実がたくさんつきません。実つきのよい品種の組み合わせもあります。品種によっても異なりますが、ピクルス用には青いうちに、オイル用には黒くなってから収穫を。オリーブは渋みが強く、生食はできません。ピクルスを作るときは苛性ソーダを使って渋抜きをしっかりします。苛性ソーダは劇薬なので、詳しくは専門書を参考に。塩や水で抜く場合は数カ月かかります。乾燥させた葉をこまかく砕くと、お茶として飲めます。

シルバーリーフがかろやかで庭を華やかにしてくれます。

筆先などで2品種以上の花に触れて、人工授粉します。

熟す前の緑の実はピクルスに使うことができます。

実のなる庭木

あけび

野山でも自生し、古くから親しまれてきた果樹。皮も調理して食べられます。

収穫カレンダー（月）

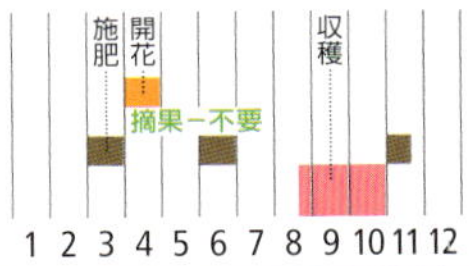

収穫と楽しみ方

実は生で食べられ、皮は調理を

実がさけたら収穫します。あけびは、中のゼリー状の白い果肉を食べます。ほんのり甘く、クセもほとんどありません。

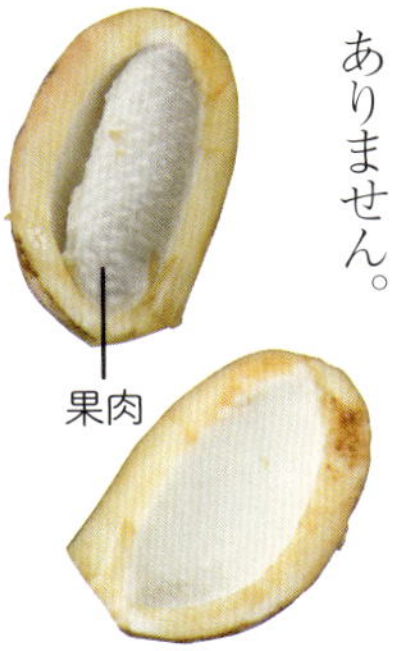

あけびの皮のみそ炒め

材料

- あけび……1個
- まいたけ……40g
- しめじ……40g
- しいたけ……40g
- A みそ・大さじ1強
- 　砂糖・大さじ1弱
- 　酒……大さじ1
- しょう油‥小さじ1

作り方

1. あけびの皮は1㎝ほどのくし切りにして塩（分量外）でもみ、沸騰した湯で30秒くらいゆで、アク抜きをする。
2. まいたけとしめじはばらし、しいたけは7〜8㎜幅に切っておく。
3. フライパンを熱して油（分量外）を入れ、材料を炒め、火が通ったら、Aを入れ、なじんだところでしょう油をまわしかけ、火を止める。

【果樹の育て方 基本のキ】

実をたくさんならせるために、育てるときに知っておくとよいことをまとめました。

作業も季節の風物詩に

家庭で楽しむためだけなら、あまり手をかけなくても実をならせることは可能です。でも、少しでも多く、おいしい実をならせたいときは、ひと手間かけてみましょう。豊かな実りのために、ここでは基本的な作業の仕方を紹介します。それぞれの果樹に対してどんな作業が必要かは、各果樹の「育て方と収穫の仕方」のページを参照してください。それぞれの作業が毎年の恒例のものとなれば、季節の移り変わりが、より身近に感じられるようになるでしょう。

さくらんぼの一種「暖地桜桃」は手間がかからない果樹のひとつです。

人工授粉

確実に受精させる

花粉の媒介をしてくれる虫が少ない都会や鉢植え栽培で花の数が少ない場合は、人工授粉を行うことで実つきがよくなります。7～8分咲きになったとき、開花後2～3日以内に行いましょう。

花ごと摘む

花粉がついている花の雄しべを、授粉させる花に直接こすりつける。

筆先などを使う

やわらかい筆先に花粉をつけて、花の中をかるくかきまわす。

摘果

余分な実を取り除く

多めについた実をそのままにしておくと、実同士が養分を奪い合い、実が大きくならなかったり、質の悪いものになったりします。生育の悪いもの、病害虫被害のあるものから取り除きましょう。

少し大きくなったら、形のよいものを残して摘果をする。

初めは実の集まりごとにひとつになるように摘果をする。

袋かけ

病害虫や傷から実を守る

桃や梨、りんご、ぶどうなどには、袋かけをするとよいでしょう。虫や鳥の被害を防ぐだけでなく、強い風や雨によって実が傷ついたり割れたりするのも防ぎます。袋は自分で作ってもよいですが、専用の袋も市販されています。りんごなど色よくしたいときには、収穫する数日前に袋をとって実を日に当てましょう。

果柄が長いもの

枝から実に伸びる果柄が長いものは、果柄に直接しばりつける。

果柄が短いもの

桃など果柄が短く枝の近くに実がある場合は、枝に袋をしばりつける。

収穫

二度切りをする

収穫後に果柄の先でほかの果実を傷つけることのないよう、最初は果柄を長めに切り、その後短くする「二度切り」を。

収穫しやすい位置にはさみを入れる。

▼

皮を傷つけないように、ヘタのつけ根で切る。

防寒対策

寒さから木を守る

寒さに当たると枯れる果樹も。防寒対策を。株元にワラをかけたり、木を不織布などで覆ったりします。

病害虫対策

甘い実は虫も大好き。できるだけ薬剤を使いたくないなら、早期発見、早期駆除が第一。ふだんから木をよく観察しておくことが大切です。

おもな病気	おもな害虫
うどん粉病 葉や茎に白い粉のようなカビが生じる。発生部位を取り除き、風通しをよくする。	**アブラムシ** 新芽につきやすく、葉や実を萎縮させる。ブラシなどでこすり取る。
かいよう病 葉や枝、実にコルク状の斑点ができる。発生部位は取り除いて、焼却処分をする。	**カイガラムシ** 貝殻のような白い粒がつき、葉が黒くなる。ブラシでかき取り、風通しをよくする。
炭そ病 枝や実に黒い斑点ができる。早期発見し発生部位を取り除き、風通しをよくする。	**カミキリムシ** 幼虫が幹や枝の中を食害する。虫を探して捕殺する。特に株元に多くみられる。
灰星病 収穫直前の実に褐色の斑点ができてくさる。袋がけをしておくと防げる。	**ハダニ** 葉に白い斑点ができて落葉する。葉裏までよく観察し、水を強めにかける。
斑点病 葉や実に緑黒色の斑点ができ、葉が落ちる。発生部位を処分し風通し、水はけをよくする。	**ハモグリガ** 葉に幼虫の食害あとが白い筋のように現れる。虫を探して筋の先にいる幼虫を圧殺する。
モザイク病 花や葉に薄緑色の斑点ができモザイク状に。発生部位は取り除き、焼却処分する。	**カメムシ** 実の汁を吸い、落果する。見つけ次第捕殺し、雑草や落ち葉はまめに取り除いておく。

撮影協力 **ドライブイン茂木《もてぎ》**

栃木県茂木町の里山で、雨余花《うよか》（びん詰め工房・食堂）、色実茶寮《いろのみさりょう》（菓子屋）、Serendip（パン屋）、ハトブックス（古本屋）などの店舗が集まり営んでいる。その土地から生まれる食材を活かすのはもとより、地域の人々の暮らしや風景を伝える場となることを大切にしている。

栃木県芳賀郡茂木町町田21
フェイスブック　m.facebook.com/drive.inn.motegi
インスタグラム　driveinnmotegi

保存・料理・加工協力、レシピ提供
料理　雨余花（綱川明子、風間 寛、神田麻衣子、風間麗子）
デザート　色実茶寮（磯部なおみ）

果樹育て方監修　野田勝二／千葉大学環境フィールドセンター　助教　農学博士

果樹撮影協力　高橋靖弘／P71、78、125、158、162、170、176、208、213
福田 俊／P62、86、106、112、116
飯野農園／P54
浦壁ぶどう園／P86
果樹保存撮影協力　田中トミ／P140（五味唐辛子）
生井賢一／P156（干し柿）

撮影　矢野津々美
イラスト　はやしゆうこ
デザイン・DTP　佐々木容子（カラノキデザイン制作室）
佐藤明日香　ジョン ジェイン（スタジオダンク）
写真提供　Getty Images
執筆　岡田稔子（やなか事務所）
編集協力　東村直美　岡田稔子（やなか事務所）

里山食堂《さとやましょくどう》が教《おし》える
果樹《かじゅ》の収穫《しゅうかく》・保存《ほぞん》・料理《りょうり》

編　者　西東社編集部［せいとうしゃへんしゅうぶ］
発行者　若松和紀
発行所　株式会社 西東社
〒113-0034　東京都文京区湯島2-3-13
http://www.seitosha.co.jp/
営業　03-5800-3120
編集　03-5800-3121〔お問い合わせ用〕
※本書に記載のない内容のご質問や著者等の連絡先につきましては、お答えできかねます。

ISBN 978-4-7916-2675-5